ヨーロッパの覇権とユダヤ人

度会好一
Yoshiichi Watarai

法政大学出版局

はじめに

ヨーロッパのユダヤ人の歴史が、過酷な迫害を受けた被害者の歴史であったことを論述した本なら、高名なレオン・ポリアコフの『反ユダヤ主義の歴史』を筆頭に多くの著作がある。けれども、わたしはユダヤ人の苦難・迫害の歴史だけを書く気には、どうしてもなれなかった。ユダヤ人はアフリカ・アメリカ両大陸で、原住民を苦しめ、絶滅にさえ追いやったヨーロッパ植民主義の尖兵であり、奴隷商人であった古い歴史を持っている。いや、一九四八年以後のパレスチナにあっても、独善的な植民者・加害者であり続けている。そのことも書かない限り、ユダヤ人の歴史、ヨーロッパの歴史を語ったことにはなるまい、そう考えているからである。

ユダヤ人問題の複雑さを読み解くためには、加害者でも被害者でもあるユダヤ人の二重性を浮き彫りにする視点が必要だ。その二重性を見据えるために、「ヨーロッパの内なる異人」という視点を設定してみた。つまり、中世のキリスト教会から「神の敵」の烙印を押されながらキリスト教世界に住むことを許されたために、ヨーロッパ内部の異人となって迫害の対象となったユダヤ人を捉えると同時に、異人扱いされながらもヨーロッパ内部に古くから生きたために、ヨーロッパ文化の一翼を形成してきたユダヤ人（ヨーロッパ化し、ヨーロッパ文化を内蔵したユダヤ人）を、また、しばしばヨーロッパの政治的権力者であるさまざまなカエサルの友として、戦争や植民地獲得などの国家的活動に関わってきたユダヤ人を、複眼的に捉えようとする。「カエサルの友」としてのユダヤ人の歴史は、あのユリウス・カエサル（前一〇〇―前四四）の全盛時代にまでさかのぼり、「神の敵」としてのユダヤ人の歴史より遥かに古い。

このような視点を基本に据えて、ユダヤ人問題の起源を探り、ヨーロッパが世界史に覇権を確立してゆく過程でユダヤ人が果たした役割を探り、またユダヤ人がヨーロッパ文化の形成に寄与した役割を探るために、ローマ時代から中世イングランドへ、中世イングランドから中世スペイン・ポルトガルへ、そこから近代初期を迎えたイングランドへ、さらに「オランダのエルサレム」と謳われたアムステルダムへと、歴史の襞の奥深くに分け入ってみた。

ヨーロッパがユダヤ人と結んできた相関関係はまことに緊密であるが、その実像に迫ることは、とりもなおさずヨーロッパの近代と、明治維新以来それを国家規模で甘受してきたわれわれの近代や、さらには欧米基準で進む現代の「グローバリゼーション」を問い直すことにもなるだろう。なお、研究と執筆にあたって、二〇〇四―二〇〇六年度と二〇〇八年度の科学研究費補助金の交付を受けたことを付記する。

二〇一〇年一月

度会好一

目次

第四章　神の敵か女王の友か
――スペイン、イングランドの覇権争いとロペス処刑事件　167

第五章　リベラリズムと植民主義の友

図版一覧

第一章　カエサルの友ユダヤ人

――ヘレニズムとローマ帝国の影の下で

ハマンはアハシュエロス王に言った、「あなたの王国のあらゆる州の諸民族の中に、離散して隔離された一つの民族がおります。彼らの法はどの民族の法とも異なっており、彼らは王の法令に従いません。彼らに寛容であるのは、王たる者にふさわしくないのです。御意にかないますならば、彼らを滅ぼせという命を発しなさいませ」。

エステル記三章八―九節

ユダヤ人はこれまで保持してきたもの以上のものを求めてはならない。また向後は、二つの別個の都市に住んでいるかのように、二つの使節団を送ってよこしてはならない。二つの使節団は前代未聞のことである。また、ギュムナシオンの校長や副校長が催す競技に割り込んではならない。なぜなら、ユダヤ人はユダヤ人独自のものを保持しているからであり、自分たちのものでない都市《ポリス》にあって、あらゆる利益を十分に得ているからである(1)。

ローマ帝国第四代皇帝クラウディウス

バベルの塔、バベルの王とユダヤ人

大量破壊兵器をふんだんに持っている超大国が、それを持たない国に向かって、「持っているのはけしからん」と言いがかりをつけて、その主権を踏みにじる戦争を仕掛けたために、五〇〇万人のイラク人が路頭に迷い、あまつさえ目をおおいたくなるような、文化遺産の破壊と散逸さえ起きている。首都バグダードから九〇キロメートルほど砂漠を南に下ったあたり、大河ユーフラテスのほとりに横たわる城壁都市の遺跡も、同じ憂き目を見た文化遺産である。ここは前二十三世紀頃から記録に登場し、バビロニア帝国のハンムラビ王（在位前一七二九―前一六八六、または前一七九〇―前一七五六）の壮麗な都として知られた古都バビロンの遺跡である。アメリカ軍はこの一角にブルドーザーを入れて、鉄とアスファルトの軍事基地に変えてしまったのだ。

ハンムラビ王の時代から一千年以上たった前六世紀頃、ヘブライ語聖書（キリスト教でいう旧約聖書）の創世記は現在のかたちを整えたものと考えられているが、この創世記が「バベルの塔」と呼んで伝説化した巨大な塔の正体は、ほぼ間違いなく、このバビロン（バベル）にそそり立っていた、高さ九〇メートルにもおよぶジックラト、すなわち階段式ピラミッド状の寺院である。バビロニアの神々の主

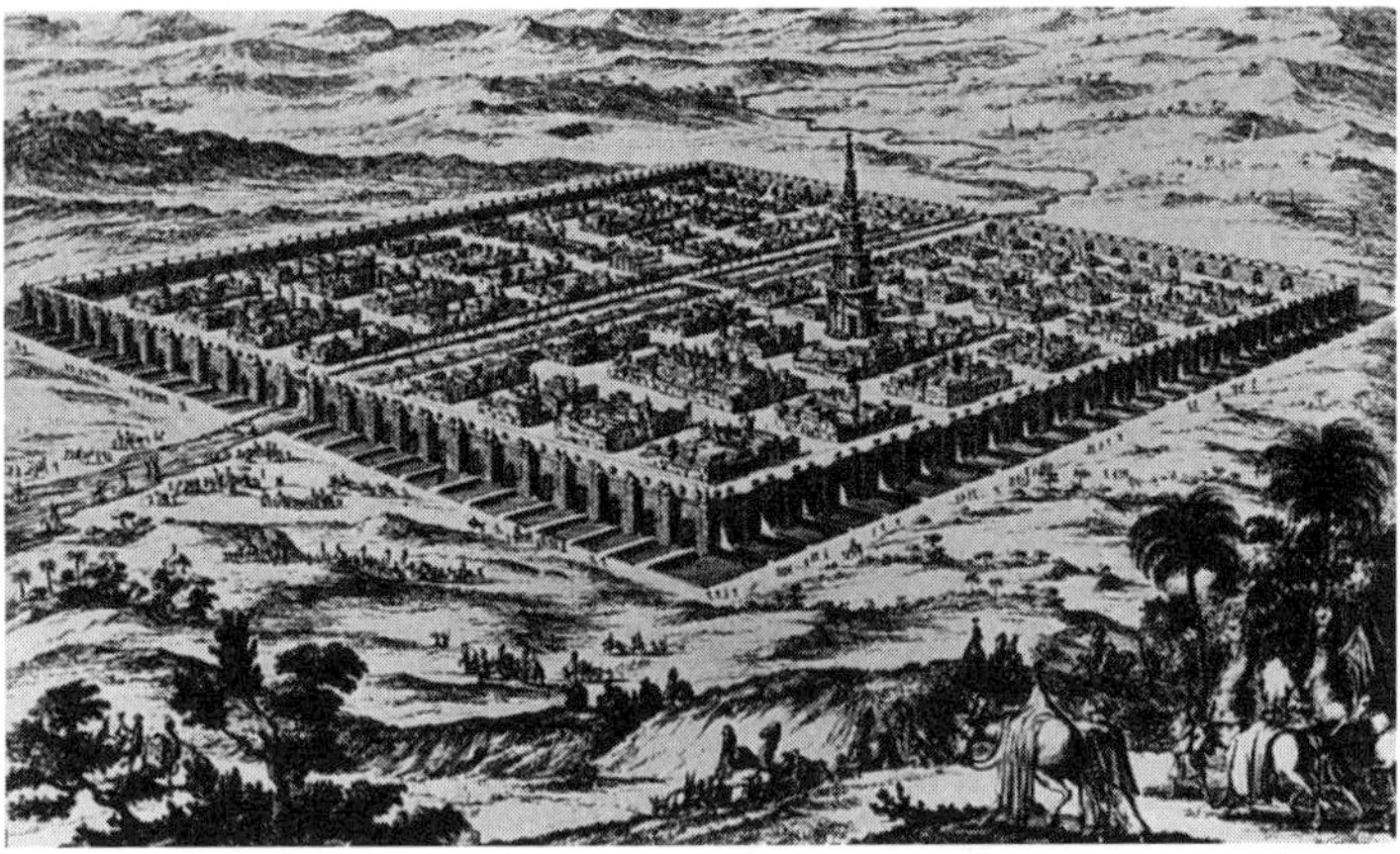

図1　古都バビロンの全景（17世紀の想像図）

神であるマルドゥクを祀った、聖なる建造物である。当然のことながら、創世記一一章が言うような、人間の不遜が生んだものではなく、神に対する人間の、切ないまでの崇敬心が生んだ建物であって、損壊すれば敬虔な再建者があらわれたものだ。楔形《せっけい》文字で記された前六世紀のメソポタミアの記録は、この寺院の再建者として、新バビロニア帝国を築いたナボポラッサル王と息子のネブカドネツァル二世（バビロニア名ナブー・クドゥリ・ウツル。在位前六〇五—前五六二）の名を挙げ、彼らの征服の偉業と神への崇敬を強調している[2]（図1を参照）。

ネブカドネツァルといえば、欧米世界は現代に至るまで暴君の元祖のように言っている。その原因は、若くしてエジプトの超大国の夢を打ち砕いたこの戦上手の異教徒に、旧約聖書が呪詛のような悪口を吐きかけてきたことにある。ネブカドネツァルは、前五九八—七年、前五八七—六年の二度にわたって、ユダ王国（南王国）に侵攻してユダヤ人にバビロニア捕囚（前五九七—前五三八）の苦汁を飲ませた。前五九七年にイェホヤキン王を筆頭に三〇二三人、前五八六年にはゼデキア王ら八三二人、後年さらに七四五人を連れ去ったと言われる（エレミヤ書五二章二八―三〇節）。そして第二回攻囲の際には、エルサレムの都を焼きはらい掠奪しつくしてユダ王国を滅亡させた（エレミヤ書五二章一七―一九節、列王記下二五章）。このように、完膚なきまでにユダヤ人を叩きのめし、その鼻をへし折ったために、ネブカドネツァルはユダヤ人の想像力に悪夢となってのしかかってやまなかったのである。

しかし、その旧約聖書も、悪夢で赤くただれたユダヤ人の眼で読まなければ、この王者の別の相貌が見えてくる。ネブカドネツァルは、ユダ王国宮廷内の親エジプト派にそそのかされて裏切ったユダ王に懲罰を加えはしたが、アッシリアと違ってバビロニア人の総督を置かず、パレスチナのユダヤ教の信仰を禁止することもなく、バビロニアの亡命者たちの生活にも開明的な配慮を忘れなかった。バビロニア捕囚のユダヤ人は、捕虜であっても奴隷ではない半自由民として、集会と長老を持つことを許され、ユダヤ教の信仰、父祖伝来の慣習、ユダヤ文化を守ることを許され、国庫から食糧費さえ支給されて大いに子孫を増やした。エルサレムの神殿再建のために多額の献金をするほど財を成したユダヤ人さえ出たようだ（エズラ記二章六八―九節）。要するにネブカドネツァルは、ユダヤ人を絶滅しようとしたヒトラー（一八八九―一九四五）とは違うし、パレスチナのユダヤ教を禁圧しようとしたセレウコス朝シリア王アンティオコス四世（前二一五頃―前一六四）とも違うのである。

このことと関連して、目を見張るような事実がある。バビロンの覇権は永く続かず、ネブカドネツァルの没後わずか二十五年足らずで、新バビロニア帝国はアケメネス朝ペルシャの開祖キュロス大王（前五八五頃―前五二九頃）の軍門に下ってしまうが、そのときのことだ。捕囚ユダヤ人に帰郷と神殿の再建を許可するという、キュロスの勅令（前五三八）が出されたというのに、バビロニアを離れようとしなかったユダヤ人が続出したのである。これは、「バビロンの流れのほとりに座り、われらはシオンを思いつつ嘆きの涙を流した」（詩篇一三七歌）という望郷の念もだしがたかった、あのユダヤ人のもう一つの顔である。

バビロニアで手にした「財産」に未練があったためだと、イエス時代の歴史家ヨセフス（三七頃―一〇〇頃）は説明している（『ユダヤ古代誌』一一巻八節）。なるほど、財産家の家長が出たことは確かだが、十九世紀末のニップールで発掘された、金融業者ムラシュ家の粘土板（前四五五年から前四〇三年の記録）は、もう少し全体的な像を提供してくれる。ユーフラテスの運河沿いに開けた古い都市であるニップールは、ネブカドネツァルの父に抵抗した後にバビロニア領となった地域である。この新領土に入植させられたユダヤ人は、官吏、地主、小作人、運河労働者、羊飼いなど雑多な職業について、バビロニアに根を下ろしていたことが判明しているが、彼らがすべて財産家だったという証拠はない。むしろ、下層に属するユダヤ人が多かったのである。(3) ついでに、金融業や不動産業を手広く営んでいたムラシュ家そのものがユダヤ人だったとする説についても一言すると、これは証拠史料に乏しいだけでなく、精度の高い学的な推論ともいえないだろう。(4)

さて、オリエントの強国の意のままだったパレスチナが、西方ヨーロッパから押し寄せた大波をかぶるのは、アレクサンドロス大王（前三五六―前三二三）のパレスチナ征服（前三三二）のときからである。アケメネス朝ペルシャ（前五五〇―前三三一）を倒した大王が、麗しいバビロンで急死してからも、その武将が建国した二つのヘレニズム国家、プトレマイオス朝エジプト（前三二三―前三〇）とセレウコス朝シリア（前三一二―前六四）が、パレスチナを軍事的、政治的、文化的に南北から挟み撃ちする格好となり、ユダヤ人の試練は終わらなかった。

ヘレニズムの大波、ローマの覇権

文化的に大きな事件を一つだけ挙げると、前三世紀頃からエジプトの首都アレクサンドリアでヘブライ語（旧約）聖書をギリシャ語に翻訳する作業が進められ、『七十人訳《セプトゥアギンタ》』と呼ばれる聖書が誕生したことである。この『七十人訳』の由来について、ギリシャ人を装う聖書偽典『アリステアスの書簡』（前一六〇頃）の著者は、「神々しいだけでなく、英知にみちて、完全無欠」であるトーラー（「律法」）。ユダヤ教徒の信仰生活の指導書であるモーセ五書）を是非ともアレクサンドリア図書館に加えたいという、図書館長の切なる願いを国王プトレマイオス二世（前三〇九―前二四六）陛下が聞き入れた結果だなどと、ことごとしく弁じているが、これはギリシャ語聖書に権威を持たせたかったユダヤ人一流のフィクションにすぎない。

『七十人訳』が出現した最大の理由は、プトレマイオス一世（前三六七頃―前二八三頃）のパレスチナ征服（前三〇一）以後、アレクサンドリアを筆頭にエジプト各地に大量に入植してきた（強制移住もあったかもしれない）ユダヤ人のギリシャ化が進んで*、ヘブライ語聖書の読めなくなったユダヤ人が増えたためだ。エジプトのユダヤ人社会長老は、ギリシャ化してアポロン、ゼウス、ヘラ、ヘラクレスといったギリシャの神々の名を名乗っている同胞にギリシャ語聖書を与えて、ユダヤ人のユダヤ人らしさ、神の民としての特異性を保持させようと知恵を絞っただけの話である(5)（この『七十人訳』が、古代キリスト教世界でヘブライ語聖書より大きな権威を持つに至ったことは、歴史によくある皮肉である）。

このギリシャ化の波は、エジプトに流入したユダヤ人だけに限らず、シリア支配下の前二世紀のパレスチナのユダヤ人にも波及していた。ギリシャ語を習得しギリシャ風文化を身につければ、セレウコス朝のギリシャ人支配機構の中で有利な地位につけたから、上流階級の間にギリシャかぶれが増えたとしても、なんら怪しむに足りない。神殿祭司の最高位者である大祭司のオニアス三世が、セレウコス朝のアンティオコス四世に廃されたのは、前一七五年頃。オニアスの弟ヤソンが大祭司の座についてヘレニズム的な改革を始めたのも、その頃である。聖書外典のマカベア書は、この大祭司が率先してギリシャ風のギュムナシオン（ギリシャ市民となる青年の心身を鍛錬する文化教育施設）を建設したと記している。マカベア書は、反ヘレニズムを旗印にして前一六七年前後に叛乱を開始し、その後一世紀にわたってパレスチナを支配したマカベア（ハスモン）家の宣伝文書だから、多少の偏向や誇張はあるにしても、パレスチナのユダヤ人上流階級に広まったヘレニズムの風潮の確かな証拠とするに足りるだろう――

彼らは異邦人の習慣に従ってエルサレムにギュムナシオンを建設し、割礼の跡を消し去り、聖なる契約を離れて異邦人と通婚し、悪の道に身を委ねた（第一マカベア書一章一四―一五節）。
ヤソンは嬉々として城砦の下にギュムナシオンを建設し、特に優秀な青年たちにギリシャ風のつばひろ帽をかぶらせた。このように大祭司らしからぬ、不敬虔なヤソンの常軌を逸した悪行のために、ヘレニズムはその極《きわみ》に達し、異国の風習がさかんに導入されるようになった（第二マカベア書四章一二―一五節）。

なかでも第二マカベア書は、ヘレニズムの風潮を批判しただけでは飽き足りず、ヘレニズム（Hellēnismos）に対抗してユダヤ主義（Ioudaismos）という言葉を歴史上初めて用い、「ユダヤ主義」とは熱心にトーラー（律法）を守って生活することだと説いた、画期的な文書である（二章二一節、一四章三八節）。ところが面白いことに、この「ユダヤ主義」を前面に押し立ててユダヤ人としての自己主張をした第二マカベア書は、実はギリシャ語で書かれていたのだ。いや、それればかりではない、マカベア王朝は対外的にも対内的にもギリシャ語を表現手段としていたとも指摘されている[6]。パレスチナがヘレニズムの大波に洗われていたことを示す、何よりの証左であろう。

ヘレニズムについでパレスチナとエジプトに訪れたのは、ローマ軍とパクス・ロマーナ（職業的なローマ軍団の圧倒的な軍事力を背景にしたローマの覇権）である。ローマ帝国は前六四年にセレウコス朝シリアを倒して属領に組み込んだあと、前三〇年に、プトレマイオス朝のクレオパトラ七世（前六九—前三〇）と夫のローマの将軍アントニウス（前八三—前三〇）を破ってエジプトを属領化し、さらに西暦六年、ユダヤ、イドマア、サマリアの地を「ユダヤ属領」として再編し、騎士階級のコポニウスを初代ユダヤ総督として送り込んだ。こうしてパレスチナがローマ帝国の属領になったとき、パレスチナ内外のユダヤ人というユダヤ人は、ローマ帝国の支配下に入ったのである（ただし、「ユーフラテスの向こう」に広がるバビロニアは別である）。

各地に散らばったユダヤ人の離散状況を、アレクサンドリアの哲学者・ユダヤ教学者フィロン（前二〇頃—後五〇頃）の描いた見取図を借りて俯瞰してみよう。近隣の土地ならエジプト、シリア、フェニキア、遠くはキリキアから遥か「アシア」の奥地のポントスまで（フィロンの言うアシアは小アジアの意。

ポントスは黒海沿岸にあった)。「ヨーロッパ」なら、テッサリア、ボエティア、アエトリア、マケドニア、アッティカ、アルゴス、コリントとペロポネソス半島のもっとも肥沃な部分、それにキプロス、クレタといった島々である(『ガイウスへの使節』[7]二八一―二八二節)。これに、ローマと「ユーフラテスの向こう」とを加えれば、古代世界に散らばったディアスポラ地図は、ほぼ完成である。

加えてフィロンは、エジプト在住のユダヤ人数を一〇〇万人と豪語している(『フラックス論』[8]四三節)。これがおとぎ話めいた誇張であることは疑いないとしても、ユダヤ人居住者の数にかけては、アレクサンドリアはエルサレムを上回っていたことも確かなようだ。[9]

＊ ギリシャ化する(hellēnizein)とは、ギリシャ語能力、ギリシャ的生活様式、ギリシャ的教育・教養など、いくつかのレベルで考えられるが、元来はアッティカ地方のギリシャ語を正しく話しかつ書ける能力を意味した。この言語レベルでは、ローマの傀儡《かいらい》政権であるヘロデ王家が完全にギリシャ化していたのは当然であるが、ヘロデ大王(ヘロデ王朝の祖・在位前三七―前四)の妹で未亡人のサロメは、若いナバテア人の王に求愛されて、そぞろ女心が動いたにもかかわらず、ユダヤ的慣習である割礼を受けていない男との結婚は許されなかった(『ユダヤ古代誌』一六巻二二一―二二五節)。

ギリシャ語で自己表現したユダヤ人たち

ユダヤ人イエスとほぼ同時代に生きた離散ユダヤ人の名を挙げると、異邦人《ゴイーム》(ユダヤ人にあらざる者。ユダヤ人が外国人・異教徒を一括して呼ぶ語)の世界にキリスト教を広めたサウロすなわちパウロ(一〇頃―六〇頃)、歴史家のヨセフス、哲学者のフィロンなどがいる。彼らは滔々としたヘレニズムの流れに掉さして、国際語であるギリシャ語を話し書く能力を身につけていた（彼らと対照的な存在は、バビロニアやペルシャの公用語であるアラム語しか話さなかったらしいイエスである。彼は書いたものも残さなかった）。

新約聖書の重要な一部となった書簡体文書を慣用的なギリシャ語で書いたパウロは、自己の履歴について多くを語らないが、ルカによれば、キリキアのタルソスに生まれ、エルサレムでファリサイ派の教育を受けたという（使徒行伝二一章三九節、二二章三節）。ルカは、パウロが生まれながらのローマ市民であったとも伝えるが（使徒行伝二二章二五―二九節）、これは大いにありそうな境遇である。というのも、前六二年に将軍ポンペイウス（前一〇六―前四八）が占領地エルサレムから拉致してきたユダヤ人捕虜は、奴隷市場に出回った後に、主人から正式に解放されてローマ市民権を得た者が少なくなかったからだ（フィロン『ガイウスへの使節』一五五節）。祖父あたりが、捕虜から奴隷へ、奴隷からローマ市民へ、という数奇な道を歩んだ可能性がある。

フラウィウス・ヨセフス（ユダヤ名ヨセフ・ベン・マタティアフ）は、自伝によればエルサレムの祭司の家柄に生まれ、若くしてファリサイ派の祭司となり、エルサレム陥落後にローマに移って市民権を与えられ、『ユダヤ古代誌』『ユダヤ戦記』などの貴重な記録をすべてギリシャ語であらわした歴史家として名を残している。自説にギリシャ人好みの味付けのできるギリシャ文学通であった。メシアニズムに駆られた、過激なユダヤ民族主義者のゼロタイ（熱心）党らが、ローマ帝国からの独立を叫んでユダヤ戦争（六六―七三／四）を仕掛けたとき、無謀で不毛な戦争だと思いつつも参加して、ガリラヤの司令官に任じられ、六七年のヨタパタの攻防戦に敗れ、ローマ軍に投降し、新帝ウェスパシアヌス（在位六九―七九）の命によって自由の身となるという、劇的な人生行路をたどった。

ヨセフスは折に触れてゼロタイ（熱心）党をこき下ろした――「無頼の徒らはゼロタイを名乗り、われこそは善なるものの追求に熱心であり、断じて破廉恥な行為や不法行為を追い求めているのではないと言わねばかりであった」という風に（『ユダヤ戦記』四巻一六一節）[10]。この筆致にあらわなように、ゼロタイ党を快く思っていなかったことは確かで、ローマがユダヤ教の自治にうるさく介入してこない限り、「パクス・ロマーナ」を容認する穏健派であったろう。ウェスパシアヌス帝の子息のティトゥス将軍（三九―八一）率いるローマ軍が、エルサレムを包囲した西暦七〇年、断末魔の古都がのたうつ姿を、ヨセフスはローマ軍陣中からつぶさに眺めただけでなく、ローマ軍参謀長を務めたユダヤ人ティベリウス・ユリウス・アレクサンデル（一六頃―没年不詳）とも、顔を合わせる機会があったはずである。エルサレムの数人のユダヤ人から裏切り者呼ばわりされているが、公式の譴責《けんせき》処分を受けた証拠は見当たらないようだ[11]（図2を参照）。

ギリシャ思想とユダヤ思想を融合した聖書注解によって、古代キリスト教神学に影響を与えたアレクサンドリアのフィロンは、ギリシャ語弁論術の素養をうかがわせる、すぐれたギリシャ語の使い手であり、ギュムナシオンでギリシャ的なパイデイア（ふつう「教養」という訳語をあてるが、元来はアッティカ地方のギリシャ語を正確に話し、書く能力）を授かる機会に恵まれた、特権的なユダヤ人であったと見て間違いないだろう。ギュムナシオンで教育を受けたということは、アレクサンドリア市民権を持つアレクサンドリア市民でもあったということを意味する。フィロン一族はアレクサンドリアで一、二を争う資産家であり、父は初代皇帝アウグストゥス（前六三―後一四）の時代にローマ市民権さえ手中に

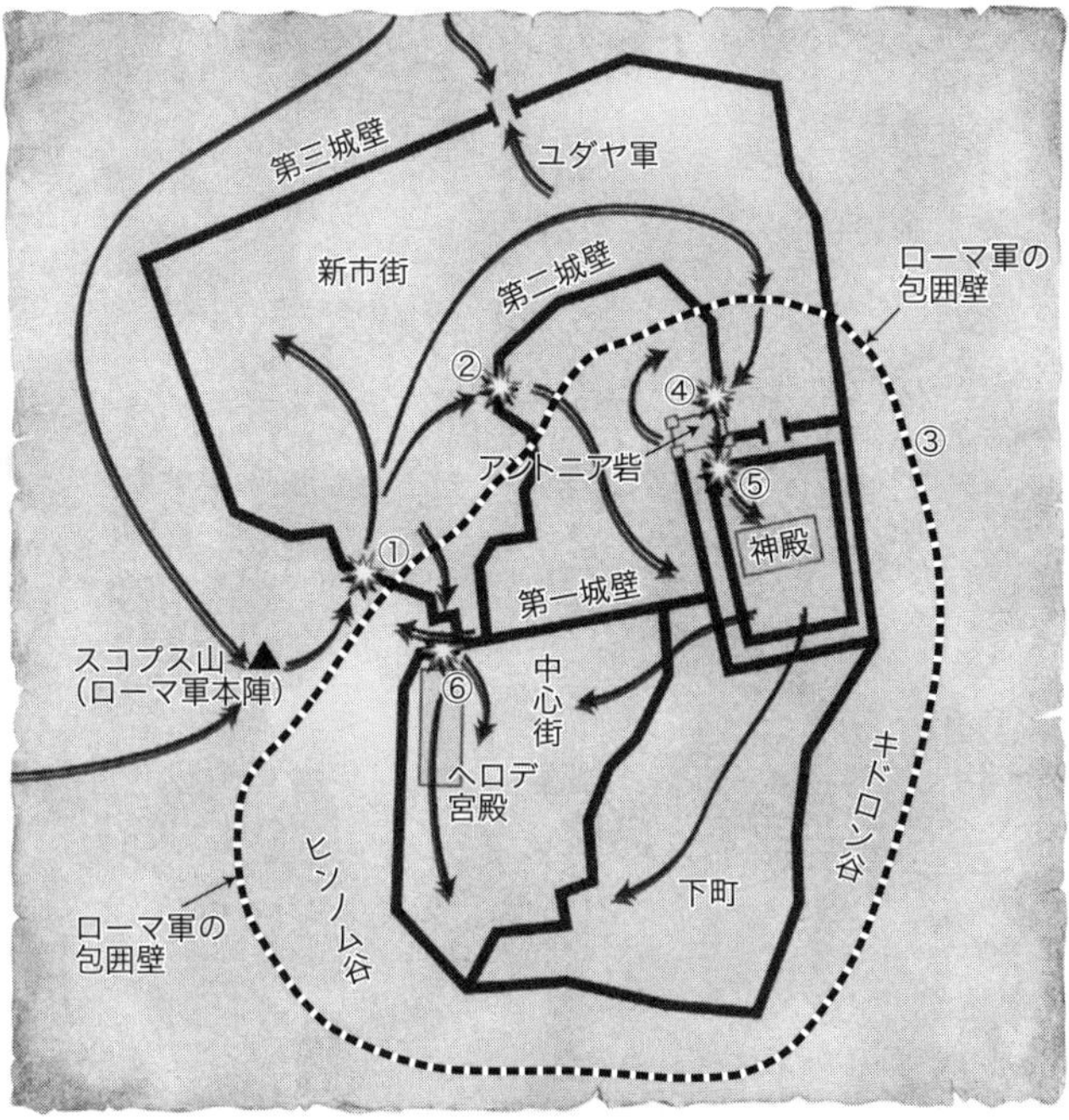

図2　エルサレムの攻囲戦（防備の弱い新市街から攻略するローマ軍）
①5月25日第三城壁を破って新市街に入る．②5月30日第二城壁を破り，6月2日城壁内を制圧．③包囲壁を築く．④攻撃を再開し，7月24日アントニア砦を落とす．⑤8月29日神殿炎上．⑥ヘロデ宮殿を制圧し，9月26日エルサレム陥落．

したと見なされている。(12)

示唆的なフィロンのユダヤ人定義

ところが面白いことに、修辞力ゆたかなギリシャ語をあやつり、戦車競技やレスリングなどのギリシャ文化に惚れ込むあまり、それを「異文化」とさえ意識しなかったこのギリシャかぶれは、父祖伝来の宗教を棄てることがなかったのである。彼が解釈した民数記のモーセの物語は、ヘレニズム文化にどっぷり浸かりながらもユダヤ人らしさにこだわった、ユダヤ人の生き方を示していて、まことに興味が尽きない。フィロンは「ひとり離れて住む民、もろもろの国民のうち並ぶものとてない」（民数記二三章九節）という一節を次のように解釈するのだ。

ひとり離れて住み、もろもろの国民のうち並ぶもののない民を害することはできない。彼らの住むところが離れていて、彼らの土地が離れているからではない。他者と交わらず、父祖伝来の生き方を変えようとしない彼らの異例な慣習が際立っているからである[13]（傍点引用者）。

民数記の「ひとり離れて住む民」という表現は、地理的孤立を意味していた。それをフィロンは文化的孤立に読みかえて臆するところがない。パレスチナから離れてギリシャ化した離散ユダヤ人フィロンは、「父祖伝来の慣習」こそ、ギリシャ人やローマ人とは違うユダヤ人の独自性であるとして、この「差異」を守り抜こうとしたのである（この意識の裏には「神に選ばれた民」という別の意識がはりついている）。このようなユダヤ人の分離主義は、ギリシャのストア派哲学者たちから「人間嫌い」として非難されたし、またこの「差異」が、ユダヤ人の引き起こす文化摩擦の基本的な特徴であることも確かである。

しかし、歴史上見逃してならないのは、「差異」がつねに衝突を生んだわけではないという事実と、「差異」を理由にユダヤ人を虐殺するというような事件は、セレウコス朝、プトレマイオス朝の長い歴史を通じて、一件たりとも記録されていないという事実だ。本章のエピグラフに借りたヘブライ語聖書エステル記の、「差異」ゆえにユダヤ人を絶滅しようと謀ったハマンの謀略の物語は、ユダヤ人の想像から生まれたフィクションであって、歴史的事実と見なすべき性質のものではない（ユダヤ人に寛容なアハシュエロス王とは、ギリシャに遠征してテルモピュライの峠で大勝しながら、サラミスの海戦で敗れた、あのアケメネス朝のクセルクセス王だと考えられている）。

さて、使徒パウロ、フィロン、ヨセフスの三人は、ギリシャ化しながらもユダヤ教を棄てることがなかった。と、このように書くと、初期キリスト教徒を迫害するファリサイ派の身から、熱烈な福音伝道者に劇的な変身をとげたパウロの「回心」は、どうなのかとあげつらわれそうだが、パウロの「回心」なるものは、ユダヤ教を棄てて新しい別の宗教に転向したとは意識されておらず、律法に対する帰依からキリスト・イエスに対する帰依に転向したことに意味がある。「いまや神の義が、律法と関係なく明らかにされている……人はみな罪を犯して神の栄光を受けられなくなっているが、神の恵みにより、キリスト・イエスにおける贖《あがな》いを通して無償で義とされる」（ローマ人への手紙三章二一—二四節）と言うように、律法中心のユダヤ教から「キリストに《エン・クリスト》ある」ユダヤ教へと「回心」しただけであって、ユダヤ教を棄てたという意識はなく、その「回心」は、むしろユダヤ教の発展だと意識されていただろう。(14)

これら三人のユダヤ人の共通点は、三者三様に中世以後のヨーロッパの形成に寄与したことにある。パウロはキリスト教の事実上の創始者として、あるいは古代世界きっての教父ヒッポのアウグスティヌス（三五四—四三〇）に影響を与えたパウロ神学によって、フィロンはギリシャ思想とユダヤ思想を融合した聖書注解によってキリスト教神学に与えた影響によって、ヨセフスは聖書について多く読まれた『ヨセフス全集』を通じて、それぞれ中世以後のヨーロッパ文化の一部になったユダヤ人である。

この三人と対照的な存在は、フィロンの甥にあたるティベリウス・ユリウス・アレクサンデルであろう。ローマの歴史家タキトゥス（五六頃―一二〇頃）から「第一級のローマ人騎士」と賞賛されたこの人物は[15]、アウグストゥス帝時代にローマ市民権を与えられた富裕な一族の生まれである。若くして古典学の素養を積み、官吏への道を歩んでユダヤ総督（四六―四八）を勤め上げたあと、初期キリスト教徒の迫害で悪名高いネロ帝（在位五四―六八）の下でエジプト総督の任にあったとき、アレクサンドリアで再発したユダヤ人とギリシャ人の衝突にローマ軍を投入して、五万人のユダヤ人を殺害したという（『ユダヤ戦記』二巻四九七節。「五万」は一般にヨセフスの誇張だと考えられている）。それればかりか、七〇年にユダヤ戦争が最終局面を迎えると、アレクサンドリアからエルサレムへ出陣して、エルサレム攻略軍の参謀長役を演じきった、ぱりぱりのローマ官僚である[16]。「父祖伝来の習慣を守らなかった」とヨセフスから断罪されたとおり（『ユダヤ古代誌』二〇巻一〇〇節）、彼がユダヤ文化の伝統である安息日や食事規定を守らず、ローマ文化に同化しきっていたことは確かで、ユダヤ人から裏切り者呼ばわりされているが、「神の民ユダヤ人」という自意識さえ捨て去った背教者であったかどうか。そのように断定できる史料は存在しない。

ユダヤ人の父祖伝来の慣習

さてこのあたりで、ヨセフスやフィロンが事あるごとに口にする「父祖伝来の慣習」とは何か、それを簡単にまとめておく必要があろう。

その第一に挙げるべきは、誕生日を第一日と数えて八日目に、男性性器の包皮部分を切除する割礼の習慣である。ディアスポラのユダヤ人はどこに行っても必ずこれを守ったとは言えないし、紀元前三〇〇〇年頃にシリアに発してエジプトにまで広がっていた風習だから、すぐれてユダヤ的とも言えないが、ユダヤ人はこれを「神との契約の印」だと見なした（創世記一七章一一節）。ユダヤ人にとって「神の民」という意識が重要であるように、この印も重要であったが、ローマ人にとってはユダヤ人を見分けるための身体的証拠となった。ヘレニズムの大波が押し寄せるとともに、この印を身に帯びていることを恥じて、その痕跡を消し去ったユダヤ人がいたことはすでに書いた。

この習慣の由来は、炎症性のペニスの病気を防げることや、身体を清潔に保つという宗教的な理由によるが、一番大切な理由は、精液が包皮の襞《ひだ》に分散することがないので、多くの子孫に恵まれるからだと、フィロンは言う(17)（『律法各論』一巻四―七節）。この実効性は大いに疑わしいにしても、子孫がいや増しに増えることをもって神に愛でられた印だと考えたユダヤ人らしい発想ではある。

第二に、七日のうち一日を安息日と定めて、規則的に労働を休む習慣がある。太陽暦の金曜の日没から土曜の日没まで、労働を慎む習慣である。「ユダヤ人は七日目ごとに安息日を守ることによって、人生の七分の一を遊んで過ごしている、そんな習慣は良いわけがない(18)」。ストア派哲学者セネカ（前四頃―後六五）は、そう決めつけたが、対照的にこれを好ましい習慣だと見るローマ人がいたことも事実だ。

安息日のユダヤ軍兵士は、武器の携行はおろか戦闘行動さえ慎んだ。マカベア（ハスモン）家の熱心な支持者が書いた第一マカベア書は、攻撃されても反撃しようとせず、あたら洞窟内で焼き殺された兵士たちの逸話を伝えている（二章三二―三八節）。この事態が発生したマカベア戦争（前一六八―前一四二）以後は、時に応じて防衛的な軍事行動をするようになったという（二章四一節、『ユダヤ古代誌』一二巻二七四節）。ディアスポラを通して、安息日《シャバット》に生まれたという意味の名前「シャバタイ」が多いことは、よく知られているが、安息日の遵守がユダヤ的生活にそれだけ大きな意味を持っていた証左であろう。フィロンの説くところでは、安息日は仕事を休むばかりが能ではない、「祈りの家《プロセウケ》」に集合して「父祖の哲学」である律法の解釈を聞く日でもあった。そうすることによって、父祖伝来の慣習をしっかと遵守する精神が涵養されるのだ（『律法各論』二巻六二―六三節）。

第三に、ローマやエジプトのユダヤ人は、自分たち独自の「プロセウケ」つまり「祈りの家」（シナゴーグ）を持っていたこと。エジプトに例を取ると、プロセウケは宗教施設であると同時に、学校であり、政治的集会所であり、法廷でもあったらしいが、エジプト文化の支配者崇拝を取り入れて、「プトレマイオス王と、その妹にして妻なるベレニケのために、ユダヤ人はこのプロセウケを」といったギリシャ語の銘を掲げていたし[19]、会堂内には前三世紀初頭からギリシャ語の音がこだましていたという[20]。しかし、エジプト人の信仰とギリシャ人の信仰とが融合した、豊穣と運命をつかさどるセラピス神などの多神教の神々や偶像を礼拝することは、絶えてなかった。エジプトから脱出したイスラエルの民が礼拝したために、モーセが激怒したという偶像「黄金の子牛」（出エジプト記三二章四節）が、雄牛を神格化したエジプトのアピス神やハトル神の影響らしいことを考えれば、これは注目すべき現象である。

第四に、食事に関する戒律を守ること。ひづめの割れた、反芻する動物やバッタ、イナゴは「清浄な食物《コシェル》」として食べることができたが、ブタ、ラクダ、野ウサギ、岩タヌキ、ワシ、ダチョウなどは、口にしてはならなかった。そのほか禁じられた食材に、うろことひれのないエビ、カニ、タコなどがある。食べられる動物の肉も、血の滴るようなビフテキごときは以ってのほか、水と塩で丹念に血を抜き、ぱさぱさした食感の肉しか許されなかった。「子ヤギをその母親の乳で煮てはならない」という規定もある（申命記一四章二一節）。牛肉は高価でなかなか口に入らず、シカ、ガゼル、魚、イナゴなどが主たる蛋白源として食卓に並んだらしい。

この煩瑣な食事規定と安息日の習慣とがあったため、多民族を集めた混成部隊にユダヤ人を編入することは無理であったと、ヨセフスは語るが（『ユダヤ古代誌』一四巻二二三―二三四節）、現代のわれわれは、碑銘などの考古学的研究によってローマ軍兵士となったユダヤ人の存在を知っている。一、二世紀には、シリアやエジプト出身のローマ軍兵士、三世紀にはイタリア出身の兵士が存在した。[21] ローマ文化に同化するユダヤ人が多くなり、「神の民」というユダヤ人意識を保持しながらも、父祖伝来の習慣を厳密に守らないユダヤ人が増えたせいだろう。

さて、順序こそ最後になったけれども、重要さにかけては、これまで挙げた慣習におさおさ劣らない心の習慣がある。それはエルサレムへの根強い執着と、エルサレムとの強い絆である。フィロンのようなユダヤ人は、アレクサンドリアを自分たちの父祖の地であると考え、強い愛着を持ちながら、同時にエルサレムを「母なる都」として仰ぎ見ることをやめず、いつしかその地に復帰できることを念じていた。[22] その具体的な表現が、エルサレム巡礼と神殿への献金である。ローマ時代の初期、古代イスラエルの三大祭である過越祭《すぎこし》（出エジプトを記念してユダヤ暦の第一月ニサンの月十五日から一週間、酵母を入れないパンを食べなければならない。現在の三、四月に行われる行事）、五旬節《ペンテコステ》（七週節ともいう。元来は小麦の収穫祭だが、過越祭の五〇日後、モーセが律法を授かった日とされる）、仮庵祭《かりいお》（元来は秋の果実の収穫祭だが、エジプト脱出後に仮設の小屋に住んだことを記念する。第七の月の十五日から一週間）のときには、内外から数千あるいは数万の巡礼が押し寄せ、そのためにローマ軍は配置についたという。イエスが逮捕されたのは、エルサレムがそのように混乱しやすい春先の過越祭の季節であった。

エルサレムの神殿への献金は、二〇歳から五〇歳までの全男子の義務であり、モーセの定めた献金額は半シェケルである（出エジプト記三〇章一三節）。バビロニアのユダヤ人は二ドラクマを支払ったというが（『ユダヤ古代誌』一八巻三一二節）、エジプトでは、半シェケルは八ドラクマに相当すると解釈されたらしい。[23] ユダヤ人社会の構成員から随時、献金を集めては蓄えておき、一年分をまとめてエルサレムへ送金していた模様である。なかには奴隷身分からの解放や病気の治癒を願って献金した現世利益派がいたことも、パピルス文書に記録されている。こうしてディアスポラ各地とガリラヤなどから寄せられてくる莫大な献金の上にあぐらをかきながら、口ではローマの支配をあげつらう神殿貴族とユダヤ支配体制に鋭く斬り込んだユダヤ人が、イエスというユダヤ教改革者に他ならない。[24]

ローマ帝国のユダヤ人政策

ローマとユダヤ人との接触は、ローマが国際的な地位を手中にした前二世紀にさかのぼる。セレウコス朝シリアのアンティオコス四世がユダヤ教を禁圧したとき、マカベア戦争という名の叛乱で応えたマカベア家は、そのさなかにローマと友好協定を結んで、ローマの庇護を受けた（第一マカベア書一四章二四節、一五章一五―二四節）。これを良い潮にローマへ移住するユダヤ人が増えたかどうかは不明だが、この頃からローマ市内を流れるテヴェレ川の右岸、つまり市内から見て対岸（現在のトラステヴェレ地区）に小さなユダヤ人社会が誕生していたらしい。しかし残念ながら、この共和制時代については詳しいことがわかっていないので、それ以後について確実に言えそうなことだけを箇条書き風に記すことにする。

第一に、ローマの都を眼にしたことがあるフィロンの言うように、一世紀前半のテヴェレ川沿いにかなりの規模のユダヤ人社会が広がっており、その大多数は元戦争捕虜だったであろう（『ガイウスへの使節』一五五節）。三世代前にポンペイウスやカシウス（生年不詳―前四二）らのローマの将軍が、大量のユダヤ人捕虜を引き連れて凱旋したために、ユダヤ人が奴隷市場をにぎわすことになり、こうして買い取られたユダヤ人の中から、正式に解放されて市民権を手にした者が出たからである（ユダヤ人は食事規定や安息日の習慣などのため、役立たずの奴隷だったので早々と解放されたというもっともらしい説があるが、これには史料的裏づけがない）。

第二に、ローマ帝国におけるユダヤ教・ユダヤ人の地位に決定的な影響を与えたのは、帝政への道をひらいた、あのユリウス・カエサル（前一〇〇―前四四）である。カエサルはユダヤ教を積極的に保護し、ユダヤ教会堂《シナゴーグ》の建設、安息日とその他の祭日の宗教活動、エルサレムのヤハウェ神殿への献金の送金などを許可するとともに、ユダヤ教の経典を神聖不可侵なものと認め、これを侮辱する異教徒に対しては、冒瀆罪を適用することにしたという（『ユダヤ古代誌』一四巻二一三―二一六節）。

カエサルがこのような措置を取った理由としては、ローマが元老院派とカエサル派に分裂した前四九年、かつての盟友だったポンペイウスを追撃してプトレマイオス朝エジプトにまで兵を進め、うら若い女王クレオパトラ七世に肩入れして、同盟国エジプトの分裂と帝国の分裂を収めたとき、ヒュルカノス二世（生年不詳―前三〇）らユダヤの王たちが支援を惜しまなかったことを、多としたからだと解されている。実際、ヨセフスによれば、カエサルはユダヤ人を「われらの友、同盟者」とさえ呼んで、ユダヤ人・ユダヤ教の権利を保障したとされている（『ユダヤ古代誌』一四巻一九四節）。しかし、それだけが保護の理由ではなかっただろう。ローマ内紛の元凶として政治的な団体の活動を禁止したカエサルのことだ、ユダヤ人社会については、由緒の古い、非政治的な団体だと判断していたことも大きかったに違いない。つまり、離散ユダヤ人のユダヤ教信仰は、政治的に無害だという判断を下したはずなのだ。

第三に記すべきは、カエサルが共和主義者に暗殺されたあと、その政治的遺産を継承し、やがて初代皇帝の座（前二七—後一四）についてアウグストゥスと尊称された、カエサルの養子のオクタウィアヌス（前六三—後一四）である。彼は大伯父カエサルの方針を再確認しただけでなく、保護をいっそう拡大したことで知られる。すなわち、ローマ市民権を持つユダヤ人が受け取る月々の施し物の分配日が、安息日と重なるときは、その翌日に受け取ることを許可したのである（『ガイウスへの使節』一五八節）。こうして、ローマ市民権を持ったユダヤ人は、市民としての権利を行使しながら、安息日を守ることができただけでなく、ローマの神々の信仰も兵役も免除されるほど、厚遇されていたらしい(25)。

だとすれば、アウグストゥスの女婿にあたる二代皇帝ティベリウス（在位一四—三七）が、西暦一九年に発令した首都からのユダヤ人追放を、どのように解釈すべきだろうか。この布告は、期限までにユダヤ教を棄てないときは、全ユダヤ人をローマの都から追放し、その上さらに四〇〇〇人のユダヤ人を徴兵してサルディニアへ派遣するという、まことに厳しい内容であった。この布告が出された原因は、ヨセフスによれば、四人のユダヤ人が貴族女性（高名な元老院議員の妻）を改宗させ、さらに言葉巧みにだまして、高額の金品を神殿への寄付と称して巻き上げたことにあるが（『ユダヤ古代誌』一八巻八一—八四節）、それだけのことなら、これほど厳しい布告は出されなかったのではないだろうか。

ひるがえって、ディオが『ローマ史』に言うように、一人ではなく多くのローマ人を改宗させたというのなら[26]、やっぱりそうだったのかと、筆者は納得する。というのは、ローマの宗教文化は父祖伝来の宗教伝統を尊重する文化であり[27]、だからこそユダヤ人の父祖伝来の宗教にも寛容であったのだが、このままユダヤ教への改宗者が増え続けるようなら、ローマ人自身の父祖伝来の敬神が衰えたと神々に見なされて、その怒りを招き、常勝ローマ軍の敗北といった事態にさえなりかねない、そうならぬ前に悪い芽を摘んだと考えられるのだ。さりながら、このティベリウスの布告のおよぶ範囲は、一地方、一定期間だけに限られていることを見るなら、ローマ帝国の公認宗教としてのユダヤ教の地位をひっくり返すものではなかったはずである。

第五に見るべきは、五十路の坂を越してから玉座に直り、四人目の妻の小アグリッピナに毒殺されたと伝えられる四代皇帝クラウディウス（在位四一―五四）の時代である。クラウディウスは、エルサレム神殿に自己を神格化した彫像を設置しようとした三代皇帝カリグラことガイウス（在位三七―四一）の誇大妄想的なやり方に批判的で、創業者アウグストゥスの路線を守った皇帝であるが、四九年にキリスト教の宣教活動をしてシナゴーグ内で騒動を引き起こした初期キリスト教徒か、それに対抗したユダヤ人を首都から追放したと考える研究者がいる。スモールウッドがその一人で、スエトニウスの『皇帝列伝』にある「クレストゥスに煽動されて絶えず叛乱しているユダヤ人」（年代については明記なし）の「クレストゥス」を「クリストゥス」（＝キリスト）の誤記だと解釈する。しかし女史は、「皇帝クラウディウスがすべてのユダヤ人はローマから退去すべしという命令を出した」という使徒行伝一八章の記述には懐疑的で、排除されたのは少数であると見る[28]。また「クレストゥス」とは、メシアニズムに駆られたユダヤ教徒の叛乱だと解釈する研究者もあって、議論が分かれているが[29]、仮に追放があったとしても、治安を乱した少数者に限られ、ユダヤ人社会への影響は一九年の追放よりも遥かに小さかったと見るべきであろう。

ヘレニズム都市のユダヤ人虐殺

この四九年から八〇年頃まで、ローマのユダヤ人社会に対するローマ当局の対応については、いかなる記録もない[30]。六六年にパレスチナのユダヤ人が大叛乱を開始し、七〇年にエルサレムが陥落したというのに、ローマのユダヤ人社会の地位は、比較的安定していたと見なければならない。六四年のローマ大火の際に、小アグリッピナの連れ子の五代皇帝ネロが放火の罪を着せて迫害したのは、初期キリスト教徒であって、ユダヤ人（ユダヤ教徒）ではなかったという事実も忘れがたい。ローマ帝国は、初期キリスト教徒を行政上ユダヤ人として扱ってきたし、ユダヤ教とキリスト教の分裂が決定的になったのは、一世紀末から二世紀初頭の頃だとされているが、ローマ支配層はそれ以前からユダヤ教とキリスト教の実質的な差異を見分けていたことになるわけで、これはなかなか面白い。

さらに面白いのは、ヨーロッパ文明圏における最初のポグロム（ユダヤ人虐殺）は、ローマの都ではなくて、過去三百年の間さしたる事件もなくユダヤ人社会と共生してきたヘレニズム都市アレクサンドリアで発生したことだ。時は、イエスがエルサレムで処刑されてから十年もたたない西暦三八年である。

事件の具体的な顛末を記述した史料としては、フィロンが残した『フラックス論』と『ガイウスへの使節』二巻があるだけで、しかもこれは宣伝文書である。いきおい客観的な事件像を提示するのは難しい作業になるが、第二章以降で扱うキリスト教世界における虐殺事件と何か共通するものがあるのかないのか、比較考察の基礎になるような事実を再構成してみたい。

ありていに言うと、これを最初の「反セム主義」（反ユダヤ主義とも訳される）の事件などと言っている学者たちに、筆者は懐疑的である。そのような言は、どこを切っても金太郎の顔しか出てこない金太郎飴のような説で、歴史の変化を見ていないと言わざるをえない。この事件は、中世からナチス・ドイツの時代までのヨーロッパにあらわれたユダヤ人嫌いとは、質的に異なる。ユダヤ人を「キリスト教と神の敵」と見なした、中世の宗教的イデオロギーとも無縁だし、ユダヤ人を「生物学的、人種的に劣等なセム族」と規定して、その血統を排除しようとした、近代の人種主義的な反セム主義のイデオロギーとも無縁なのだ。事件の重要な原因として考えられるものは、ローマ帝国に占領された、初期ローマ時代のアレクサンドリアに特有の社会・政治的な状況である。つまり、ユダヤ人がプトレマイオス時代から引き続いて外国人特権としての準自治組織を許されたのに対して、昨日までの支配者でありアレクサンドリアの植民者・建設者でもあるギリシャ人市民は、自治組織の要となる市評議会（ブーレー）を許されなかったことだ。ギリシャ人は、これをユダヤ人の特権過剰と見なして、「カエサル」支配のローマと「カエサルの友」ユダヤ人に対して、心中穏やかでなかったのである（プトレマイオス朝が倒れる際に、ユダヤ人がローマに協力したことも尾を引いている）。

そもそもアレクサンドリアは、前三三二年にアレクサンドロス大王が創建したポリスとして発足し、大王の死後その武将プトレマイオス一世が建国したエジプトの首府として、諸民族の共和国という大王の理想を追い求めるヘレニズム文明の中心地となって栄えたのちに、アクティウムの海戦を制して日の出の勢いにあるオクタウィアヌス将軍の入城をもって、その栄光の歴史の幕を閉じたのだった。ときあたかも前三〇年八月一日。

ローマ軍が駐留するようになったアレクサンドリアの大まかな住民構成は、市民権を持つ層と持たない層に大別されるギリシャ人（市民権は世襲で、両親が市民であると与えられるのが基本だが、ときに歴代の王や市民団からも与えられた）[31]、なんら権利を持たない土着のエジプト人、エジプト女性とギリシャ人の間に生まれた混血層（文化・言語においてエジプト人と一線を画する）、ユダヤ人・ペルシャ人などの外国人、最下層の奴隷という五層構造であった。市街はアルファ、ベータ、ガンマ、デルタ、エプシロンの五街区に整理され、ギリシャ人は主として、四〇万冊の蔵書を誇る古代世界最大の図書館や宮殿や法廷などが立ち並ぶベータ地区に住み、ユダヤ人の多くは「ユダヤ人地区」と呼ばれたデルタ地区に住んだが、強制による分離ではなく、別の地区に散らばって住むユダヤ人もいたから、デルタ地区をゲットーと呼ぶのは不適切である（図3を参照）。

事件の発端、ヘロデ・アグリッパ

事件当時の皇帝は、残忍なことで悪名高いカリグラ、すなわちガイウス・カエサルである。彼が何か残忍な行為を仕掛けたのではないが、彼と多少の関係はある。カリグラは自己を神格化し、誇大妄想的な皇帝崇拝を要求したために、アレクサンドリアのギリシャ人の反感を呼んだだけでなく、幼なじみのユダヤ人ヘロデ・アグリッパ一世（前一〇頃―後四四）にパレスチナの北方領土を与えて、一躍王に仕立てた――このことが、そもそもの発端なのだ。このアグリッパは、ヘレニズム的ローマ主義者としてロ

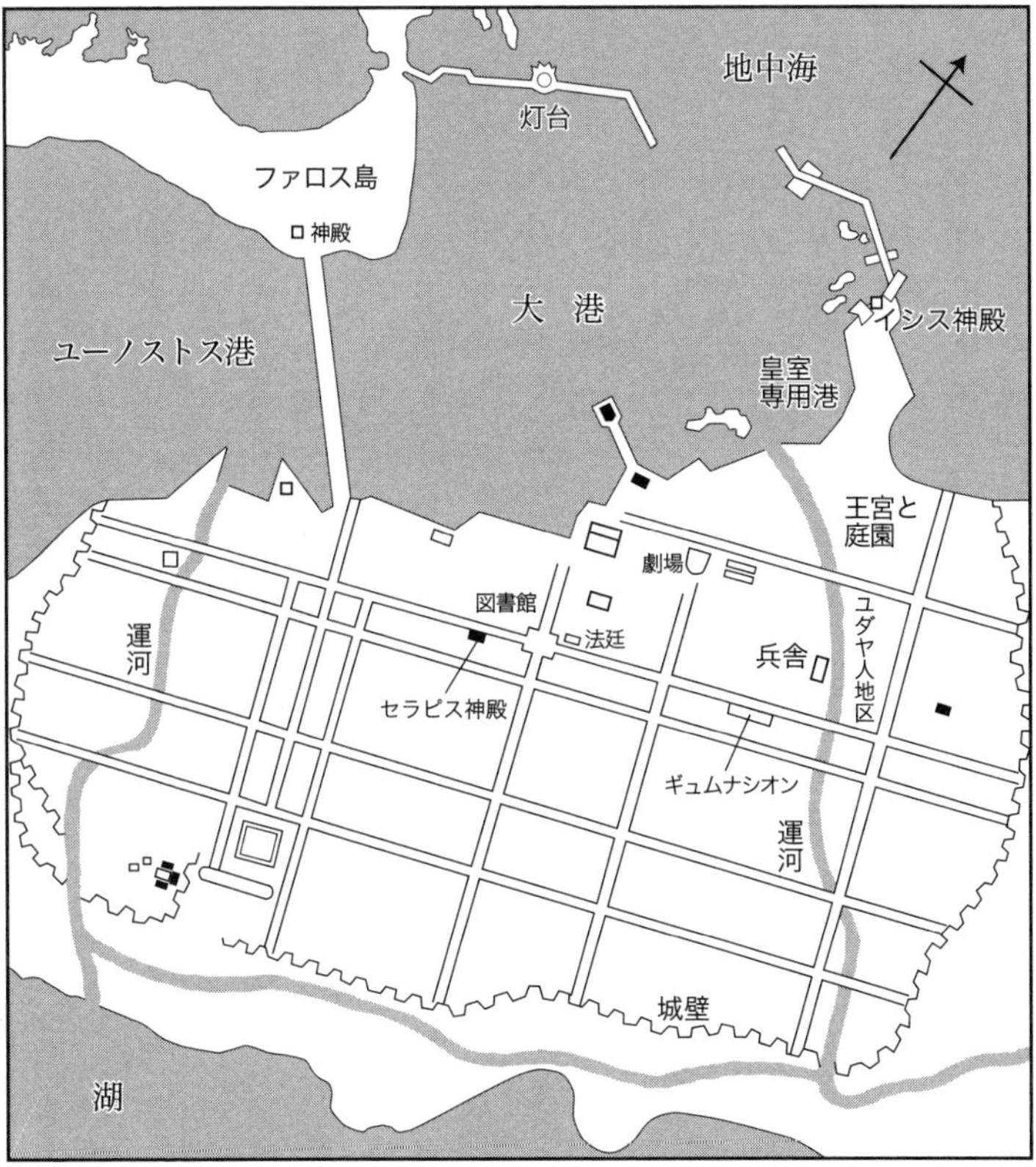

図3　紀元1世紀のアレクサンドリア

ーマに庇護されたヘロデ大王の孫にあたるが、それよりも十九世紀末ヨーロッパで預言者ヨハネに倒錯的な色情をよせる女として描かれたあのサロメ（大王の妹のサロメではない）の叔父にあたる、と言い換えた方がぴんと来る向きもあるかもしれない。新約聖書にもっとも多く登場するヘロデは、このアグリッパではなく、イエスを処刑した当時のガリラヤ領主で、領民のイエスから「狐」と呼ばれたというヘロデ・アンティパスである（ルカ福音書一三章三二節）。

このアグリッパは、自己顕示欲の強い、派手好みの性格だったらしく、四一年に叔父のアンティパスを追い落として全ユダヤの王となったとき、自分の肖像の上に「アグリッパ、偉大なる王、カエサルの友」と銘打った貨幣を鋳造させたことがある。ユダヤの貨幣は、偶像崇拝を嫌って王の肖像を刻まないのがしきたりであるのに、それを無視したこの自画自賛ぶりは、いかにも派手好みの彼にふさわしい（図4を参照）。とはいいながら、「カエサルの友」という一句は、こけおどしの宣伝文句ではなかったようだ。アウグストゥスの時代にローマで養育されたときの人脈を生かしてローマ政界でも影響力を発揮し、元老院とクラウディウスの間を取り持って、クラウディウスの皇帝就任（四一年）に一役買った気配がある（『ユダヤ古代誌』一九巻二三六―二四七節）。一方、ローマのカエサルたちは、ローマ育ちのヘロデ家の王を通じて、ユダヤを支配することこそ得策と判断していたと見てよい[32]。

さて、この「カエサルの友」は、初めて王となった三八年の夏、得意満面でローマから帰国する途中にアレクサンドリアに降り立ち、「金や銀をかぶせた鎧を着飾った槍持ちの護衛」（フィロン『フラックス論』三〇節）という派手な供回りで、自己を顕示する市中パレードをくりひろげ、それをまたアレクサンドリアのユダヤ人たちがお祭り騒ぎで出迎えたらしい（アグリッパはヤハウェ神殿を修復・拡大した際にも、扉々に金や銀を使わせている。この資金を融資したのは、先述の富豪の哲学者フィロンである）[33]。これが以前からくすぶっていたギリシャ人の反感に火をつけた。彼らはアグリッパを嘲笑する悪ふざけを楽しんだあと、市内のそこかしこに建つシナゴーグに乱入して、ユダヤ教が嫌悪する偶像、すなわち神々の彫像や皇帝カリグラの胸像を設置するという嫌がらせにおよんだ。カリグラの胸像を設置するというのは、なかなか考えた妙手である。ユダヤ人としては、この忌々しい偶像を撤去したくても、皇帝侮辱罪に問われかねないから、おいそれと手が出せないし、一方のギリシャ人は、威張りたがり屋のカリグラさえも巧妙に茶化したことになるからだ。

ギリシャ人の憤懣はこれで収まらず、ユダヤ人家屋の焼討ちへと発展し、ユダヤ人はデルタ地区に追い込まれ、そこを出ようとしたユダヤ人は打ち殺された。四〇〇の家が放火掠奪を受けたと、フィロンは言う(『フラックス論』九四節)。時のエジプト総督フラックスは、三九名のユダヤ人長老を逮捕して鞭打ち刑に処し、そのために死者さえ出た。フィロンの筆致からは、ユダヤ人は平和主義をつらぬいて一方的に殺されたかのような印象を受けるが、ユダヤ人社会の長老が逮捕され、ユダヤ人家屋の武器の捜索さえなされていること(『フラックス論』八六節)を重視するなら、ユダヤ人が武装反撃に出たために事態が悪化した可能性も捨てきれないだろう。

図4 「カエサルの友」と銘打ったアグリッパの貨幣(44-45年)

ユダヤ人虐殺に参加した者

ところで、「住民たちは嫉妬に狂って——中傷はエジプト人の国民性である——他人の幸運は自分の不幸だと思い、またユダヤ人に対する古くからの敵意のため、いや生まれながらの敵意のためにと言うべきか、まるで一人一人が父祖伝来の王座を奪われたかのように、ユダヤ人が王に立てられたことに腹を立てた」と、まるでエジプト人が暴動の立役者だったように、フイロンは書いている（『フラックス論』二九節）。

しかしながら、腹を立てたのは、クレオパトラ七世を最後に「父祖伝来の王座」を廃されたギリシャ人（アレクサンドリア市民団の中核）だと見なければならない。ギリシャ人の王は廃されたというのに、「ユダヤの王」の鳴り物入りのパレードや、それをお祭り騒ぎで出迎えるユダヤ人たちの姿を見るにつけ、胸にくすぶっていた年来の不満に火がついたのだ。

この反ユダヤ暴動の首謀者が、フィロンから名指しで非難されているイシドロスやランポンらのギリシャ民族主義者であったことは、疑う余地がない（『フラックス論』二〇節）。彼ら民族主義者は、カリグラ亡きあとの四一年にアレクサンドリアの使節として派遣されて、クラウディウスから聴聞を受けた（三八年か三九年、ユダヤ人とギリシャ人は、カリグラのもとにも使節団を派遣している）。あるパピルス文書によれば、イシドロスはクラウディウスと次のようなやり取りを交わしたとされる。

「イシドロス、おまえは間違いなく女芸人［娼婦］の子か」

「わたくしは奴隷でも女芸人の子でもなく、知らない人とてないあのアレクサンドリアのギュムナシオンの校長です。あなたこそユダヤ女サロメの私生児ではございませんか(34)」

大王の妹のサロメまでが登場するフィクションの多い文書であるが、それでもイシドロスの鬱屈した反カエサル、反ローマの感情は、こしらえ事ではあるまい。ギュムナシオンの校長を務めたこの二人の民族主義者は、クラウディウスの手でそろって処刑された。

ならば、フィロンが「エジプト人」と書いたのは、どういうわけなのか。それはおそらく、次のような事実と政治的配慮による――土着のエジプト人やギリシャ系エジプト人は、権利らしい権利を持たず、ユダヤ人に対する日頃の反感からこの暴動に加わっていたので、知ギリシャ派のフィロンはそのことを強調することによって、ギリシャ人との決定的な対立を回避しようとしたのである。

ただし、断っておきたいのは、ギリシャ系エジプト人の参加は強調であっても、誇張ではなかったという事実である。彼ら混血層の多くはギリシャ名を持ち、ギリシャ語を話し、言語・文化においてエジプト人と一線を画する存在であったが、市民団が基準を高く設定したために市民権を与えられる者は少なかった(35)。市民権を持つギリシャ人は、そのことをおもんぱかって族外結婚を避け、混血児をつくらなかったらしい形跡があるが、もともと市民権を持たなかった下層ギリシャ人たちは、そのような心理的束縛を感じなかったので、彼らのエジプト化が進んだ前二世紀頃から混血児が誕生し始め、その後しだいにその数を増したばかりか、都市群衆と化して絶えず騒動を引き起こしてきたのである(36)。フィロンは「仕事がなくいつもぶらぶらしている者ども」が加わっていたと記述しているが(『ガイウスへの使節』一二八節)、この「ぶらぶらしている者ども」こそ、都市群衆化したギリシャ系エジプト人たちであったに相違ない。

剝奪されたユダヤ人のポリテイアとは何か

先に書いたように、この騒動の最大の原因は、アレクサンドリアにおけるユダヤ人の地位に対するギリシャ人の不満にある。そのことは、時の総督であるローマ官僚フラックスが、ユダヤ人の「ポリテイア」を剥奪するという布告を出したことにも明らかである。ユダヤ人は「クセノイ（外国人）にしてエピリザ（移住者）」でしかない（『フラックス論』五三―五四節）――これが「ポリテイア」剥奪の理由であった。この布告は怒れるギリシャ人をなだめるための措置であったろう。

問題は、一般に市民権と訳されている「ポリテイア」が何であったか、である。これについては、歴代のプトレマイオス王がアレクサンドリア人と同等の市民権を与えたというヨセフスの言葉が、長い間権威を持ってきたが（『ユダヤ古代誌』一九巻二八一節以下）、現代の研究者の多くは、この「ポリテイア」をアレクサンドリア市民団と同等の市民権であると考えていない。この章のエピグラフとして引用した、四代皇帝クラウディウスの四一年十一月十日付書簡が、今世紀になって発見されたからである。

パピルス文書を解読したチェリコヴァー教授の名著『ヘレニズム文明とユダヤ人』以後の研究者たちは、おおよそ次のように考えている。ユダヤ人は外国人ではあるが、独自の「ポリテイア」を持ち、七一名から成る長老会《ゲルーシャ》を中心にした裁判権と父祖伝来の慣習を守る権利とを許され、ユダヤ教会堂《シナゴーグ》を持っていたということ。つまり、ユダヤ人社会はなんら権利を持たない土着のエジプト人社会と違って、一定の自治権を持った準自治的な社会であったということ。この意味で、ユダヤ人は「外国人」ではあっても、確かに「エピティモイ・カトイコイ」（＝特権を持った住民）だったのである（『フラックス論』一七二節）。フラックスが剥奪した「ポリテイア」とは、この外国人特権としての準自治権である。(37)

このポリテイア問題のほかに、ユダヤ人社会の富裕層が、すなわち、経済界をギリシャ人と二分しそうな勢いにある海運業者や金融業者の一部が、アレクサンドリアの市民権を取得していたことも、事件の重要な原因であった。アレクサンドリアの市民権は、一般に世襲のものであるが、市民団から特別に与えられる場合もあった。例えば、ヨセフスの論敵として知られている古典学者アピオンは、特別に市民権を与えられたエジプト人だった可能性がある。(38)

ユダヤ人が特別に市民権を得る方法の一つは、ギュムナシオンに入り込んでエフェブス（正式の市民になる前の青年市民）になることであった（ただし、自動的に市民権を得られたわけではなかったらしい）。(39)ギュムナシオンの二人の校長が騒動に絡んでいるという事実は、このユダヤ人の市民権獲得法が問題になったということを示唆するものだろう。

さらに一歩踏み込んで、これが問題化した原因はといえば、アレクサンドリア市民権を持つユダヤ人が、アレクサンドリアの神々をあがめようとしなかったということに尽きる。都市《ポリス》の守護神の崇拝は市民団の宗教生活の中心であり、祭式への参加は市民の義務でさえあるのに(40)、である。「もし市民なら、どうしてアレクサンドリア人と同じ神々をあがめないのか」——市民団の代表としてカリグラ帝のもとに派遣されたアピオンのこの一言に、市民団に入り込んだ一部のユダヤ人に対するギリシャ人の不満と怒りが凝縮されている。(41)*

＊ローマ帝国におけるユダヤ人の法的な地位は、三層を成す法的体系によって規定されていたと考えられる。(42)フィロンはローマ市民権とアレクサンドリア市民権を持っていたと考えられるから、彼を例に取って説明してみよう。フィロンは第一にローマ市民、アレクサンドリア市民として、ローマ法とアレクサンドリア市民団の法に従属する。これが三層構造の中でもっとも強い拘束力を持っている法である。次に、彼はユダヤ人社会に許された準自治的な法の権利と義務にもあずかる。最後に、熱心なユダヤ教徒として当然のことながらハラハー（書伝律法や口伝律法などに基礎を置くユダヤ法）の権威を認めていただろう

から、ハラハーの規定に従わなくてはならないが、上記二つの法律が許容する範囲内で、ハラハーに背かぬよう努力する、という制約を負うことになる。

ユダヤ人の言い分

カリグラ死後の西暦四一年、アレクサンドリア市民団（ギリシャ人）とユダヤ人はローマにふたたび使節団を派遣して、自分たちの言い分を主張した。ギリシャ人使節団は、当然のことながら、虐殺と騒動の責任を逃れようとしただろうし、ユダヤ人社会の「ポリテイア」を剝奪したフラックス総督の決定を確認するよう求め、一部ユダヤ人の得ているアレクサンドリア市民権の不当性を訴え、何かにつけてギュムナシオンや市民団にもぐり込もうとする、厚かましくもずうずうしいユダヤ人の行為を禁止するよう訴えたであろう。

一方のユダヤ人は、二派に分裂して代表を送ったらしく、そのために「二つの使節団は前代未聞」という皇帝の怒りを招いたが、この二派の実体については、ニュアンスの違いこそあれ、研究者の意見はおおよそ一致している。一方はフィロンを代表者として富裕層の意見を代弁するグループ、もう一方はフィロンよりもギリシャ化されていないユダヤ教正統派に近いグループで、暴力に訴えることを辞さないグループか、民族主義的な過激派であったと考えられている(43)。また、彼らの主張については、ユダヤ人社会全体のアレクサンドリア市民権を求めたというスモールウッドらの説があるが、この市民権はアレクサンドリアの神々の崇拝という義務をともなうし、多くのギリシャ人にさえ閉ざされていたから、この権利をいまさら要求したとは考えにくく、フラックスに剝奪されたユダヤ人社会の「ポリテイア」

を取り戻そうとしたか、フラックスのような暴挙がふたたび起きないことを保証するよう求めたと考える方が自然である(44)。

しかし、それだけではあるまい。「ユダヤ人はこれまでに保持してきたもの以上のものを求めてはならない」という、クラウディウス書簡の文言が示唆しているように、既得権以上のものも求めたことは疑えない。それが何であったかについての議論は、まだしばらく決着しそうにないが、確率が高いのは、アレクサンドリアの祭式に参加する義務を負わずに、市民と同等の権利を求めたことである(45)。その権利には、ギュムナシオンに入る権利であるとか、ローマ人とアレクサンドリア市民以外に課されていたラオグラフィア（一四歳から六〇歳ないし六二歳までの男子に義務づけられた人頭税）を免除される特権であるとかも含まれていただろう。ユダヤ人はアウグストゥス帝が新たに導入したこの人頭税を嫌っていた。と言って、経済的な負担を嫌ったのではなく、「ギリシャ的教養《パイディア》のない者」という文化的劣等性の象徴のような「ラオグラフィア」の身分は、プトレマイオス時代には経験しなかったものだからであろう(46)。

この「パイデイア」と「市民権」との関係については、前四年か前五年頃のパピルス文書に見えるヘレノスというユダヤ人の請願書が、有益な情報源になる。「父はアレクサンドリア人であるし、わたくし自身アレクサンドリアに長らく居住し、父の財力の許す限り適切なパイデイアを受けてきたが、いまやこの祖国を奪われそうである」と主張している請願書である。パピルスの傷みがひどくて、これ以上は正確な判読が不能であるが、面白いのは文中の「アレクサンドリア人《アレクサンドレイス》」が「アレクサンドリアに住むユダヤ人」に訂正されていることだ。「アレクサンドレイス」は狭義には法的なアレクサンドリア市民を意味するが、広義にはアレクサンドリアの住民を意味する。役人は「市民」だと主張する請願者を「住民」でしかないユダヤ人に訂正したのだと、チェリコヴァー教授は解釈している。[47] 本人が訂正した可能性も捨てきれまい。

皇帝クラウディウスの裁き

この章の冒頭のエピグラフに借りた一文は、ギリシャ人とユダヤ人の対立抗争について、皇帝クラウディウスがアレクサンドリア市に示した裁定の重要な部分である。刺客の手にかかってあえなく落命したカリグラ帝の残した懸案に最終的な断を下したのが、この書簡である。ブリタンニアに侵攻してロンディニウム（ロンドン）を建設したこの皇帝は、『ローマ帝国衰亡史』で知られる歴史家ギボン（一七三七―一七九四）から「歴代の皇帝中もっとも愚劣な皇帝」と酷評された人物であるが、[48] ユダヤ教を公認宗教とする原則を崩さないまま、ユダヤ人の行き過ぎた行為を厳しくたしなめて、大過なく一件を落着させた裁定となっている。

「アレクサンドリア市民」（ギリシャ人）に対しては、古くからの住民であるユダヤ人を寛大に扱うことを求め、初代皇帝である「神・セバストス」（＝アウグストゥス）が保障したユダヤ人の信仰慣習を踏みにじることのないように「願う」と述べたあと、「ユダヤ人」に対しては、次のような「命令」を下している（「アレクサンドリア市民」と「ユダヤ人」、「願う」と「命令」とが、意識的に使い分けられていることに注意されたい）――おまえたちはアレクサンドリアにあっては外国人にすぎぬ、向後アレクサンドリアの市民権を得ようとしてはならぬ、これまで享受してきた外国人特権である準自治権で満足せよ。ギュムナシオン校長《ギュムナシアルコス》や副校長《コスメタイ》が主催するギリシャ人の競技会には顔も欲も出してはならぬ……。

ギュムナシオン校長らが主催する競技会への参加は、市民権を持つ者だけに許された権利であり、そして市民権の所有者はギュムナシオンの名簿に記載された青年市民《エフェブス》に限られたから、ユダヤ人がギュムナシオンを経由して市民権を取得するという道は、これを限りに絶たれたことになる。ただし、すでにエフェブスとして登録されている者については、奴隷から生まれた者（＝母が奴隷である者）以外は、市民権を保障するとした。つまり、ユダヤ人は外国人特権としての「ポリテイア」こそ、取り戻したものの、アレクサンドリアはユダヤ人の都市ではないという、鶴の一声が下ったのだ。アレクサンドリアを父祖の地とまで思いつめていたフィロンは、脳天をしたたかに打たれたような眩暈《めまい》を覚えたことだろう。その意味で、この裁決は象徴的であった。離散ユダヤ人が定住地を祖国と見なしても、周囲がそれを許さず、ユダヤ人を外国人視するという構図は、ディアスポラを通じて眼につくからである。

終わりに、「シリアやエジプトからユダヤ人を引き込んだり、誘い込んだりしてはならぬ。さもないと、予は重大な疑惑をいだかざるをえない」[49]という皇帝の一言にも触れておこう。この文言は、シナゴーグに設置されたカリグラ帝の胸像を帝の非業の最期（四一年一月二十四日）と同時に撤去したユダヤ人が、それだけでは収まらず、ギリシャ人に対して武力反撃に出た事件に言及したものと考えていい。その際にユダヤ人はエジプトのみならずシリアのユダヤ人にまで援軍を頼んだようだ。もし再度そのような行為があれば、これを「叛乱」と見なして厳罰に処する――どすの利いた、軍人上がりの皇帝の一言である。

ユダヤ教とキリスト教の分離

アレクサンドリアの騒動についてはこの程度で打ち切って、次にユダヤ教とキリスト教の分離という画期的な事件について述べておかなくてはならない。ユダヤ人は六六年にローマ帝国への大叛乱を開始し、七〇年にはエルサレムと神殿を失うという悲惨な事態に追い込まれるが、この神殿の崩壊以前は、ユダヤ教とキリスト教の分離は決定的ではなかった。イエスを信じるユダヤ人たちは神殿詣でをやめず、シナゴーグに入って信者を増やそうと努力していたし、またそのために、ユダヤ教体制側との間に摩擦を生じていたとはいえ、彼らはユダヤ人社会から追放されたわけではなかった。パウロは「ユダヤ人から三九回の鞭打ちを五度にわたって受けた」と語るが（コリント人への第二の手紙一一章二四節）、これはシナゴーグやユダヤ人社会からの追放を意味するものではなく、ユダヤ人社会の一員としてその逸脱を叱責されたというにすぎない。

これに関連して注目すべきは、ヨハネ福音書の次のような特異性であろう。(1)他の三つの福音書に登場するサドカイ派やヘロデ党やゼロタイ（熱心）党は登場しないこと。(2)イエスに敵対するグループを執拗に「ユダヤ人」あるいは「ファリサイ派」と呼び、この敵対派とイエスをメシアと信じる自分たち（ユダヤ教ナザレ派）との間の先鋭化した、のっぴきならない敵対関係を描き出すことに熱心なこと。(3)「ユダヤ人」の敵意の証拠の最たるものとして、イエスを信じるユダヤ人を「シナゴーグから追放する」ことに決定したと主張すること（九章二二節）。

(1)と(2)の特徴は、イエス存命中ではなく神殿消滅後の状況に照応するものである。ヘロデ党はいうまでもなく、神殿祭司を中心とするサドカイ派、戦争を主導したゼロタイ党、クムランのエッセネ派などがあらかた姿を消し、残ったのはファリサイ派や律法学者などであった。⑵と⑶は、イエス存命中にはとうていありうるはずのない事態だから、間違いなく時代錯誤の記述であるが、それでもこの福音書が執筆された当時の状況を、つまりユダヤ教とキリスト教の抜き差しならない分離が始まった状況を反映した記述だと言えるだろう。こうしたことから、この福音書は一〇〇年前後に成立したとされている。

このヨハネ福音書の特徴について、論評しておきたいことが二つある。

第一は「シナゴーグからの追放」について、である。このシナゴーグ追放説は、多くの学者に支持されてほぼ定説化しているが、史料的に難点がないわけではない。追放が事実とすれば、ユダヤ教側の史料になんらかの証拠があってしかるべきなのに、各シナゴーグへの追放の指令がどうしても見つからないのだ[50]。

ラビ的ユダヤ教の基本文献であるミシュナーを参照してみよう。ちなみにラビ的ユダヤ教とは、エルサレムの神殿が破壊されて用をなさなくなったあと、ヨハナン・ベン・ザッカイとその弟子たちや律法学者らが、ユダヤ教の再建を目指してヤヴネ（ヤムニア）に学園をつくって以後のユダヤ教のことであり、その発展につれてラビという一般的な敬称が律法学者だけに限定されていった。ヨハナン・ベン・ザッカイがファリサイ派であったという確証はないが、とにかくこの再編によって、それまで多様性をはらんでいたユダヤ教は、律法を守りかつ実践するための行動細則（これが口伝律法と呼ばれるもの）を、はなはだ几帳面に（例えば、朝の祈りは日の出までに、いや第三時までに済ませよ、などと）規定する、ファリサイ派色の濃厚な宗教になった*。その特徴をよく示す文献が、口承によって伝えられてきた行動細則を西暦二〇〇年頃に編纂したミシュナーである。

ところが、このミシュナーはキリスト教徒（ユダヤ教ナザレ派）については、何の言及もしていない[51]。さらに、「アミダー」とか「十八祈禱」とか呼ばれる、日に三度の祈りの規定を見ても、サマリア人の扱いに関する規定こそあれ、キリスト教徒については、いかなる規定も見当たらない。そこでバビロニア・タルムードの別の部分を探してみると、西暦八〇年代から二世紀初頭にかけてヤヴネの学院の指導者だったラビ・ガマリエル二世（別称ヤヴネのガマリエル）が、ユダヤ人社会にはびこる異端に頭をいため、「アミダー」用に異端者《ミニム》に対する呪いの言葉を作成するよう要請し、その要請に応えてラビの小サムエルが作成したとされている。その呪いとは次のようなものである[52]。

ナザレ派と異端者が瞬時にして滅び去り、生ける者の書から抹殺されて、義なる者と一緒に記されませんように。

問題は「ナザレ派」という言葉である。この言葉はガマリエル二世時代に誕生した最初のテクストには存在せず、後代に挿入されたものではないかと推測する研究者が少なくない。その一人であるカッツによれば、イエスをメシアと信じるユダヤ人は「異端者」に入るし、イエスをメシアと信じる異邦人（非ユダヤ人）が異端者とされるのは、西暦二〇〇年以後であるから、ガマリエルの時代ならば、「異端者」と並べてことさらに「ナザレ派」を名指す必要はないはずだという[53]。

さらに面白いことは、この呪いの祈りの作成者だとされる小サムエルが、集団で祈りを捧げる先導役になったとき、これをすらすらと口にすることができず、「二、三時間思い出そうとした」と記されていることである。ラビも会衆もこの祈りを諳んじていなかったらしいのだ。このことと、芽生え期のラビ的ユダヤ教の影響力がおよんだシナゴーグの数が限られていたことを考え合わせると、異端者への呪いの祈りの重要性を過大視してはならないだろう[54]。

＊　ヤハウェ神殿が破壊されたあと、ユダヤ教に起きた別の変化についても一言するなら、礼拝の中心が神殿からシナゴーグへ移ったことを挙げるべきだろう。この移行の程度については議論が分かれるが、ほぼ一致して認められていることは、西暦七〇年から五〇〇年の間に、「シナゴーグの神殿化」と「祈りの供犠化」という現象が起きたということ。つまり、信徒の集会所であったシナゴーグが、かつて神殿の帯びていた聖性と後光とを継承するようになったとともに、神殿に日毎に捧げられた供え物の代用物として、祈りが捧げられるようにもなったのだ[55]。こうして、朝、昼、夕の三度と規定された日毎の祈りの中に、エルサレムへの復帰の祈りが盛り込まれ、物体としてのシナゴーグでさえ、遥かなるエルサレムを意識した構造を取るようになる。安息日や祝祭日などに集団で祈りを捧げる内陣《ビーマ》の配置を工夫して、エルサレムの位置する方角に向かって祈りを捧げるようにしたのである。

ヨハネ福音書の「ユダヤ人」とガリラヤ

さて、ヨハネ福音書に戻って言いたい第二点は、この福音書が執拗にくりかえす「ユダヤ人」という言葉について、である。この「ユダヤ人」は総称的にユダヤ教徒を指しているのではなく、ユダヤ教当局を指すことが多いが、それにとどまらず、生粋のユダヤ人であることを鼻にかけて、ガリラヤ出身のイエスごときに預言者面をされてたまるかと思っていたユダ部族かユダヤ住民（これが「ユダヤ人」の本来の意味）を指すこともあるようだ。「イエスはユダヤを歩きまわろうとはしなかった。ユダヤ人が彼を殺そうと狙っていたからである」（七章一―二節傍点筆者）、「調べてみよ。ガリラヤからは預言者は出ない」（七章五二節）といった例が、その証拠である。

　ガリラヤはかつて「異邦人のガリラヤ」（イザヤ書九章一節）と呼ばれた地域であり、この地がユダヤ教化したのは、ユダヤ主義の旗印を掲げたマカベア王朝のアリストブロス一世（在位前一〇四―前一〇三）に併合されて、割礼を強制されてからのことである。マカベア家最後の王となるアンティゴノス二世が、イドマヤの平民出身であるヘロデ大王を公然と「半ユダヤ人」とののしったように（『ユダヤ古代誌』一四巻四〇三節）、ユダ部族の者ないしはユダヤ住民が、イエスを「半ユダヤ人」として蔑視したことは大いにありうる。

　言い換えると、ヨハネ福音書は、ギリシャ人らの異邦人社会ではなくユダヤ人社会の中から生まれたということだ。そして、仮にヨハネ福音書が強調するようなユダヤ人の敵意（イエスその人よりも、ヨハネ福音書を生んだ集団に対する敵意）があったにせよ、それはヨハネ福音書が言うような一方的なものではなく、ユダヤ人社会の中にあってユダヤ教とキリスト教との差異化を図ってきた彼らの側にも責任がある。また、ヨハネ福音書はユダヤ人の一部（ユダヤ教当局やユダ部族）の敵意を「ユダヤ人」の敵意として強調したために、後世のキリスト教徒読者の頭の中に「全ユダヤ人」への敵意を呼び起こしてしまう構造を不可避的に持ってしまったのだ。

　以上をまとめると、西暦一〇〇年前後にラビ的ユダヤ教側が初期キリスト教徒を異端者として扱い、ユダヤ人に異端者との社会的接触を禁じ、それによって分離と疎遠な関係の流れが強まったとしても、それは大規模ではなかったろうし、疎遠の原因もひたすらユダヤ教側に帰せられるものではなく、初期キリスト教徒の差異化の努力にも帰せられる（その他の社会的、政治的な理由もあるが、これについては触れる余裕がない）。つまり、分離は一般に言われている以上に長い時間がかかったと見なければならない。その緒は、なかなか切れなかったのだ。

その後一三二年を迎えると、ハドリアヌス帝（在位一一七―一三八）治下のパレスチナのユダヤ人は、バル・コクバの叛乱と呼ばれる大叛乱を開始し、ローマ帝国はエルサレムを長い間包囲攻撃した末に、一三五年ついにこれを鎮圧した。ハドリアヌスが割礼を禁止したことが、この大叛乱の原因と見る研究者もあれば、割礼の禁止は叛乱の結果であるとする研究者もあって、意見は一致しないが、この叛乱前後に割礼の禁止を始め、トーラーの研究の禁止、安息日の休息の禁止などが制定されたことは間違いない。(56) この禁止令は、タルムードが記しているように、ユダヤ人が昔から得ていた特権の一時的な剝奪であり、ユダヤ教ナザレ派にも適用された。また、叛乱の指導者シモン・バル・コクバをメシアと認めたラビ・アキバ（五〇頃―一三五頃）の弟子たちが、バビロニアに逃れ、その地に初期ラビ的ユダヤ教の思想をもたらし、戦後になってもパレスチナに帰らない者がいた。ラビ的ユダヤ教の学者・ラビたちは、引き続きパレスチナとバビロニアの間を行き来していたらしい。

このような経緯の中で、ラビ的ユダヤ教の基本文献であるミシュナーが成立したのは、西暦二〇〇年頃、場所はパレスチナである。パレスチナといっても、ユダヤにあったユダヤ人社会の多くは戦争で破壊されたから、芽生え期のラビ的ユダヤ教の指導者たちはヤヴネを引き払って、拠点をガリラヤに移していた。西暦一五〇年前後の拠点は、ヘロデ大王の息子のガリラヤ領主ヘロデ・アンティパスがガリラヤ湖西岸に建設したティベリアスである。建設当時は、イエスが近づこうとしなかったヘレニズム風の都会であったが、現在はユダヤ教の聖地として知られている。

キリスト教公認後のユダヤ人の立場

その後も幾多の曲折があるが、これを逐一記すことはできない。大まかに言うと、キリスト教徒を迫害したデキウス帝（在位二四九—二五一）、ディオクレティアヌス帝（在位二八四—三〇五）のあとに皇帝の座についたコンスタンティヌス大帝（在位三〇六—三三七）が、キリスト教をローマの公認宗教に加えたのは、三一三年。神々に捧げる動物の血の供犠というギリシャ・ローマの異教的宗教伝統は廃止したけれども、皇帝の偶像を崇拝させることは温存・強化して、キリスト教の毒を薄めたうえでの措置であった。当然のことながら、ローマがキリスト教一色に染まったはずもなく、伝統的な主神ユーピテルや太陽神ソールに対する崇敬の念は、とりわけ元老院貴族層に根強かったし[57]、コンスタンティヌス自身も一貫して貨幣に太陽神を刻ませ続け、キリスト教の洗礼を受けたのは、まさに臨終を迎えようとする間際であったが、大帝がキリスト教会の有力な後援者になったことは疑いない（図5を参照）。

このキリスト教の公認によって、ユダヤ人の立場はどのように変わっただろうか。

ローマ史全体を巨視的に見れば、キリスト教公認はキリスト教とユダヤ教の立場の逆転のきっかけになったとともに、ローマ法のキリスト教化をうながし、そしてローマ法のキリスト教化は、ローマの伝統であった多神教的、多文化的な宗教意識を蝕む基盤をつくったと言えるだろう。三八〇年になると、テオドシウス大帝（在位三七九—三九五）はキリスト教の洗礼を受けるやいなや、「われらは三位一体説の父と子と聖霊の絶対神格を信ずべきなり。予はこの教義を信じる者だけにカトリック・キリスト教徒の称号を公認する」との勅令を発してキリスト教国教化への道を歩み、やがてコンスタンティノポリスに勢力を張るアレイオス（アリウス）派に鉄槌を下した。*

キリスト教を公認してから、ローマ皇帝がユダヤ人に禁じたものとして、ユダヤ教からキリスト教に改宗した改宗ユダヤ人を迫害すること（三三六）、キリスト教徒の奴隷に割礼を施すこと（三三九）、キリスト教徒の奴隷を所有すること（三八四）、キリスト教徒と結婚すること（三八八）、新しいシナゴーグを建設すること（四二三）などが数えられるが、[58] 四二五年に入ると、ユダヤ人をローマ法とローマ帝国の行政の外に置くという措置さえ取られた。[59] ローマ軍に入り込んでいるユダヤ人兵士に対しても、締め出し措置が取られ、四一八年にユダヤ人兵士を東方軍から排除し、四三九年にはローマ帝国の全域にこれを拡大した。

図５　ソール神の戦車を楯に描き，ソール神と自己を二重写しにしたコンスタンティヌス大帝の貨幣（313 年）

また四世紀に起きた重要な変化として、地方政治における司教の役割の増大が挙げられる。司教の権力が強まり、それにつれて司教が地方政治に口を出すようになり、ユダヤ人社会にも影響が出始めるのである。[60] 帝国の首都にあるローマ教会の司教が諸教会の司教から一目置かれるようになり、「パパ」と尊称されたが、この「パパ」の首位権が不動になったのも、四世紀のことである（「パパ」は教皇とも法王とも訳される）。

このようにユダヤ人の立場は、以前のような安定性を失って下降傾向に入ったと言えるが、急降下や錐もみ状態になったわけではない。歴代のローマ皇帝の多くは、キリスト教公認以前のローマ帝国の伝統的な政策を維持して、ユダヤ人に一定の法的、政治的自治を許した(61)。コンスタンティヌス大帝にしても、テオドシウス大帝にしても、シナゴーグがユダヤ人の信仰生活の中心であることを、はっきりと認め、「キリスト教の名の下にシナゴーグを破壊し、汚すという不法行為」を禁じていたことは、看過してはならない(62)。

＊　アレイオス（アリウス）派は、アレクサンドリアのアレイオス（二五六頃—三三六）に始まり、コンスタンティヌス大帝に洗礼を授けたニコメディアのエウセビオス（生年不詳—三四二頃）に受け継がれたキリスト教の運動。その根本思想は、神が父なる神、子なる神、聖霊という三つの位格《ペルソナ》を持つことも認めるし、イエスを神の子とも認めるが、神の子は父なる神に造られた一被造物であって完璧な知識を持たないもの、と見なしたことである。父なる神の唯一性と主権を守ろうとしたのだ。三二五年にコンスタンティヌス大帝が召集したニカイア公会議は、アレイオスの主張を退けて、神の子は神とホモウシオス（同質）であるとした。ところが、コンスタンティヌス大帝はアレイオスの復権を図り、その三男のコンスタンティウス二世（在位三三七—三六一）も父の衣鉢を継いだため、混乱が生じていた。この混乱に終止符を打ったのが、テオドシウス大帝である。

ローマ文化に同化していたユダヤ人

西暦二一二年、ローマに住むユダヤ人の大多数は、カラカラ帝（在位二一一—二一七）の下でローマ市民権を得た。この頃から六世紀初めまでローマの都に住んだユダヤ人の生活の詳細は、歴史の闇に包まれているが、最近の考古学の進展によって、ある程度の概略図が描けるので、それを描いてこの章の締め括りとしたい。まず、ユダヤ人のカタコンベ（地下共同墓地）に見つかった、およそ六〇〇の埋葬碑銘が沈黙のうちに語っていることから紹介しよう。第一に、それらの碑銘のほとんどが、非ユダヤ人のものと同じように、コイネー・ギリシャ語（前四世紀後半から後六世紀にわたってイタリアからインドに至る広域で用いられた共通ギリシャ語）や俗ラテン語で記されており、言語レベルでのギリシャ化やローマ化が顕著に進んでいたことを如実に物語っている。

第二に、ユダヤ人が名乗った名前はラテン名が二七四、ギリシャ名が二三〇、ユダヤ名が七九で、ラテン名、ギリシャ名が圧倒的に多かった[63]。特にラテン名の場合、ローマ人の間に流行した名前と同一のものが多く、思わず眼を疑うほどだ。例えば、ローマ人が好んでつけた名前の四天王は、皇帝にあやかったアウレリウス、フラウィウス、ユリウス、アエリウスの四つである。一方のユダヤ人の好みもまったく同様なのだ。フラウィウスという名に至っては、ローマがエルサレム神殿を破壊したときの皇帝一族の名であり、ユダヤ人には不吉な響きを持っていいはずなのに、敬遠された気配がない[64]。そして、これらの名を名乗ったユダヤ人は、ローマ人社会べったりであった人々かと思うとさにあらず、ユダヤ人社会の中心となって積極的な役割を果たした人々が多く含まれていた[65]。

第三に、偶像を嫌うユダヤ人の共同墓地の一角に、ペーガソス（天馬）やフォルトゥーナ（運命の女神）やクピードー（恋の神）などが、目も彩に描かれた空間の存在すること自体、なんとも驚いた光景であるが、なかでも目を見張るのは、ギリシャ・ローマ的主題とユダヤ的な主題が混淆した大理石の石

図6　ユダヤ人墓地の石棺の図像

棺である。[66] 図版を見ていただきたい。右手に彫られた男性は、ローマ神話で時の移ろいをつかさどる変幻自在の神として知られるウェルトゥムヌス、左手の二人の女性は勝利の女神ウィクトリア、女神の足元でブドウ踏みをしているのは、ルネサンス美術でおなじみの裸体の少年たち。このどれを取っても異教的な主題である。ユダヤ的な主題は、女神たちが両側から支えるクリペウス（円形の楯）の中のメノラー、つまりユダヤ教の儀式用の七本枝の大燭台だけにすぎない。このような構図を文化的に読み解くなら、三世紀から四世紀前半にかけてローマ人の間に人気のあった石棺装飾の図像をほぼそっくり取り入れながら、その一部を差し替えて、かろうじてユダヤ人としての独自性を表現したと、分析できそうである[67]（図6を参照）。

　この第三の特徴までをまとめて整理すると、ユダヤ人はユダヤ教・ユダヤ人意識を保持しながらも、社会的にも文化的にもローマ人社会（古代ヨーロッパ世界）に高度に溶け込み、同化していたということになる。このような同化が可能になったのは、ローマがユダヤ人に法的、政治的自治を与えたからだと考えられるが、ローマの宗教文化が父祖伝来の宗教伝統を深く尊重する文化であったからだという、魅力的な仮説もある(68)。この仮説の強みは、キリスト教に対する迫害もこの同じローマの宗教伝統によって説明できることだろう。つまり、キリスト教の信者の数があまりに増大したために、ローマの父祖伝来の敬神の精神が縮小したと意識され、それが神々の怒りを招くのではないかというローマ市民の不安につながったのだと考えられる(69)。

最後に指摘したい点は、現在までのところ、合計一一のユダヤ人社会のあったことが確認できることである。そして、各社会それぞれがパレスチナと接触していたことまでは確認できるものの、中央の権威の下で互いに連携していたという証拠は見つかっていない。つまり、ラビ的ユダヤ教の統率下にあったという証拠は見つからず、ラビ的ユダヤ教が支配的であったとする従来の意見が修正されつつある(ラビ的ユダヤ教の影響が見つかるのは、中世に入ってからの南イタリアである)。このことを確認して次章に進むこととしよう。

第二章　カエサルの奴隷、神の敵、儀式殺人者
——中世イングランドのユダヤ人

ユダヤ人が主・キリストの受肉を信じなかったときに、異邦人世界はこれを信じた……ユダヤの民が、生命を奪う字面だけでしか神の言葉を受け入れなかったときに、異邦人は心から回心して、生命を授ける魂によって神の言葉を見抜いたのである。(1)

ローマ教皇大グレゴリウス

第一節　ユダヤ人高利貸と教皇の高利貸

ユダヤ人は国王の奴隷、されど特権的身分

ローマ帝国は、クラウディウス帝治下の西暦四三年、ケルト民族の一族ブリトン人の地であるブリタンニアへの本格的な植民を開始し、五〇年までにはロンディニウム（ロンドン）を建設するが、テオドシウス大帝が没した三九五年に東西に分裂する。衰えの目立つ西ローマ帝国（三九五―四七六）が、侵入するゲルマン民族から本土を防衛する必要に追われて、ブリタンニアに補充軍を送ることができなくなったのは、それからわずか十五年後の四一〇年である。この年に、パクス・ロマーナは事実上の終幕を迎え、この終幕のあとにやって来たのが、ゲルマン民族に属するジュート人、アングル人、サクソン人、すなわち混血してアングロ・サクソン人となる人々と、ローマ・カトリック教会である（図7を参照）。

文字を持たないアングロ・サクソンは、ローマ化されつつキリスト教をケルト化していたブリトン人を周辺に追いやり、五世紀半ばに、彼ら自身の最初の国であるケント王国を建てた。五九六年に入ると、ローマ・カトリック教会のパパ大グレゴリウス（在位五九〇―六〇四）は、ベネディクト会修道士アウグ

図７　ローマ人とゲルマン人の白兵戦（3世紀）

スティヌス（生年不詳―六〇四）にアングロ・サクソンの教化を命じ、命を受けたアウグスティヌスは、四〇名の修道士を引き連れて王国の首都カンタベリーに入ると、エセルベルト王（五六一―六一六）や国民の教化にいそしみ、六〇一年に初代カンタベリー大主教の座につくまでになった。その後も教会は布教を続け、八世紀には全イングランドを掌握するに至ったが、人々の心が完全にキリスト教化したわけではない。カトリック教会の勝利は、土着の異教を抑圧せずに、それと妥協することによって手にした勝利であり、[2]「邪視」あるいは「兇眼」を恐怖する文化や、死者の歯の持つ治癒力を信じる文化などは、キリスト教信仰と混淆しながら、したたかに生き残り続けた異教的文化である。

　この時期までにユダヤ人が定住していたかどうかについては、確かな史料的裏づけがない。十一世紀初頭からの耳寄りな情報に、ユダヤ人奴隷商人がイングランドの奴隷を取り扱っていたという記録があるが、このユダヤ人がイングランドの住人なのかどうかも、あいにくと闇に包まれたままである。(3) ユダヤ人が歴史上はっきりと登場するのは、北フランスのノルマンディー公爵ギヨーム（英語名ウィリアム。在位一〇六六―一〇八七）のイングランド征服以後になる。ユダヤ人はウィリアム征服王とともに来たという伝承があるのだが、史実としてはもう少し遅らせて一〇八七年から一一〇〇年の間とした方が良いかもしれない。(4) 彼らはノルマンディーの首都ルーアンに形成されていたユダヤ人社会から枝分かれした支脈で、第一回十字軍が発足した一〇九六年にルーアンの十字軍参加者がユダヤ人を虐殺したときの生き残りも混じっていた可能性がある。

十一世紀当時、ヨーロッパ中に散らばったユダヤ人社会を文化的に色分けすると、イスラム教スペイン（イスラム教徒が「アル・アンダルス」と呼んだアンダルシア周辺の地域）、キリスト教スペイン（聖地サンティアーゴを擁する北部スペイン）、フランス地中海沿岸のプロヴァンス、イタリア、ドイツ・フランスの五つに大別することができるが、イングランドのユダヤ人社会は最後のアシュケナジ系に属する。彼らは、征服者であるノルマン人と同じように、ノルマンディーの方言を中心とした北フランスの言語を話し、フランス風の名前や服装をしていたから、ユダヤ人識別章《タブラ》の着用を義務づけられる一二一八年までは、外見はノルマン人と区別がつかなかったはずだ(5)（イングランド貴族社会の言語となったフランス語が外国語の地位に転落するのは、ようやく十五世紀に入ってからである）（図8を参照）。

ユダヤ人の法的身分についても不明なことが多いが、疑問の余地なくはっきりしていることは、入国してから一二九〇年に追放される日まで、イングランド国王に対して、いかなる権利も持たなかったことである。ユダヤ人は財産ともども国王の所有物であり、国王の所有物であるからには、国王に隷属す

図８　「悪魔の息子アーロン」(1277年)

裾（すそ）に描かれているのが，ユダヤ人の識別章であるタブラ．黄色いフェルト製の長方形二つをつなげた形．縦６インチ，幅３インチ．

る身であった。しかし国王の所有物であるだけに、それなりの自由に恵まれるという側面も併せ持っていた。

この隷属と自由のややこしい関係について、法制史研究で知られるメイトランドとポロックは、「隷属は相対的な隷属である。国王を除いたあらゆる人間との関係においては、ユダヤ人は自由なのだ。ユダヤ人は特別な扱いをされなければならない。キリスト教徒に禁止されていることも許されなければならない」と、要約している[6]。つまり、国王との関係だけで見るなら、権利を持たない隷属状態だが、一般臣民との関係で見れば、自由民に近かったのである。彼らはシェリフ（州長官）やベイリフ（郡代）やコンスタブル（城代）から特別の保護を約束されている身分であり、これは中世のイングランド社会にあっては、特権的な身分だったと見なければならない。

このようなユダヤ人の身分と切っても切れない建造物がある。それは、一二二七年当時でイングランド全土に六〇ほど建造されていた王家の城である。ウィリアム征服王はこれらのノルマン様式の城を必ずしも直轄せず、直臣の地方領主であるバロンを城代に据えて、アングロ・サクソンを支配するための拠点とも支配の象徴ともしたが、この王家の城は、ユダヤ人の目線で見れば、虐殺や暴動のあるときは避難できる、頼りがいのある保護施設であり、また同時に、いやもおうもなく国王への隷属を強いられる国王行政の拠点であった[7]。

ヘンリー一世（在位一一〇〇―一一三五）の時代に、ユダヤ人に特許状が出されたと言われる。このテクストは現在失われてしまっているが、その後の歴代の国王たちがおよそ二百年にわたってモデルとしたものなので、その内容はおおよそ知られている。ユダヤ人は通常の租税を免除され、イングランドとノルマンディーに自由に居住することができ、担保に取った土地を所有することも、父の所有地を引き継ぐことも許されていた（ただし、三分の一の税金を支払う必要があった）[8]。ユダヤ教の信仰を許され、キリスト教徒がウルガタ聖書（四〇五年に完成したラテン語訳聖書）によって宣誓したように、ユダヤ人はトーラー（モーセ五書）によって誓うことさえ認められていた。ナイト爵やギルドの親方の身分などは高嶺の花であった（一二六八年に一件のギルド加入例があるにはある）[9]としても、ユダヤ人はやはり一定の特権と自由を享受していたと言える。このような特権的な身分が、一般のアングロ・サクソン人やノルマンの下層貴族から妬まれないということはありえず、これが反ユダヤ感情を構成する一要素となったが、それよりも大きな要素はユダヤ人の経済活動、とりわけ高利貸業にある（図9を参照）。

資金源としてのユダヤ人

ユダヤ人は一一三〇年か一一四〇年頃からロンドン以外の地方にも分布し始め、一一九〇年代には、大部分がノリッジ、オクスフォード、ウィンチェスター、リンカン、ヨークなどの都市に住みついて、商業に従事していた。ロンドンを例に取れば、一一三〇年までには都市部に住み、金融業を主たる生業《なりわい》としていた[10]。金融業者のほかに、内科医、金細工師、魚屋、チーズ屋、ワイン商人、キリスト教に改宗してナイト爵を授かった軍人さえいたこともわかっているが[11]、利益のあまり上がらない農業に携わったユダヤ人は見つかっていない。「ユダヤ人富豪は巨費を投じて王宮のような大邸宅を建てていた」と年代記に記されているとおり、一般に流布したユダヤ人像は「懐のふくらんだユダヤ人」であった[12]。

イスラムの英雄サラディンことサラーフ・アッディーン（一一三七頃―一一九三）が、十字軍からエル

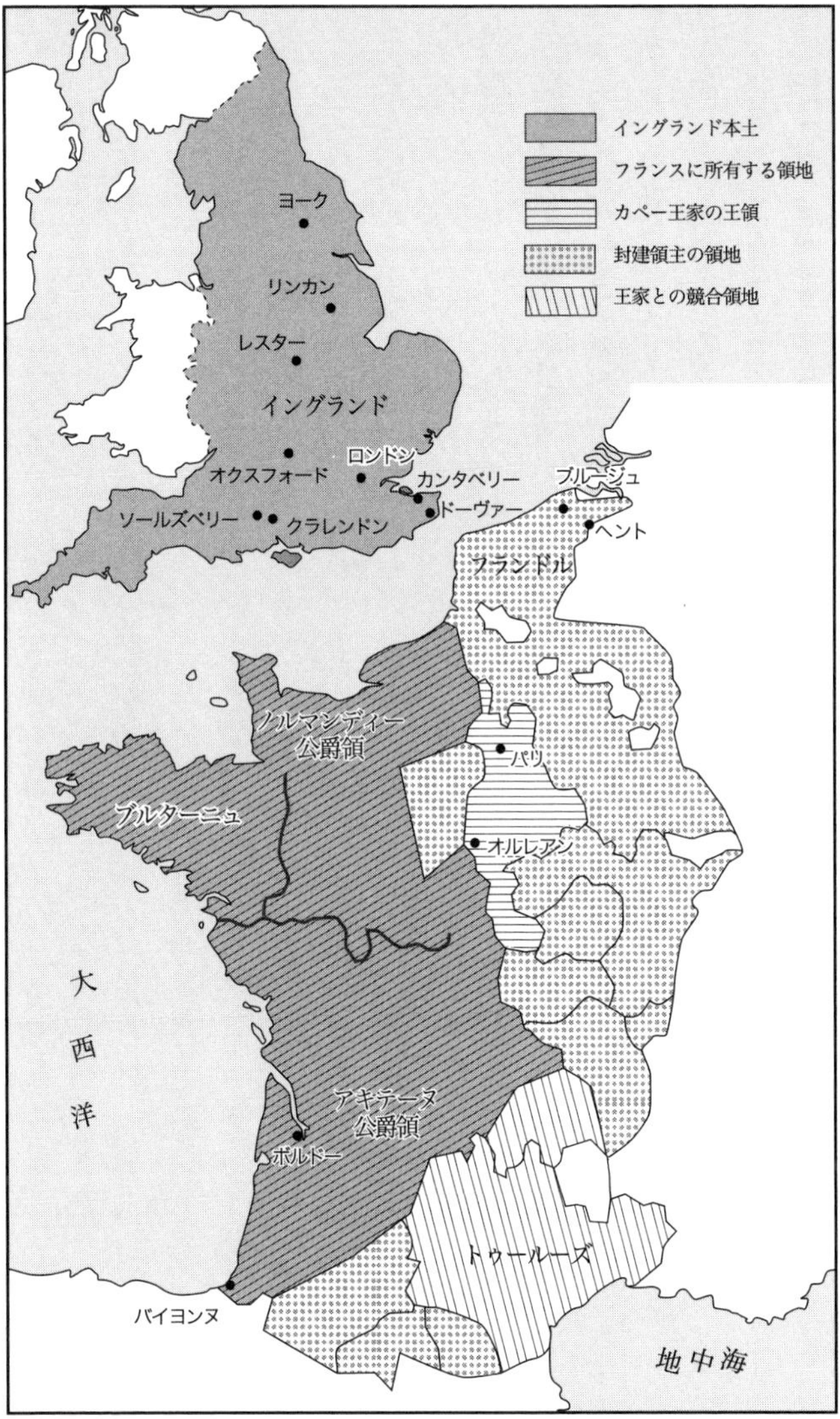

図９　12世紀の大国イングランドの領土

サレムを奪回した翌年の一一八八年、ヘンリー二世（一一三三―一一八九）は、「エルサレムの地を奪回するために、年収と動産の一〇分の一を寄進せよ」という所謂「サラディン一〇分の一税」を定めて、キリスト教徒から七万ポンド、ユダヤ教徒から六万ポンドを徴収したと記録されている[13]（ユダヤ人が少数派であったことを考えると、ユダヤ人支払額は誇張されているに違いない。一万ポンドでも巨額である）。王はエルサレムへ出陣する機会もなく、息子との戦に疲れ果てたように死去したが、息子のリチャード一世（一一五七―一一九九）は第三次十字軍に参加するに際して、父の集めた「サラディン一〇分の一税」を活用した。また一一九四年、遠征の帰途にオーストリア公レオポルド（一一五七―一一九四）の捕虜となって多額の身代金を要求され、それが税金となって国民に降りかかったとき、ユダヤ人は全国会議を開いてその調達に四苦八苦した。ロンドン四七一ポンド、リンカン二七七ポンド、カンタベリー二四二ポンド、ノーサンプトン一六〇ポンド、グロースター一一六ポンド、その他を合わせて総額一七四二ポンドの供出である[14]。一一九〇年に起きたユダヤ人虐殺で多くの犠牲者を出したヨークの名が見えないのは、明らかに虐殺事件の後遺症であり、他地域のユダヤ人社会も相次ぐ重税にあえいでいたはずだが、それにしても都市部のユダヤ人が持っていた巨大な資金力の一端をうかがわせる数字である（平均的な村人の年収はというと、一ポンド半から二ポンド止まりであった[15]）。国王が搾り取ったこれらの金額は、ユダヤ人のあなどりがたい経済力を思い知らせてくれるだけでなく、彼らがイングランドの国家行動に欠かせない資金源だったことを語ってもいる。「カエサルの友」ではなく「カエサルの奴隷」ではあるが、カエサルに欠かせない資金係だったと言えよう。

　国王がユダヤ人を保護するのは、このユダヤ人の経済力のためである。一人のユダヤ人が死去したとき、国王の第一の仕事は、そのユダヤ人の財産に対する国王の権利を執行することであった。一一八〇年にリンカンのアーロンという有名なユダヤ人金融業者が他界したとき、国王は彼の全財産を手中に収め、財務府に特別部門を設置し、その処理にあたらせたが、数年後になってもまだ処理し切れなかったという[16]。それも当然だっただろう、このユダヤ人は一万五〇〇〇ポンドにものぼる貸し付けをしていたのだ。イングランド国王の年収が多くてもせいぜい三万五〇〇〇ポンドほどの規模であった時代のことだから、これは巨額と形容するにふさわしい貸し付けである。借金をした人々のリストもまた驚くべきものであった。スコットランド王ウィリアムの二七七六ポンド、カンタベリー大主教の一〇〇〇マークをはじめ、王侯・貴族・聖職者から一般市民に至るまで、それこそキラ星のごとくに並んでいた（一マークは一三シリング四ペンス。一九七一年までは、一ポンドは二〇シリング、一シリングは一二ペンス）。

ユダヤ人から金を吸い上げていたのは、国王だけに限ったことではなく、一番身近な保護者であるシェリフも事あるごとに小金をせしめていた。キリスト教徒の乳母を雇うとき、イースターにシェリフの羊を食べる特別の許可をもらうとき、別の地域のユダヤ人に娘を嫁がせるとき、キリスト教徒への貸付金の取り立てを依頼するとき、検死《インクエスト》に出席しなかったとき（ユダヤ人は死体を不浄視するので、検死を敬遠することが多い）など、ユダヤ人は何かにつけて心付けを包んだものだ。一二五一年から一二五三年にかけて、あるユダヤ人は結婚式に出席するため、カンタベリーからロンドンへ旅行するのに、六シリング八ペンスをシェリフに手渡している[17]。

ゲットーのないイングランド

教会があれこれと試みたにもかかわらず、ユダヤ人社会が孤立した閉鎖社会ではなかったことも、重要な事実として書き留めておかなくてはならない。つまり、ユダヤ人強制居住地区としてのゲットーは存在せず、都市や村はキリスト教徒にもユダヤ人にも等しく開かれていた。しかしだからと言って、ユダヤ人の集中した居住地域がなかったと速断するのは、禁物である。象徴的な一例がノリッジの場合である。ユダヤ人の多くは、城と市場に挟まれた街の一角に固まって住んでいたのだ。いざというときすみやかに避難できる堅固な王家の城と、経済活動に欠かせない市場——この二つの重要拠点の至近距離内で寝起きするというユダヤ人の空間的な位置は、彼らの社会的地位の危うさを見事なほど鮮やかに映し出しているだろう。ノリッジだけではなく、リンカンやヨークでもユダヤ人街は王家の城の近辺に位置していたことがわかっている。彼らは少数派として多数派との協調に腐心しながら商売すると同時に、身の安全には神経を尖らせて生きていたに違いない。

以上のように、ユダヤ人はどこに住んでもよく、キリスト教徒に混じって日常生活を営んでいたが、しだいに制限を受けるようになり、一二一八年までには、特別のライセンスを持たない限り外国へ渡航できなくなり、一二三三年までには、一時的にせよ居住場所を固定されるようになる。彼らを農奴並みに扱う傾向が強まったということになるが、この傾向は宗教的な動機によるものではなく、経済的な理由からだと考えられている。つまり、ユダヤ人の身柄と財産を有効に管理するため、である[18]。

先にも触れたとおり、ユダヤ人は征服者ノルマン人に随伴してきた外国人であり、ノルマン風の服装をしてフランス語を話した。これはアメリカ大陸発見以後、あるときは征服者の随伴者として、またあるときは征服者として、アメリカを植民地化する尖兵の役割をになったユダヤ人やマラーノの境遇に似ている（第三章を参照）。だから、土着のアングロ・サクソンの地域社会に溶け込むには骨が折れたと考えられるが、十三世紀に入って教会が反ユダヤ教的な政策を強化し、ユダヤ人を毛嫌いするキリスト教徒が多くなるなかで、ユダヤ人とキリスト教徒の友好関係が見られたことは、是非とも書き留めておきたい事柄である。時は一二八六年、場所はロンドンの西方にあるヘレフォードで、キリスト教徒がユダヤ人の結婚式に招待されて、芝居や狩猟や乗馬に仲良く打ち興じているのだ[19]。教会はこれを禁止する命令を出したが、多くの市民は取り合わなかったらしい。一二八六年といえば、ユダヤ人追放令が出される四年前にあたる。なにやら奇異な印象をいだくが、考えてみれば、ユダヤ人がイングランドにやって来たのは十一世紀末のことだから、すでに三世代目か四世代目を迎えるほど長く生活を共にしてきたのである。地域住民との間にこのような友好関係がときおり見られてもなんの不思議もないだろう。ユダヤ人側の記録には、キリスト教徒と強い酒を飲んだというユダヤ人さえ登場している。

教皇の高利貸たち

利息を取ることを禁じたローマ・カトリック教会の政策は、第三回ラテラノ公会議（一一七九）に始まり、第二回リヨン公会議（一二七四）で強まり、ヴィエンヌ公会議（一三一一―一三一二）で最高潮に達したと言ってよい。リヨン公会議は、高利貸どもを三カ月以内に追放せよ、彼らに家を貸してはならぬと定め、ヴィエンヌ公会議は、高利貸を異端者として処罰することを明言した。エルサレム巡礼者を保護する目的で組織されたテンプル騎士団（十二世紀初頭に設立された騎士伝道会）が、異端の烙印を押されて大弾圧を受けて壊滅したとき（一三〇七―一三一四）、その罪状に男色や悪魔崇拝と並んで金融業も挙げられていたのは、こうした趨勢による。

高利貸の禁止がユダヤ人にもおよんだのは、一二一五年第四回ラテラノ公会議である。「いかなる口実にせよ、ユダヤ人が今後キリスト教徒に過酷で過度の利息を要求するときは、法外な負担要求の償いを十分にするまで、キリスト教徒との接触を禁じる」と規定された[20]。

教会法がキリスト教徒に利息を取ることを禁じたために、ユダヤ人が金融業を独占したかのように言われてきたが、右の事実からわかるとおり、これは単純すぎる見方である。中世を読み解く視点としては、カンタベリー大主教が情婦を持たなかったと決めてかかるのと同じように、素朴すぎると言わざるをえない。主教たちは情婦を持っていたし、利息さえも巧妙なやり口で巻き上げる高利貸だったのだ。

例えば、十三世紀のカンタベリー大聖堂小修道院は、イタリア人やユダヤ人から借金をしていただけでなく、カンタベリーの助祭長や他の寺院の主教ら聖職者からも借金をし、利息を払っていた。リンカン主教を務めたこともある高名な神学者のロバート・グローステスト（一一七五―一二五三）が残した、次のような証言にたまげない人はあるまい。

例えば、一〇〇マーク［六六ポンド一三シリング四ペンス］を借りて、一〇〇ポンドにして返す（期限に一〇〇ポンドを支払う）のである。つまり、一〇〇ポンドの借入金を受領いたしました、年末には返済いたします、という証書を作成して、それに署名することを強制される。そして、借りた日から一カ月以内に、たまたま手持ちの元金を返そうとすると、一〇〇ポンドそっくり耳をそろえない限り、教皇の金貸は受け取ろうとしない。これはユダヤ人の条件よりもひどい。ユダヤ人なら、いつであろうと元金を丁重に受け取ってくれて、しかも利息は元金を保有していた期間分だけなのだ。(21)

これは臨終の床でなされた懺悔だから、それだけ信憑性が高いと判断しなければならないが、「教皇の金貸」と呼ばれる聖職者高利貸のこの利息徴収の手口は、まったく呆れるほど巧妙である。テンプル騎士団は地代という名目で利息を取っていたが、イングランドの「教皇の金貸」どもの手口は、その上を行くものだ。第二回十字軍の推進者としても知られるクレルボーのベルナルドゥス(一〇九〇頃―一一五三)は、「ユダヤ人のいないところでは、キリスト教徒の金貸が――洗礼を受けているユダヤ人と言った方が適切なのだが、仮にキリスト教徒と呼ぶことにする――もっとひどくユダヤ人流に振る舞っているのは、なげかわしい」と告発したものだったが、(22)実態はそれよりもひどく、ローマ・カトリック教会の奥の院に、ユダヤ人よりも悪辣な高利貸が巣食っていたのである。

ユダヤ人高利貸から借りて身を滅ぼすキリスト教徒

一方、ユダヤ教のトーラー(律法)は同胞から利息を取ることを禁じていたが、異邦人からは利息を取ってよいとしていた。「兄弟に利息を取って貸してはならない。金銀の利息、食物の利息などすべて貸して利息のつくものの利息を取ってはならない。異邦人には利息を取って貸してもよい。ただ、兄弟には利息を取って貸してはならない」(申命記二三章一九―二〇節)。

これに対するラビ的ユダヤ教のタルムードの解釈は、「他の手段で生計を得られるときは、異邦人に利息のついた金を貸してはならない」「適当な利息をラビが決める」という類もないではないが、大勢は好ましくないとしながらも是認する傾向が強かった。十二世紀の見解に「われわれは王侯や君主に税金を払わなければならず、すべて生存のために役立てねばならないからである。われわれは異邦人の間に生活しており、彼らと取り引きしなければ生計を立てることができない。したがって、利息を取って貸すことは、もはや禁止されない」というものがある。(23)

カトリック教会がユダヤ人の高利貸を禁じたのは、第四回ラテラノ公会議(一二一五)からであるが、イングランドでは金蔓としてユダヤ人金融を利用するという王家の政策もあって、ユダヤ人による融資は早くから行われ、一一九四年にはアルカの制度(ユダヤ人とキリスト教徒の金銭関係を記した証書類を保管しておく金庫を主要都市に置くという制度)が誕生するまでになった。

先述したように、ユダヤ人とキリスト教徒の関係で強調すべきは、キリスト教会や修道院がユダヤ人から借金をしていたことだ。カンタベリー大聖堂のクライスト・チャーチ小修道院は、一二二三年までに複数のユダヤ人から一二ポンド九シリング四ペンスの借金をしていた。いや、修道院とユダヤ人金融業者との関係は、この表面の貸借関係よりも遥かに複雑であり、遥かに爛《ただ》れた関係であった。一二三〇年代のケントに住んでいたピーター・ドゥ・ベンディングというナイトを例に取って、その一端を見てみよう。(24)

一二三四年一月現在で、リトル・チャートの荘園の借地代として三三ポンド六シリング八ペンスが滞っていたベンディングは、自分が所有するウェストウェルの荘園の全権利をカンタベリーのクライスト・チャーチ小修道院に譲って、借金を返済した。資金繰りに困ったベンディングがユダヤ人金融に手を染めたのはこの一二三四年、同じケントに住むユダヤ人Mから二ポンド四シリング余を借りたときが最初である。次に、ユダヤ人Bから五ポンドを借りた。土地を担保に取られ、金利は週一ポンドにつき二ペンスであった。これは当時の相場であったが、年利に換算すると、四割三分三厘三毛という、べらぼうな高利になる。そのため、ベンディングは翌年の一二三五年、ユダヤ人Jから新たに借金をして、一九ポンドの資金をつくらねばならなかった。

さらに一二三六年になると、リトル・チャートの荘園を抵当に入れて、カンタベリーのユダヤ人Bから二〇〇ポンドの借金をした。荘園は抵当に入ったが、年一ポンドの収入になるコショウの免役地代の権利は留保した。しかし、こうまでしても、借金地獄から抜けられなかったらしい。まるで蟻地獄にはまった蟻のように、高利に足をすくわれて、没落してゆく様子がまざまざと看取できる。

ユダヤ人への敵意の増大

このナイトの没落劇の終幕に登場するのが、先のクライスト・チャーチ小修道院である。一二三七年、ベンディングは万策尽きたらしく、リトル・チャートの占有権《シージン》を一三三ポンド六シリング八ペンスで譲渡するから、借金の肩代わりをしてもらいたいと、修道院に泣きつく。修道院は待ち構えていたように借金を肩代わりし、先述のユダヤ人M、B、Jらから権利放棄証書を受け取ったのである。

つまり、修道院は行い澄ました顔をしながら、ユダヤ人と取り引きをして、わずかばかりの投資によって所有地の拡大に成功したわけである。借金を肩代わりしてもらった者の多くは小作人の身に落ちぶれる一方、ユダヤ人は抜け目なく元利そっくり回収して懐を肥やしている。なんとも驚いたキリスト教聖職者とユダヤ人の共犯的な金銭関係である。土地を失ったナイトの恨みは、当然のことながらユダヤ人に向けられ、ユダヤ人憎しの感情がこうして広まったと考えられる。このクライスト・チャーチに限ってみても、他に三名の土地がこの修道院の所有に帰している（大貴族もまたユダヤ人から証書を買い上げては、領地を増やしていた）。ユダヤ人は、ロンドン、ヨーク、ウォーリック、ベッドフォード、ブリストル、ケンブリッジ、オクスフォード、カンタベリー、ウィンチェスター、コルチェスター、エクセター、グロースター、ヘレフォード、リンカン、スタンフォード、マールボロ、ウィルトン、ノーサンプトン、ノッティンガム、ウースターなどの都市に散らばって住み、各地方の経済に深く関わっていたから、この傾向はケント州にとどまらず全国に波及した。

この新しい波は十二世紀に始まり、十三世紀にますます顕著になる。十三世紀の顕著な動向は、大規模な土地財産が没落者から新興成金の手に移ったことである。これがキングの言う「ナイト階級の家門には驚くような安定性があったのに、十三世紀はそれに比べてほとんど無秩序状態のように見える」という事態である。[25]

よくよく眼を凝らしてみると見えてくることだが、実はこの没落劇には、隠れた主役がいる。高利の融資をするユダヤ人を国庫収入の奴隷として活用し、タリッジという名の特別税によってユダヤ人を搾り上げていた国王である。国王はユダヤ人を介して臣下の財産を吸い上げては彼らを没落させ、ユダヤ人憎悪の風潮に重要な役割を果たしたと言える。

シモン・ドゥ・モンフォール（一二〇八頃—一二六五）が、ヘンリー三世（一二〇七—一二七二）に貴族層の要求を突きつけた有名な叛乱が広がりを見せたのは、借金に苦しむナイト階級の不満を吸収していたからである。モンフォール党に呼応した不満分子たちは、一二六四年四月初旬、ロンドン、ウースター、カンタベリーで、多くのユダヤ人家屋をほしいままに掠奪して気勢を上げた。軍資金目当てであったと言われているが[26]、それならば、叛乱分子がユダヤ人を血祭りに上げ、借金証書の保管所であるアルカを打ち壊したという事実をどう見るのか。この事実は、ユダヤ人がらみの経済的不満が強かったことを如実に示す証拠と見なければなるまい。実際、一二六四年の秋から翌年にかけて、モンフォールはすでに国王気取りで、およそ六〇名にユダヤ人への借金や利息支払いを免責しているのだ[27]。

一一九〇年のユダヤ人虐殺

ユダヤ人に対するこのような経済がらみの恨みは、一一九〇年に各地で発生したユダヤ人虐殺事件にも看取できるだろう。ヨークで一五〇名から二〇〇名、ロンドンで三〇名、ベリー・セント・エドマンズで五七名のユダヤ人が犠牲になった事件である。ユダヤ人の良き時代はヘンリー二世（プランタジネット王朝の祖）の死とともに終わりを告げたというヒルの指摘があるが[28]、この事件は奇しくもヘンリーの死の直後に始まった。

一一八九年九月三日、獅子心王リチャード一世の戴冠式の当日のことである。七月六日に死去したヘンリー二世の三男リチャードの、晴れがましい式典が行われたこの日、女性とユダヤ人はこの公式行事に参加するなかれという触れが出たにもかかわらず、数名のユダヤ人が王宮内に入ろうとした。慶祝の意を表して贈り物をする気だったらしいが、門前での押問答の末に突き飛ばされるユダヤ人さえ出るという荒っぽい対応だったために、これを見た群衆が新国王の反ユダヤ政策の反映だと早合点して、ユダヤ人街の焼き討ちとなり、三〇人が死亡するという大騒動に発展した。

このとき、ロンドンに上京中だったヨークのユダヤ人ベネディクトは、逃げ遅れて首根っこを押さえられ、殺気立った雰囲気に恐れをなして、その場で洗礼を受けた。(29) ところが、翌日国王に召されると「ベネディクト、ヨーク出身のユダヤ人」と名乗ったので、カンタベリー大主教が「神の人になる気がないのですから、悪魔の人にしておきなされ」と国王に進言して、ベネディクトはふたたびユダヤ教徒に戻ったという。(30) つまり、戻り改宗者となり、亡骸はユダヤ人墓地にもキリスト教墓地にも埋葬されなかった。

国王リチャードは全国に使者と書簡を送って、ユダヤ人への手出しは断じてまかりならぬと厳命した。そう命じると、小細工を弄さない豪胆さをイスラム側の年代記からも賞賛される、この中世騎士の鑑《かがみ》のような武人は、十二月十一日ドーヴァーからカレーへ向かう船に乗り込み、四年有余の永きにわたってイングランドを留守にしてしまう。十字軍遠征のためばかりではない、それに先立ってフランスにある広大な領土の保全と秩序維持に必要な手を打っておくためであった。明けて一一九〇年の二月、国内各地で反ユダヤ暴動が発生して殺人や放火が相次ぎ、ユダヤ人が近くの王家の城に避難するという騒乱状態に発展した。その様子を、この時代に関する貴重な情報源であるニューバラのウィリアム（一一三六―一一九八頃）著『ヒストリア・レルム・アングリカルム』（一一九六―一一九八）に依拠して、再現してみよう（図10を参照）。

春の訪れの遅い北国のヨークも三月の声を聞くと、ご多分に漏れず、先述のベネディクトの旧居に押

図10　出帆する十字軍（1337年）

しかけた武装集団が家人全員を殺害し、めぼしい家財を強奪して家に火を放ったのがきっかけで、緊迫した事態となり、眠れぬ夜を明かしたユダヤ人たちはヨーク城内に駆け込んだ。ところが、頼みの城代はあらぬことを口走った、民衆が興奮していて危険だ、洗礼を受けてキリスト教に宗旨替えするか、さもなければ死ぬほかはあるまい、と。城代に対する信頼が音を立てて崩れた瞬間である。ユダヤ人は城代が所用のため城を出た機会を逃さず、帰城を許さなかった。事ここに至れば、城代としては国王の代官であり州長官でもあるシェリフに応援を求めて当然である。城代がその措置を取ったことは非難できないが、問題はシェリフにあった。多くの手勢を引き連れて駆けつけたジョン・マーシャルは、ユダヤ人を城外に引きずり出そうと心に決めてかかり、城をぐるりと包囲させた。

この緊迫した空気の中で、「プレモントレ会の隠者が、白色の衣をなびかせながら包囲者の間を忙しく立ち回って、キリスト教の敵を打ち砕くべしと、大音声で説いて回った」という。(31)これに煽られた群衆が攻撃を始め、城内のユダヤ人がなんとか持ちこたえるうちに、やがて運命の三月十六日を迎える。夕闇迫るころ、ユダヤ人が立てこもるクリフォード塔を攻略するための大がかりな攻城用具が運び込まれるのを目交《まなか》いに見て、もはやこれまでと観念したのであろう、ユダヤ人社会の指導者であるラビのヨムトブは、ユダヤ人の伝統に従って英雄的な死を迎えようと信徒に呼びかけ、これに少なからぬ数のユダヤ人が呼応した。男たちは、妻、息子、娘たちの喉首を次々とかっ切ったあと、みずからの喉首に刃を当てて妻子の後を追った。

この凄惨な集団自殺に加わらなかったユダヤ人たちは、キリスト教に改宗したいから、キリスト教徒にふさわしい待遇をしてほしいと申し入れた。寛大な処置を約束した首謀者のマレビスたちは、ユダヤ人が城外に出るとすかさず全員を血祭りに上げ、底の知れない黒々とした憎悪を見せつけただけであった。

事実確認と事件の分析

さて、主要な事実を確認しながら、事件を整理・分析してみよう。

第一に、一部の者たちが虐殺直後にヨーク大聖堂に押しかけて、そこに保管されていたユダヤ人の証文・証書類を強奪し、その場で焼き払って気勢を上げていたという事実。さらに、首謀者と見られるリチャード・マレビスが、例の金融王リンカンのアーロンから多額の借金をしていたという事実が確認されている。(32)

第二に、この事件に関連して、二人のバロン（国王直臣の地方領主）が、罰金刑を科されている事実も見逃せない。すなわち、リチャード・マレビスとウィリアム・ドゥ・パーシーの両人は、それぞれ二〇マークの罰金を科された。この罰金額には、彼ら自身の分と臣下であるエスクァイア（ナイト階級の下に位置する郷士層）の分も含まれていた。家の子郎党が事件に関わっていたことを示す隠れもない証拠である。二人はヨークシャー地方に割拠するバロンの中では、経済的にも地位的にも中流に属し、「常習的な訴訟者」であり、「投機的なギャンブラー」であったことも判明している。[33]要するに不満分子であって、マレビスに至っては、この一件後に王座を狙った王弟ジョン（一一六七―一二一六）の謀反に加担さえした直臣である。

「白衣のプレモントレ会の隠者」の正体は不明であるが、ドブソンの研究によれば、マレビスにつながる線が浮かんでいる。[34]彼はこの八年後にプレモントレ会の修道院を建てており、この事実を重視するなら、群衆を煽った白衣の隠者が、マレビスの手の者か、協力者であったという推理が十分に成り立つ。

第三に、この事件が発生したとき、国王リチャード、カンタベリー大主教ボールドウィン（一一二五頃―一一九〇）、ヨークシャーの実力者ナイジェル・ドゥ・モーブレイ（一一四五―一一九一）たちが、十字軍遠征に参加していて、不在であったという事実である。ボールドウィン、モーブレイの両人は、パレスチナで不帰の客とさえなった。このような権力の空白期に起きて、バロン層の不満分子が首謀格であったことから、大規模な政治的な陰謀だったのではないかという推測がなされているが、これについてはさらなる検証が必要だろう。さしあたっての問題は、これがユダヤ人に手渡した証文を灰にしてしまおうという、用意周到な陰謀であったかどうかである。そうだと言い切れる史料的証拠はないが、右に挙げた第一、第二の事実からして、その可能性は大きいと見なければなるまい。

第四に、十字軍遠征との関係である。ラルフ年代記によれば、「エルサレムへ行かねばならない者たちの多くは、サラセンに攻め入る前にまずユダヤ人を血祭りに上げようと心に決めていた。それで、二月六日、ノリッジで家にいたユダヤ人は、ことごとく虐殺された。城内に逃げ込んだユダヤ人は少数である」という(35)。これは、パレスチナに居座った神の敵イスラム教徒と、ヨーロッパの内なる神の敵ユダヤ人を区別することがなかったのだと、解されているが(36)、そのような宗教的な敵意は、底流としてあったにせよ、虐殺の主要な原因だったと言い切れるかどうか。第一回と第二回の十字軍遠征に参加せず、十字軍熱の影響もあまりなかったイングランドが、国王リチャードの参加した第三回遠征に影響された理由は何か、ロンドンやヨークで多くの群衆を巻き込んで騒動が大きくなった理由は何か、それらを視野に据えてみれば、答えは別の方向にあることが見えてくる。すなわち、十字軍遠征のために七万ポンドを徴収した「サラディン一〇分の一税」に国民が泣かされ、泣かされた国民は、高金利の金融業で「懐のふくらんだユダヤ人」に向けて、憎しみの感情を爆発させたというに他ならない(37)。経済的な要素に心理的な要素が絡んでこその暴発、と見なければならない（ユダヤ人が多額の税金を徴収されていたことはすでに見たが、国民にはこれが見えなかっただろう）。

さてこのあたりで、「白衣のプレモントレ会の隠者」が演説したという「キリスト教の敵」という概念の由来とその影響の範囲について、一言しておかねばなるまい。

第二節　神の敵と儀式殺人

聖アウグスティヌスのユダヤ人証人理論

ユダヤ教とキリスト教は、同根の一神教でありライバル同士であったから、使徒パウロから北アフリカのヒッポの司教アウグスティヌスの時代までの双方の神学者は、差異を明確にすることに腐心し、そのために差異を拡大する結果になった。そのようにして生まれてきた差異化の理論の中で持続的な影響力を持ったものとして、「ユダヤ人証人理論」を挙げることができる。これは四二〇年頃、聖アウグスティヌスの中に成熟したかたちであらわれ、中世のローマ・カトリック教会に受け継がれて、キリスト教徒とユダヤ人の関係に大きな影響をおよぼした理論である。(38) 中世における悪しきユダヤ人像の固定化にも大きな役割を果たしたものと考えられる。

その理論とレトリックの見本を示してみよう。

キリストは死んで復活すると定められたがゆえに、ユダヤ人は彼を信じようとしなかったのだが、彼らはローマ人に無残なまでに征服され、以前から外国人に支配されていた王国を完全に奪われて、世界中に散らされたのである（いたるところ、彼らのいないところはない）。こうしてユダヤ人は、彼ら自身の聖書の証言によって、われらがキリストに関する預言をでっち上げたのではないという証人になっているのである。彼らの中の多くの者はキリストの受難の前に、また特に復活後に、この預言を考慮してキリストを信じるようになったが……後の者はまったく盲目とされるのであって、彼らについては次のように予告されている。「……彼らの目を暗くして見えなくし、彼らの背をつねに曲げてください」。……彼らも読んでいる『詩篇』の中に前もって与えられている預言がある……「彼らを殺さないでください……あなたの力によって彼らを散らしてください(39)」。

複数の理論の組み合わせであることが分かるが、整理すると次のような理論からなる。

(1) ユダヤ人はイエス・キリストを受け入れずに殺害したために神の罰を受け、各地に離散して哀れな隷属状態にいる。ユダヤ人が生きながらえるのは、キリスト教の正しさと、神がユダヤ人に加えた罰の生き証人になるためである。

(2) ユダヤ人はユダヤ教の聖書を読んでも、盲目の眼で読んだから、イエスこそ救世主であるという真実が見えなかった。その盲目ぶりは、聖書(詩篇六九歌二三節)に予告されている預言の実現である。

(3) ユダヤ人は離散した先々に聖書を持ち歩いている。このために、イエスに関する預言がキリスト教徒のでっち上げでないことを証し立てる証人となる。

(4) 神がユダヤ人を殺さずに生かしておくのは、聖書の預言の実現である。

神の敵ユダヤ人

ヒッポの司教・聖アウグスティヌスと同名の修道士アウグスティヌスをイングランドに派遣したグレ

ゴリウス一世（大グレゴリウス）は、聖アウグスティヌスの神学とローマ法の原則とを融合した政策によって、中世のローマ・カトリック教皇制の基礎を築いた教皇として知られる。この教皇が聖アウグスティヌスのユダヤ人盲目論を継承したことは、言うまでもない――

ユダヤは「光を待ったが、光が見えなかった」、ユダヤは救世主が来るとくりかえし預言しておきながら、救世主が来たときには、それを認識できなかったからだ。心の眼は希望に向かって開いていながら、実際に存在している光には閉じたままであった[40]。

ユダヤ人がキリストを殺したのは、「意図的」ではなく、霊的存在である神が肉ある人間になるという「受肉」の神秘がわからなかったからだ、つまり「誤り」からだ。そのために彼らは神を侮辱し続けているが、ユダヤ人を一緒に住まわせておけば、神罰の生きた標本になる……。こうして大グレゴリウスは、ユダヤ人がキリスト教ヨーロッパの内部でユダヤ人として生存する権利を制度化することに貢献することになったが、アウグスティヌスの思想になかったものを新たに付け加えてもいる。その一つは、ユダヤ人の存在が無害であり教訓になるとしていたアウグスティヌス見解に加えて、ユダヤ人を悪魔や反キリストの利益に奉仕する「仇敵」と見なしたこと。もう一つは、その当然の帰結として、ユダヤ人をキリスト教の光明に目覚めさせるための説教に大きな意味を見出し、強制によらずに彼らを改宗させようとしたことである[41]。教皇はユダヤ人に対する伝道者の熱心な説教を多としつつも、強制改宗を喜ばなかった――「なぜなら、薫り高い伝道によらずに強制によって洗礼盤に近づく者は、ことごとく以前の迷信に逆戻りし、そのためによみがえると見えた者が、いっそう悪い状態で死に臨むからである」[42]。こうして、ユダヤ人は神・キリストを殺害したうえに、悪魔と結託してキリスト教の邪魔をするキリスト教の第一級の敵となると同時に、キリスト教の優位を示すための欠かせない証人・証拠として（ヨーロッパの内なる異人として）キリスト教社会の中に生かされて、あるときは改宗をうながす強い圧力にさらされ、あるときはキリスト教社会のスケープゴートとして罪を着せられる下地が整ったのである。

　このような差異化の理論とは裏腹に、ユダヤ教とキリスト教との切っても切れない血縁関係を、はしなくもさらけ出したような教皇の理論があるので、この場で触れておくのが適切であろう。時は、インノケンティウス三世（在位一一九八―一二一六）、ホノリウス三世（在位一二一六―一二二七）、グレゴリウス九世（在位一二二七―一二四一）と、三代続けて十字軍を鼓吹する教皇があらわれた末に、教皇がラビ的ユダヤ教の虎の子であるタルムードを焼いた時代であり、また同時にさまざまな異端が発生して、異端審問という忌まわしい制度が発足した時代にあたる。異端審問の制度化は、一二三二年から一二三五年にかけて、グレゴリウス九世が積極的に関わって実現した。

「異端者」という言葉は、「選ぶことができる」という意味のギリシャ語「ハイレティコス」が語源である。カトリック教会の教義を教えられたとおりに受け入れず、自己の信条をみずから「選んだ者」、カトリック教会の教えに背いた逸脱者という意味である。もとよりユダヤ人は異教徒であって異端者ではなく、歴代の教皇はユダヤ人・ユダヤ教の内部に干渉しないという伝統を長らく保持してきた。この伝統を破って、グレゴリウス九世やインノケンティウス四世（在位一二四三―一二五四）が大がかりなタルムード狩りを行って、これを焼いたのは、タルムードを反キリスト教的と見ただけでなく、異端と見なしたからである。

グレゴリウス九世は、改宗ユダヤ人ドニンの影響を受けたと言われるが、彼にはドニンにはない新たな発想がある。「ユダヤ人は神がモーセを通じて文書によって与えた旧律法に満足せず、それを完全に無視さえして、タルムードすなわち〝教え〟と呼ぶ新しい律法を神が与えてくれたなどと主張している」という一文に見える「新しい律法」が、まさにそれである。(43)

さらにインノケンティウス四世になると、正面切ってタルムードの異端性をあげつらい、ユダヤ人の異端の是正を教皇の権限であるとさえ明言した――「ユダヤ人が彼らの律法の道徳的な教えを破っているのに、彼ら自身の高位聖職者がそれを罰しないなら、教皇はユダヤ人を裁くことができる。また、ユダヤ人が彼らの律法に対する異端をつくりだす場合も同様である」(44)（傍点引用者）。つまり、タルムードを焼いた理由は、タルムードがカトリック教会の理解するモーセの律法の真の教えから逸脱しているから、ということになる！

教会の影響力を過大視するなかれ

しかし急いで付け加えると、十字軍遠征に熱心をきわめたこの二人の教皇は、ユダヤ人をキリスト教徒の暴力から保護するという伝統的な原則を崩すことがなかった。これを言い換えるなら、中世の時代に頻発したユダヤ人虐殺は、反ユダヤ的な教会理論にのっとって行われたわけではなく、また教会主導で行われたのでもないということだ。第一節に書いたように、第三回十字軍に際して、イングランドで反ユダヤ人暴動が起きたのは、宗教的な理由によるのでもなければ、教会の呼びかけによるのでもなかった。ヨーロッパ大陸にあっても、事情はほぼ同じである。例えば一〇九六年、第一回十字軍が発足するやいなや、フランスのルーアンで多数のユダヤ人が虐殺された事件がある。この事件は組織的な騎士の軍隊による行為というより、復讐心や物欲に駆られた民衆の不定形な武装集団による掠奪と殺戮であったと見るのが正しい(45)し、同じ十字軍がドイツで虐殺事件を引き起こしたとき、ヴォルムス司教、マインツ大司教、ケルン大司教などがユダヤ人を守ろうとしたことは、よく知られている。

また、十二世紀のイングランド人一般が持っていた悪しきユダヤ人像の最たるものに、少年を十字架にかける者というのがあるが、このユダヤ人像もまた教会主導で誕生したのではなく、ましてや教会の宗教理論だったとはとうてい言えない。つまり、この時代について次のように言い切ってしまうのは、どう見ても単純化しすぎである。

「プランタジネット朝イングランドに生まれた特殊なユダヤ人の立場は、教会によって、教会だけによって、生み出されたものである(46)」。

「これらの諸要素は、教会政策が背景にあって作用したのである。世論を決定したのは教会政策であり……ユダヤ人に対する民衆の態度を変化させた主たる責任は教会政策にある(47)」。

「中世のユダヤ人がなめた惨憺たる苦痛は、インノケンティウス三世から始まった(48)」。

インノケンティウス三世は、歴史上初めて「キリストの代理人」を名乗った、教皇権絶頂期の教皇であり、彼の下に召集されたラテラノ公会議が、識別章の着用をユダヤ人に義務づけたことは事実である。しかし、識別章の着用は基本的な思想の変化ではなくて、以前の規制を効果的にするための厳しい措置であったにすぎない。もちろん、カトリック教会や教会人はユダヤ人の運命に大きな役割を果たした。

そのことは軽視すべきでない。しかし、教会が持っていた影響力を過大視するのは、中世史を読み違えることになりかねない。教会人の影響力は、世俗世界の全般的な動向と一致しない限り、力を発揮しなかったと見るべきだ。一二四四年、インノケンティウス四世がグレゴリウス九世にならってタルムードを非難して、「神と神の子キリストと聖母に対して目にあまる瀆聖があり、明らかに混乱した幻想があり、笑止千万な誤りがあり、口で言い表せない愚劣さがある」と言ったとき[49]、徹底したタルムード狩りが行われたために、完全無傷のタルムードはわずか一冊しか現存していないのだそうだ。これは世俗社会から大きな後押しを受けてこそ、実現したと考えなくてはならない[50]。

しかしその一方、ユダヤ人にかけられた儀式殺人容疑を教皇が否定したときには、世俗社会は聴く耳を持たなかった。一二四七年、インノケンティウス四世は「ユダヤ人が宗教的儀式において人間の血を使用していると告発してはならない。彼らはいかなる種類の血も使用してはならないと教えられている」と明言する勅書を出したが[51]、二十五年後の一二七二年になっても、教皇庁は同趣旨の勅書をくりかえしている。グレゴリウス一〇世（在位一二七一―一二七六）は「ユダヤ人はキリスト教徒の子供を誘拐し殺害して、その心臓と血を生贄《いけにえ》に供すると、しばしば誤って告発されてきたが、この告発は根拠がなく、信じてはならない。このような告発によって獄中にあるユダヤ人は、釈放されねばならぬ」と書かなくてはならなかったのだ[52]。教皇たちが頻繁に勅書を出しているという事実が語るものは、世俗社会が耳を貸さなかったということを措いて、何が考えられるだろうか。

別に教皇を弁護しようという気などさらさらないが、十三世紀のユダヤ人虐殺に対して反対の声を上げたのも、ひとり教皇あるのみである。教皇はユダヤ人を強制改宗させることにも反対であった。その基本となった教皇勅書は、第一次十字軍の際に各地で頻発したユダヤ人迫害のあと、カリクストゥス二世（在位一一一九―一一二四）が出した一一二〇年勅書である――「キリスト教徒は、力ずくの強制によってユダヤ人が嫌々ながら洗礼に来るようにすべきではない。ただし、ユダヤ人が信仰のゆえに自発的にキリスト教徒のもとに逃げ込もうとし、その自発性が明々白々なら、キリスト教に改宗させるのはなんら差しさわりない(53)」。

さて以上を要約しよう。ユダヤ人とキリスト教徒の関係は、単に宗教的であるだけでなく、社会的な関係である。教会の反ユダヤ教的な神学思想の影響は確かに存在するが、それにとどまらず、経済的な反感や恨みや心理的な妬みが絡み、さらに聖アウグスティヌスの名前や本など聞いたこともない民衆の土俗的、異教的な文化が絡んだ複雑な関係であったと見なければならない。

筆者が次に試みたいのは、教皇の権威も届かない、民衆のほの暗い幻想の領域を想定してみることである。それはカトリック教会組織の末端部分にいる村の司祭や修道士らと、彼らが日常接触している民衆の土俗的な信仰や願望や不安が、いわば共同作業でつむぎ出した幻想・想像の領域である(54)。ユダヤ人はキリスト教徒を儀式殺人にかける異質なやつら、という不合理な悪玉ユダヤ人像は、このようなほの暗い想像の空間から生まれたことを以下に叙述してみたい。この幻想は、十二世紀の半ば以降に生まれ、それが頂点に達するのは、イングランドがユダヤ人を追放した一二九〇年以後のことである。

ユダヤ人は儀式殺人をする――新しい文化の誕生

ユダヤ人は、過越祭に食べるマッツァという、酵母抜きのパンに入れるためか、医学目的に使うために、キリスト教徒の「血」を採るという儀式殺人幻想は、一一四四年のイングランドのノリッジから始まったとする文献が後を絶たないが、これは明白な間違いである。イングランドに誕生したばかりの儀式殺人幻想をつぶさに調べてみると、「血」の要素を確認することは難しい。ノリッジのウィリアム少年の惨殺場面をまことしやかに物語った最初の人物であるモンマスのトマスは、「ウィリアムの身体のそこかしこから血がたらたらと流れ出した」と語りはするが、ユダヤ人はそこに熱湯を注いで出血を止めただけで、宗教的・儀式的な「血」に対して、いかなる興味も示していないのだ。(55)

それでは、イングランド生まれの幻想の基本構造は何か。それを明らかにしたいが、そこに進む前にヘレニズム時代にまでさかのぼって、通時的、通文化的な視野を提供しておきたい。ヨセフスによれば、ストア派のポセイドニオス（前一三五？―前五一）やアレクサンドリアのアピオンが、ユダヤ人の儀式食人について語っているという。しかし、彼らのテクストは残っておらず、ヨセフスの言葉に頼る以外にない。それによると、アンティオコス四世が神殿に入ってみると、山海の珍味を前に浮かぬ顔のギリシャ人がいた。男が語るには、ユダヤ人は毎年ギリシャ人を捕らえて、これを一年の間太らせてから一定の時期に犠牲に捧げ、残骸を残して肉を食らうのだ、と。(56)この神話は、前一六七年か八年にエルサレムの神殿の至聖所に侵入したアンティオコス四世が登場することからも想像できるように、アンティオコスのユダヤ教弾圧が引き起こした反ギリシャ感情に対処するために、セレウコス朝ギリシャ人が考案した反ユダヤ宣伝が火元であろう。人間を犠牲に捧げるヘブライ語聖書の記述を、ギリシャ人が巧みに利用したことは、想像に難くない。(57)これとやや違ってはいるが、「ユダヤ人は黄金でできたロバの頭を拝み、七年に一度、外国人を捕らえて犠牲に供した」というダモクリトス（生没年不詳）の言葉も挙げておこう。[58] 対象が「ギリシャ人」から「外国人」に変化し、実施も「七年に一度」に減っている。

さて、一一四四年三月にウィリアム少年の死体が発見されてから、ゆっくりと成長していったイングランド生まれの幻想は、ラングミュアーの研究によれば、ヘレニズム世界で語られた儀式殺人からの影響を突き止めることができず、イングランド独自に発達したものだという。[59] 現在のところ、筆者もこれと同意見であるが、四一五年か四一六年に、ローマ支配下のシリアのインメスタルで起きた十字架殺人事件は、無関係であろうか。

ユダヤ人の祝う祭日の一つに、ユダヤ人絶滅を狙ったという「ハマンの謀略」を逃れた日の記念として祝うプリム祭（エステル記九章二五—二八節）があり、アダルの月（太陽暦の二、三月）の十四、十五の両日、へべれけになるまでワインを飲んだり、ハマンの人形を十字架につけ、これにありとあらゆる呪詛を浴びせ、あげくに火をかけたりして、乱痴気騒ぎをするのだが、五世紀の歴史家ソクラテスが残した『教会史』は、ユダヤ人たちが酒に酔った勢いで、キリスト教徒の少年を十字架につけて殺害したと記しているのだ。* また、四〇八年にローマ帝国がプリムの祭りの日に「キリスト教をあざけって、聖十字架に似せたものに火を放ち、燃やすこと」を禁じたという事実も、記しておこう。[60]

＊　この殺人は儀式殺人ではないが、ユダヤ人が特定の季節に暴徒化するという事実は否定しがたい。現代のパレスチナでも、このプリムの祭日に右翼的なユダヤ人が非ユダヤ人に対して暴力を振るう事件が続発している。特に一九九四年にヘブロンで起きた虐殺事件は、多くの人々の記憶に生々しい。一九八六年にアメリカ合衆国からヨルダン川西岸の占領地に入植してきたバルク・ゴルドマン博士が、モスク内で礼拝中のイスラム教徒めがけて半自動ライフル銃を乱射し、二九名を殺害した事件である。

イエス十字架刑の再演としての儀式殺人

この「十字架」の要素に注目するわけは、一一五〇年代までに発達してきた中世イングランドの幻想もやはり「十字架」を特徴としていて、一二三五年以後にドイツを中心に流行する「キリスト教徒の血を採るため」という「血」の要素がないからである。ユダヤ人はイエスを十字架にかけたように、イースター（復活祭）か過越祭の日に、イエスを冒瀆するために、あるいは離散ユダヤ人の解放とパレスチナ復帰に必要な犠牲として捧げるために、キリスト教徒の少年を十字架にかけてなぶり殺すというものである（第一章にも指摘したように、神殿消滅以後のユダヤ人は「犠牲」「供え物」を捧げる代わりに「祈り」を捧げてきたので、これは事実に反する言いがかりである）。最初はキリスト教の祭日である復活祭に行われるとされたが、しだいにもっともらしいユダヤ教の過越祭に変えられていったらしい。これは大陸にも飛び火して、フランス、ドイツでも同様の事件が発生する（図11・図12を参照）。

このノリッジの事件に関する原資料としては、モンマスのトマスというベネディクト会修道士が書いた『聖ウィリアムの生涯と奇蹟』が現存するのみである。一一四九年か一一五〇年に第一巻、一一七二年か一一七三年に最終巻が刊行されたこの資料は、端正なラテン語で書かれており、著者がかなり高度の教育を受けていたことをうかがわせはするものの、大いに信頼できる資料だと言えそうにない。トマスはウィリアム少年が死んだ一一四四年当時はこのノリッジの住人ではなく、事件の直接体験者でもなく、ただひたすらウィリアム少年を守護聖人にしようとしたという意味で、偏向した語り手だからだ。しかし、この資料を批判的に読む以外に真実に近づくことはできないので、この鉄則に忠実に読んでみたい。すると、ウィリアム少年は聖人に祭り上げられるのに、実に十年の歳月を要したことがわかるし、

図11　少年を十字架にかけ，井戸に毒物を入れるユダヤ人（1569年）

ユダヤ人が行ったという儀式殺人は、どうやらトマス自身の脳髄の中から生まれたらしいことさえ、見えてくるのである（彼がソクラテスの『教会史』を読んでいたかどうか、ユダヤ人が少年を十字架にかけた話を知っていたかどうかは、不明である）。

「（ユダヤ人の下手人どもは）ウィリアムを地面から持ち上げると、十字架に縛りつけた」、「右手右足を紐できつく縛り上げたが、左手左足は二本の釘で釘づけにした(61)」。トマスは、こんな風に、まるで見ていたように書くが、これはあるはずのない虚構にすぎない。そのことを『生涯と奇蹟』のテクストそのものによって証明してみよう。それには、トマスの語る事件を継起的な時間に従って再構成してみるのが有効である（トマスが利用した先行資料の古い層が、手つかずのまま残っているからだ）。

図12　少年から血を採るユダヤ人（1490-1493年）

トマスのテクストから真実を探る

事件は、第二次十字軍遠征のさなかの一一四四年三月二十五日、小さな死体の発見から始まった。森に足を踏み入れると、かぐわしい春のにおい、確かな春の兆しが、ときどき人々の感覚を悩ましく酔わせる早春は復活祭の前日の聖土曜日、ノリッジ近郊の森の中である。身元はまもなく割れて、皮なめし職人の見習いをしている一二歳のウィリアムだと知れた。遺骸は猿轡《さるぐつわ》をはめられ、いたく損傷していて、かなり残酷な殺され方をしたようだ。この痛々しい遺体を、市当局が取り調べた形跡のないことも記しておこう。

同年三月二十七日、少年の遺体は墓地に運ばれず、そのまま発見場所に埋葬された。その翌日、叔父にあたる司祭ゴドウィン・スタートが現場にやって来て、遺体を掘り返して身元を確認すると、そこに埋め戻して帰宅してしまう[62]。これらの事実は特筆に値する。近親の聖職者をはじめ周囲の人々が、ウィリアムの死を特別視せず、殉教だと思っていなかったことを、はっきりと語っているからだ。

裕福な農夫の未亡人である母親は、息子の不慮の死を知らされると狂乱状態になって、ユダヤ人に殺されたと口走ったという[63]。何か不幸な事件が起きると、責任をユダヤ人になすりつける風潮がすでに存在していたことを示唆する逸話だが、女は息子が十字架にかけられたとは発言していない。このことも注目に値する。一一四四年当時のイングランドの民衆は、キリストの復活を祝う復活祭（春分の日を過ぎて最初の満月後の最初の日曜日）の季節に残酷な殺され方をした少年の遺体が発見されても、それをたちどころにユダヤ人の儀式殺人の仕業にしてしまうような、忌まわしい頭脳のメカニズムを持ち合わせていなかったことになるからである。

同年四月半ば、ゴドウィンは聖俗ともに出席できる教会会議の席で発言を求め、ウィリアムがキリスト教の埋葬を受けていないと訴えるとともに、下手人はユダヤ人であり、「特定の日にユダヤ人が実行しなければならない習わし」だと主張するが、それでもやはりユダヤ人が十字架につけたと表現していない[64]。演説に対する反応もぱっとしなかった。そもそも主教のエヴェラード（在位一一二一―一一四五）が、ユダヤ人下手人説もウィリアム少年の殉教も信じなかったのである。それでいながら、主教は一修道士の願いを聞き入れて、遺体を主教座聖堂内の修道僧墓地に埋葬せよと下命した。効能あらたかな妙薬やまじないになりそうなら、死体の盗掘さえしかねない民衆の動きを察知しての判断・措置だったかもしれない。これが同年四月二十四日のことだとされる。

それから六年後の一一五〇年四月十二日、遺体がチャプター・ハウスに移される。ウィリアムを聖人にしたいトマスが待ちに待った遺体の昇格である。このとき立ち会ったトマスは、ウィリアムの遺体から二本の歯を抜き取って、ちゃっかり私物化した。そうと知れるのは、死んだウィリアム少年が病人の苦しみに憐れをもよおして夢枕に立ち、「わたしの秘書であるトマスに相談させるがよい」、「トマスが隠し持っているわたしの歯を聖水で洗って、その水を飲ませよ」と語ったと、『生涯と奇蹟』のテクストにあるからである。(65) トマスは高度のラテン語教育を受けながら、死者の歯の神秘的な治癒力を信じる土着的、異教的な文化を共有しているか、死人の歯に対する民衆信仰につけこんだ医療者であるか、そのどちらかであること、トマスの尽力があってこそウィリアムの遺体が昇格したらしいことなども、このテクストから透けて見えることである。少なくとも、トマス本人の意識では、彼は死者ウィリアムに無くてはならない「秘書」、つまりは代理人なのだ。

村の司祭と修道士の癒し

ここで視点をずらして「ウィリアムの二本の歯」に焦点を絞ると、死者の歯を媒介にして下級聖職者である修道士と民衆とが、文化的、経済的に結びついていることが見えないだろうか。修道士は民衆に呪術的な治療と癒しを提供して、なにがしかの報酬をもらう一方、民衆は自分たちの異教的、土俗的な信仰にカトリック教会組織の末端部分を引っ張り込んで、共犯者にしてしまう。このような共犯関係が成立する領域こそ、キリスト教化されたイングランドの只中に生き残っている異教的心性がありありと見える文化空間である。

司祭ゴッドウィンもこの文化空間の重要人物の一人である。彼は甥のウィリアムの口にはめられていた猿轡を自分の持ち物にし、それを聖水に浸しては水薬をつくって民衆に売りさばいていた。だから、惨殺された甥が不可思議な奇蹟を行い、病癒しに長けた聖人であるということになれば、それこそ願ったり、かなったりであったろう。彼はトマスと共同歩調を取って「聖ウィリアム」の実現を目指したに相違ない。

トマスや修道院が「聖ウィリアム」を誕生させることに熱心だったわけは、民衆に強力な癒しを与え多くの巡礼を呼び寄せる、霊験あらたかな「聖人」が欲しかったからである。民衆は、トマスやゴッドウィンの秘蔵する「歯」や「猿轡」よりも、さらに強力な治癒の奇蹟を行う「聖人」さまを熱っぽく求めたのだ。『生涯と奇蹟』は瀕死の病人が見たという天国の夢を記しているが、この夢は何が民衆と下級聖職者を結びつけたのかを、はしなくも語っているだろう——キリストと聖母の足下に、一二歳くらいの年格好の少年がいる、雪よりも白い衣に身を包み、太陽よりもまぶしい顔《かんばせ》が輝いている。あれは誰かとたずねると、案内役の天使が答える、主キリストの受難をあざけるために、この復活祭の季節を選んでユダヤ人にあやめられた者である——「その墓地を訪れるならば、おまえの健康を回復してくださる功徳をお持ちの方だ(66)」。

民衆と日常的に接しているカトリック組織の末端部と民衆との文化的、経済的関係は、このように緊密であったのだ。この文化空間には教皇の権威すらおよんでいない。そもそも、聖人の認知さえ教皇の権限ではなかった時代のことであり、それにイングランドにあっては、生前の功績に対する公正な評価よりも、世間一般からの「聖人」の呼び声こそ聖人に列せられる大切な要素であった(67)。そしてもちろん、聖人に列せられるための第一要件は、キリストのために命を落とす「殉教」である。[68]

しかし、民衆の熱っぽい支援を背に受けても、ウィリアムが聖人に昇格するのは時間がかかった。教会・修道院の内部に、あなどりがたい良識派、主教エヴェラードや学識ある修道士イライアスらが健在だったからである。彼らはウィリアムが残酷な殺され方をしたことは認めるが、下手人の身元が割れていない以上は、殉教者とも聖人とも判断をつけかねるという立場をつらぬいた。しかし、この良識に富んだ主教は一一四六年に引退し、代わってトマスを支持する小修道院長ウィリアム・タープが主教に選出されて風向きが変わり始める。[69]トマスが著書『聖ウィリアムの生涯と奇蹟』をこの新主教に捧げたのは、このような主教の応援に対する感謝のあらわれに他ならない。一方、タープの後任として小修道院長に選ばれたイライアスは、ウィリアムを聖人にすることに反対し続けるが、一一四九年に惜しくもこの世を去った。

こうして一一五〇年ウィリアムの亡骸はチャプター・ハウスに移され、翌年の七月二日に大聖堂内主祭壇の南側へと昇格し、それから三年後の一一五四年四月五日には晴れて主祭壇の北側、かつて殉教者のチャペルと呼ばれた場所に納まったのである。[70]まるまる十年の歳月を経てようやく殉教者の座にたどり着いたというわけだ。地方的な殉教者ウィリアムの物語がノリッジという地方性を脱却して、全イングランドひいては全ヨーロッパにまで喧伝されるのは、このとき以後のことである。イングランドで起きた儀式殺人容疑事件を一覧表にすると、表1のようになる。

これらの事件は一般に「儀式殺人」として一括されているが、十字架にかけるという儀式殺人の要素のないものも混じっている。例えば、一二〇二年のベッドフォードの事件では、容疑者は少年の性器を

表1　イングランドにおける儀式殺人容疑事件

1144	ノリッジ，ウィリアムの死体発見．1154年，聖人として大聖堂に安置
1168	グロースター，ハロルドの死体発見．聖人として祠堂建立
1181	ベリー・セント・エドマンズ，ロバートの死体発見．聖人として祠堂建立
1183	ブリストル，アダムの死体発見．容疑者サムエル，妻を殺害した翌日にキリスト教に改宗して無罪となる
1192	ウィンチェスター，ユダヤ人靴屋の徒弟フランス人少年行方不明．ユダヤ人に嫌疑がかかるが司直は却下
1202	リンカン，少年の死体発見．ユダヤ人に嫌疑
1202	ベッドフォード，リチャードの死体発見．容疑者ボンファンドは無罪
1225	ウィンチェスター，２名のユダヤ人が少年殺しの罪で有罪判決
1225	ウィンチェスター，少女行方不明．無事が確認されてユダヤ人容疑者釈放
1230	ノリッジ，５歳の子供を割礼したうえ十字架にかけたとして，ユダヤ人３名処刑
1232	ウィンチェスター，スティーヴンの死体発見，ユダヤ人が逮捕されるが釈放．母親が罪を自供して修道院に逃れる
1244	ロンドンの墓地で赤児の死体が発見され，聖人として祠堂建立（セント・ポール大聖堂）．死体上の印はヘブライ語だと，改宗ユダヤ人が証言
1255	リンカン，ヒュー少年の死体発見．聖人として祠堂建立，19名処刑
1279	ノーサンプトン，子供を十字架につけたとして３名処刑，ただし子供は死なず

切り取ったと告発されたにすぎず、「儀式」の要素は確認できていない(71)。また、死体発見の時期が復活祭・過越祭の頃とされているのは、一一四四年、一一六八年（この年はカレンダー操作をした疑いがある）、一一九二年、一二七九年の事件だけで、一一八一年、一二三二年、一二四四年、一二五五年の事件は、それぞれ六月、十月、八月（二回）にずれている(72)。復活祭や過越祭などの特定期にだけ遺体発見が集中するはずはないから、時期は重要な要素と見なされなくなったと考えてよいであろう。重要な要素は「少年を十字架にかける」という一点であり、一一七一年にフランスのロアール川沿いのブロワで三〇名を超えるユダヤ人が火刑に処せられたときも、「幼いキリスト教徒を十字架にかけた」とされた。

さてこれらの事件は、反ユダヤ感情の高まりつつあることを示す動かぬ証拠になるだろうか。必ずしもそうなるまい。ヒラビーの研究によると、一一四四年のノリッジと一一六八年のグロースターの事件のあと、両市のユダヤ人社会は事件の影響を受けることなく繁栄していたし、ユダヤ人憎悪の感情が高まった兆候もまた見られないという。(73) ベネディクト会修道院も民衆もユダヤ人を憎悪したというより、奇蹟を行う守護聖人こそが欲しかったと考えられる。

また、実際に裁判が行われて有罪の判決が下ったのは、わずか三件しかないという事実も押さえておく必要がある。(74) ノリッジのウィリアム、グロースターのハロルド、ベリー・セント・エドマンズのロバート、ロンドンの無名の嬰児の四名が、ユダヤ人による儀式殺人の犠牲者とされて、聖人に祭り上げられているが、肝腎の殺人事件疑惑については、司直は動かず、歴代の国王がじきじきに乗り出すという事態に発展したこともなかった。

国王が介入したヒュー少年事件

大きな転機が訪れたのは、一二五〇年代である。不合理な恐怖心が人々の心を蝕み始め、国王ヘンリー三世までがこれに感染して、事件をいっそう凄惨なものにした。これが一二五五年にリンカンで発生したヒュー少年事件である。この時期は十字軍の成功への自信がぐらついた頃と一致しているという指摘があるが、(75) これが偶然の一致なのか、なんらかの因果関係があるのかについては、さらなる研究が必要であろう。

リンカンの街は、豪壮な三つの塔を屹立させたリンカン大聖堂を中心に、ノルマン様式の建築が見られる美しい街である。なかでもストレート街にたたずむ通称「ユダヤ人の家」は、十二世紀の美しい装飾様式を今に伝える逸品である。この家は、すぐ近くでヒュー少年の遺体が見つかったという伝承に包まれた家でもある。

おお、リンカンの幼きヒューよ、おまえも同じように呪われたユダヤ人に殺されたのだ
その話を知らぬ者はいない
今からほんの少し前のことだ。(76)

リンカンのヒュー少年が後々までも語り継がれたのは、ジェフリー・チョーサー（一三四三頃—一四〇〇）の『カンタベリー物語』（「尼僧院長の物語」）中のこの三行の影響力が大きいが、チョーサー一人の責任に帰することはできない。これまでのチョーサー研究が明らかにしたとおり、そもそも「尼僧院長の物語」が、雑多な先行資料によって構成されているのだ。(77) チョーサーは先人からの伝承を真実と信じてユダヤ人の儀式殺人を確信し、もう一つの誤った伝承を書き加えた、もう一人の書き手にすぎないのである。

事件全体については、チョーサーも読んでいたはずの、同時代のマシュー・パリスの記録があるが、(78) パリスは言葉巧みに反ユダヤ感情を煽り立てたり、奇蹟をまことしやかに語ったりすることに長けているけれども、事実関係となると、すこぶる曖昧な、信頼できない歴史家である。記述的な態度をそれなりにつらぬいている『バートン年代記』(79) を中心にしながら、再構成してみよう。

未亡人ビアトリスの息子で、八歳になるヒューが行方不明になったのは、一二五五年七月三十一日とされる（復活祭・過越祭の時期でないことに注意）。それから一月ほどたった八月二十九日、ヒュー少年は変わり果てた姿で見つかった。先述したパリスは、母親が数日たってから騒ぎ始め、ユダヤ人の屋内の井戸で遺体が見つかったと語るのだが、これはきわめて疑わしい。いくら中世とは言いながら、ずいぶんのんびりした母親もあったものだし、それに、十三世紀のユダヤ人たちは神経をぴりぴり尖らせて生活していただろうから、仮に殺人を犯したとしたら、毎日使う井戸の中に死体を放置しておくなど万が一にもありそうにない。他の伝承が一致して言うように、発見場所は街の井戸の中か、その近辺だと見るのが自然である。

八歳といえば、遊びに熱中すると周囲が見えなくなる年頃である。事故死を考えるのが、ごく当たり前の想像力であろう。ところが、リンカンの教会人はそのように考えず、頭からユダヤ人による儀式殺人だと決めてかかった。とりわけリンカン大聖堂の教会参事たちは、教区司祭の主張を踏みにじってまで遺骸を手に入れると、リンカンの大聖堂に仰々しく運び込んで、殉教者よ、聖ヒューよと祠堂に祭り上げてしまった。

リンカン大聖堂の欲望

彼らがそのような挙に出た裏には、大聖堂の評判を高めて巡礼者を呼び寄せ、収入を増やそうとする、したたかな計算と金銭欲とが働いていた（そのまた裏には、奇蹟による強力な癒しを求める民衆の欲求があったことも忘れてはならない）。参事たちは、この時代の建築美を代表することになる聖歌隊席の

造営（一二五六―一二八〇）に、多額の費用がかかることを見越したのだと思われる。(80)

スコットランド王との会見を終えて帰国の途についたヘンリー三世が、リンカンに到着したのは、十月四日である（ヒュー少年の母親がはるばるスコットランドまで旅して、国王に直訴したという伝承は、お涙頂戴の創作のにおいがする）。ここでふたたび目を見張ることが起きる。国王が到着するとたちまち、コピンというユダヤ人が処刑され、さらに九一人のユダヤ人が逮捕されて、事態が急展開するのである。急展開というのは決して誇張ではない、それまで市の司直は捜査に手を染めた形跡がないからだ。

いったい何者が動いたのか。鍵を握るかに見える一人の人物を追跡調査しなければならない。パリスの記録にも名前の見えるジョン・ドゥ・レキシントンである。この人物の履歴を洗ってみると、王の懐刀であったという事実や、その一族がリンカン大聖堂内に隠然たる勢力を張っていて、一二四四年から一二八〇年の間に、二人の主教、三人の主席司祭、四人の聖堂参事会員を輩出しているという事実を確認できる。しかも、事件当時の主教であるヘンリー・ドゥ・レキシントンは、ジョンの実弟であり、そして後任主教となった人物は、ヒュー少年の遺体獲得のために活発な動きを見せた主任司祭のリチャード・ドゥ・グレヴズエンドであった。(81)彼らは、ヒュー少年がユダヤ人の手にかかって十字架にかけられた殉教者であるという、絶対的な証拠をしゃにむに手に入れようとしたに違いない。

レキシントンが実弟の主教の意を受けて、国王に調査を進言したかどうかは不明だが、とにかく国王はレキシントンに調査を一任し、一任されたレキシントンはコピンというユダヤ人を締め上げて自白を取り、それを国王と廷臣の面前で読み上げた。パリスの記録によれば、コピンは次のように自白をしたという――「キリスト教徒が言っていることは真実です。ユダヤ人は毎年のようにイエスを傷つけ侮辱するために、少年を十字架につけるのです。……イングランド中のほぼ全員のユダヤ人がこの少年を殺すことに賛成し、ユダヤ人が居住するほぼすべての都市から数名が選ばれて、この過越祭に犠牲を捧げる儀式に参加したのです」と。[82]「キリスト教徒が言うことは真実」という言葉が端的に語るように、コピンはキリスト教徒がつくりあげたとおりに「過越祭の季節にユダヤ人が実行する十字架刑」という幻想の物語を無理やり語らされたにすぎまい（すでに指摘したように、バートン年代記では、これは早春ではなく夏の出来事である）。

この事件のさらに異様な様相は、国王がこの自白を盲信して、迅速な決定を下したことだ。ノフォーク、サフォーク、ケント、サセックス各州のシェリフに、ユダヤ人を出国させるな、海外逃亡を謀るユダヤ人を投獄せよと命令すると同時に、コピンについては、ロンドン市中引き回しのうえ、絞首刑にすることを指示。他の逮捕者九一人については、ロンドンに移送したうえで、キリスト教徒だけから成る陪審による裁判を受けさせせよと、命令した。

キリスト教徒だけから成る陪審という不公平に異を唱えて、一八人のユダヤ人が、ユダヤ人とキリスト教徒混成の陪審を要求したのも当然である。ところが、この要求は罪を認めたものと見なされて、全員が引き回しの後に処刑された。[83]残った七三人のうち二人は釈放されたが、その一人はロンドン塔内でキリスト教に改宗した人物である。後の七一名は裁判の結果、死刑を宣告された。七一名が晴れて自由の身になったのは、王弟であるコンウォール伯リチャード（一二〇九―一二七二）やドミニコ会（パリスによれば、フランシスコ会）が介入したあとである。

コンウォール伯は金融業者としてのユダヤ人を高く評価し、かつ利用していた人物であるが、単に経済的な理由からの介入ではあるまい。コンオール伯にせよ、ドミニコ会にせよ、ユダヤ人の有罪を確信していながら、このような行動に出たとは考えられない。彼らの理性が麻痺してはいなかったからだと見たい。

一二九〇年ユダヤ人追放

リンカンのヒュー少年事件で一九名のユダヤ人が処刑された一二五五年当時、まだうら若い皇太子だったエドワード一世（一二三九—一三〇七）は、三十五年後にユダヤ人追放令を発した。すべてのユダヤ人は、一二九〇年十一月一日までに、現金、私有財産を持って国外に退去せよ、残留する者には死罪を命じる、という勅令である（この勅令は一二九〇年七月十八日付とされているが、勅書は発見されていない）。エドワードの母であるプロヴァンスのエリナーは、一二七五年自分の所領からユダヤ人を追放し、エドワード自身も一二八七年にフランスにある所領ガスコーニュのユダヤ人に同様の鉄槌を下していたから、これをヨーロッパ最初のユダヤ人追放とすることはできないが、大国としてはもっとも早い追放である。このとき、イングランドから到着したばかりの貧乏なユダヤ人を早速追放したフランス王フィリップ四世（在位一二八五—一三一四）は、一三〇六年に国内の全ユダヤ人に追放令を発してイングランドの後を追った。

イングランド国外に退去したユダヤ人の数については、同時代の年代記は少ないもので一万五〇〇〇人、多いもので一万七〇〇〇人としている。(84) しかし、一二八〇年代初頭に人頭税を支払っていた一二歳以上のユダヤ人の数は、およそ一一五〇人であること、(85) 貧困層のユダヤ人一三三五人が、一人につき四ペンスを支払ってフランスのカレー近辺に到着したという記録が存在すること、[86] この二つの事実にかんがみて、精々二〇〇〇人から三〇〇〇人と見るのが妥当である。

追放の公式理由は、一二七五年の「ユダヤ法令」で禁止したにもかかわらず、ユダヤ人が利息を取ることをやめなかったから、というものである。[87] それに対してリチャードソンは、やや単純化しすぎた経済説を唱え、国王が現金を必要としたことを強調する。[88] だが、国王がユダヤ人の不動産を売却して得た金は、わずか一八三五ポンドそこそこであり、翌年までに手にした額面二万ポンドの借金証書にしても、すべて帳消しにして国民の歓心を買おうとしたから、国王の懐に入ったわけでなかった。[89]

説得力があるのは、ステーシーの見解である。ユダヤ人が相次ぐ重税に痛めつけられて、ぼろ雑巾のようになり、利用価値が低下したのにともない、キリスト教徒の臣下から臨時税のかたちでもっと多くの収入を上げることを目論んだからだという——「政治に参加している遥かに広範な国民と交渉するのに、ユダヤ人追放は有益だったから、ユダヤ人は追放されたのである」。[90]

ステーシー説を説得的であると見なす理由は、シチリア王シャルル（別名アンジューのシャルル）二世が、一年前の一二八九年十二月にアンジューとメーヌからユダヤ人を追放したとき、これを歓迎した住民がその見返りとして、進んで税金の徴収に応じるという動きが見られたこと。また、それと同じようにイングランドでも、議会は追放令の直後の七月末に一五分の一税の臨時税に応じていることだ。ある研究者の試算によると、その税額は一一万六三四六ポンドにのぼるという。[91] エドワードは、この新たな財源確保の可能性を確かめてから、追放を決断したに違いないが、宗教上の理由からもユダヤ人の存在がいよいよ我慢のならぬものになっていたと思われる。

そのように考えられる第一の理由は、すでに三年前の一二八七年五月に、彼がアキテーヌ公爵として南フランスに領有するガスコーニュからユダヤ人を追放したときの行為の宗教性を認めざるをえないこと。このとき、ユダヤ人から没収した一〇九五ポンド一七シリング九ペンス半を、鐚《びた》一文残さずフランシスコ会やその他の修道会に寄付してしまい、追放からなんら経済的な利益を得ていない(92)。

第二に、ユダヤ人追放の宗教的性格はイングランド単独ではなく、海を越えた広がりさえ見せていたこと。一二八九年、シチリア王シャルル二世がフランスの所領からユダヤ人を追放したとき、エドワードの戦友だったこのシチリア王は、「予はユダヤ人から多くの現世の利益を得ているが、金庫を不正の富で満たすよりは、臣下の安らぎのために備えることを選ぶ」と、宗教的な理由を鮮明にしていた(93)。また、イングランドがユダヤ人を追放する直前の一二九〇年五月、フランス王フィリップ四世がサントンジュから、さらに一二九一年四月にフランスの村々や小都市から、ユダヤ人を追放した理由もカトリック信仰を守るため、すなわち、村人はユダヤ人につけ込まれて、ユダヤ教徒化しやすいという理由であった。

教皇に忠実なエドワード

第三の理由として、イングランドの歴代の国王がユダヤ人をもっぱら金蔓として利用してきたのに対して、エドワードがユダヤ人をキリスト教の真理の見えない罪びととして捉え、彼らを改宗させることに熱心な、宗教的な君主であったことが挙げられる。宗教的といっても、キリスト教を深く理解したことから来る敬虔さではなく、社会的な規範となったキリスト教的行動を重んじるといった意味での宗教性なので、[94] 敬虔な君主に見せかけようとした演技であると見る歴史家もないではない。それはとにかく、ユダヤ人の金利が高くなく、ユダヤ人がキリスト教を脅かさない限り、彼らをイングランドにとどめておき、キリスト教に改宗させようと目論んでいたことはほぼ間違いない。それなのに、ユダヤ人は改宗に応じなかったのだ。

そもそも、エドワードの人生に決定的な影響を与えた強烈なユダヤ人体験は、若き日にキリスト教の儀式を冒瀆するユダヤ人の姿を目撃したことだろう。一二六八年の春、キリスト昇天日（復活祭から四〇日目の木曜日）を迎えたオクスフォードで、一人のユダヤ人が行列をさえぎって聖十字架をもぎ取り、それを踏みにじるという場面を目の当たりにした。[95] ユダヤ人の社会・文化史の大著で知られるバロンは、中世のユダヤ人がキリスト教の象徴を前にして生理的な嫌悪感をもよおしたと指摘しているが、[96] これはまさにその見本のような一件である。このユダヤ人は、刑具にすぎない十字架がうやうやしく神聖視されるさまを見てむかついたのだろうが、エドワードの眼には、キリスト教の真理の見えないユダヤ人が、盲目ゆえに犯す大罪としか見えなかったに違いない。

人から頭一つほど抜きん出た長身の偉丈夫エドワードは、第九回十字軍遠征に参加すると、一二七一年五月にパレスチナの城塞都市アクレ（アッコウ）に入った（図13を参照）。参加の理由は、それが模範的なキリスト教的行為であったからだし、当時最大の冒険であった十字軍で武勲を顕《あらわ》したかったからだ（父のヘンリー三世は、ユダヤ人から六〇〇〇マークを徴収して息子を支援した）。アクレで知り合った教皇グレゴリウス一〇世が、一二七四年にリヨン公会議を開いて、高利貸の禁止を強化すると、アクレから帰還したばかりの新国王エドワードは、一も二もなくこの高利貸禁止令を忠実に実行し、一二七五年一月にロンドンのシティに巣食っているキリスト教徒の金融業者「商人高利貸」の摘発を命じている。[97]

さらに四月に入ると、「ユダヤ人というユダヤ人は、高利による貸し付けをしてはならない」、「ユダヤ人は合法的な取り引きもしくは労働によって生計を立てなくてはならない。キリスト教徒はユダヤ人と住んではならない」という重要条項を含んだ「ユダヤ法令」を発令して、それまでの歴史を塗り替えたのもエドワードなら、一二七八年にフランシスコ修道会士のジョン・ペカム（一二三〇頃―一二九二）がカンタベリー大主教に就任して教会改革に乗り出したとき、この後押しをしたのもエドワードである。ペカムは一二八二年八月、一つを除いてロンドン中のシナゴーグというシナゴーグを打ち壊せとロンドン主教に命令したあと、一二八六年には、ユダヤ人高利貸と取り引きして財産を増やすとは何事かと、国王の母プロヴァンスのエリナーに、言葉するどく迫った熱心派である。大主教が先頭に立って反高利貸のキャンペーンを展開していた、いや、先頭に立たねばならなかったのだ。というのも、すでに見た

図13　フランス国王フィリップ四世と張り合うエドワード（左側）（1297年）

ように、修道院や教会は、ユダヤ人高利貸に取り込まれていたからである。

さて、グレゴリウス一〇世は、ユダヤ人を強制改宗させてはならぬとの勅書を出した教皇であるが、これは一二七二年のことである。一二八六年になると、後任の教皇たちはもっと厳しい眼でユダヤ人を見るようになっていた。その変化を如実に示すものは、カンタベリーとヨークの大主教に宛てたホノリウス四世の書簡であろう（一二八六年十一月三十日付）。

「イングランドにおいて、ユダヤ人による忌むべき信仰の歪曲が野放し状態となり、彼らは非道にして恐るべき行為によって、われらの創造主をはずかしめ、カトリック信仰を損なっていると聞き及ぶ」[98]。このように筆を起こした教皇は、ユダヤ人がタルムードという名の有害な本の教えを広めている、キリスト教徒やキリスト教に改宗したユダヤ人をユダヤ教に改宗させようとしている、キリスト教徒を乳母や家庭教師に雇い、そのために性的な混合の機会が生じているなどとあげつらったあげく、やりたい放題のユダヤ人をなんとかせよと、イングランドの聖職者にたびたび要請してきたのに、手を打った気配が一向にない、改善の報告をせよ、と命じたのだった。教皇の意向を尊重したペカムと国王は、翌年にエクセター教会会議を開き、聖職者が貸主あるいは借主として高利貸に関わることあらば、聖職停止処分にする、ユダヤ人に雇われているキリスト教徒を逮捕して取り調べる、等々の方策を決定した。

改宗に応じないユダヤ人

最後に、エドワードのユダヤ人改宗促進政策に的を絞って、以上の記述を補強したい。端的に言って、その政策は熱心なあまりに強圧に傾きがちであった。一二七九年、改宗ユダヤ人がユダヤ教に戻るようなことがあれば、俗権に引き渡して裁判にかけるという措置を断行し、ついで一二八〇年、ユダヤ人を強制的に説教会に出席させたいというドミニコ会の願いに応じて、個人的な承諾を与え、さらにはユダヤ人を改宗させるためのいっそうの積極策に出た。すなわち、「盲目状態からキリスト教会の光に改宗し……依然として誤りを続けている者たちが、嬉々としてまたすみやかに改宗して、恩寵に至ることが必要である」と大上段に振りかぶると、キリスト教に改宗したユダヤ人には財産の半分を所有することを許可し、後の半分を「改宗者の家《ドムス・コンウェルソルム》」（一二三二年に設立された改宗ユダヤ人収容施設）に寄付させる（従来は全財産を寄付）というアメを与える一方で、[99] 改宗に応じないユダヤ人に対しては、一二歳以上の全員に一人頭三ペンスの人頭税を課して、それを「改宗者の家」の費用にあてるというムチを振るったのである。[100]

しかし、そこまで策を練っても、転向者の数が眼に見えて増えることはなかった。一二三二年から一二七二年までの「改宗者の家」の入所者は四三名、一二八〇年までは九六名、一二九〇年の追放の年にはおよそ八〇名が起居していたにすぎない。[101]「改宗者の家」に入所しない改宗者もあったから、これが全改宗者の数ではないにしても、ほぼ横ばい状態であり、推定ユダヤ人総数三〇〇〇名の一割にもみたない数字である。これはエドワードの強圧的な政策が裏目に出て、ユダヤ人が改宗に心理的な抵抗を強く感じたからではないかと、ステーシーは推理するが、[102] むしろ、百年前のヨークで改宗を拒んで集団自殺した先祖たちの凄絶な殉教の物語が、脈々と語り継がれてきたからであり、そしてまた、ユダヤ人は「神の民」、神の言葉はヘブライ語聖書のみ、そして神の言葉を正しく解しうるのはタルムードの伝統を持つユダヤ人あるのみ、こういう筋金を入れる宗教教育が行き届いていたからであろう。

「改宗者の家」が設置されてからほぼ六十年、ドミニコ会士が改宗をうながす説教を始めてから十年、ヘンリー三世からエドワード一世へと父子二代にわたって続いた過酷な重税にもめげずに、ユダヤ人は節を屈することなく、しぶとくユダヤ教信仰を守り抜き、あからさまな抵抗さえ見せた。すなわち一二九〇年二月、オクスフォードでユダヤ人から人頭税を集めていた改宗ユダヤ人が、ユダヤ人に襲われるという事件が発生した。この税金は「改宗者の家」のために使うという先述の人頭税である。襲ったユダヤ人は、腹に据えかねて思わず手を出したのであろうが、国王エドワードから見れば、ユダヤ人はキリスト教の真理が見えないだけでなく、危険な反抗分子であるということになっただろう。

同じく一二九〇年春、ロンドンでユダヤ人少年が洗礼を受けたとき、ユダヤ人社会は国会開催中の国王に請願書を提出して、この強制改宗は認められないと抗議した。これに対して、「予は洗礼式の取り消しを欲しない。何者についても調査すべきでないし、何事も行うべきではない」と、エドワードは言い放った(103)。それほどまでに改宗が気に入らぬなら、わが王国を去るがよい、これが国王の最終的な断であった。

第三章　神の敵、植民主義の尖兵
——スペイン、ポルトガルのマラーノとユダヤ人

一四九二年のこの年、かねてからヨーロッパを支配していたイスラム教徒との戦を両陛下が終息させたまい、あのグラナーダの大都での戦を終え、本年一月二日、同都の城塞アルハンブラの塔に両陛下の軍勢が王旗を掲げるのを、わたくしは現地で目の当りにいたしました……両陛下はカトリック教徒として、またこの聖なる教えを信仰しこれを広めたまう君主として、さらにまたムハンマドの教えやあらゆる偶像崇拝や邪教の敵として、不肖わたくしクリストーバル・コロンをインディアの先述の地に派遣なされました……両陛下は王国の全領土からユダヤ人を追放なされたあと、十分な装備の船隊を率いてインディアスへ赴くよう、わたくしにご下命なされたのです。

クリストーバル・コロン『コロンブス航海誌』(1)

第一節　多文化的なスペインの死とユダヤ人の運命

多文化的なスペイン形成までの前史

イングランドがユダヤ人を追放した一二九〇年、多くのユダヤ人は英仏海峡を越えて、先祖たちの古巣であるフランス王国へ落ち延びていった。フランスは渡ってきたばかりの貧しいユダヤ人を直ちに追放し、ユダヤ人のさすらいはさらに東へと展開したものと考えられているが、南の国境ピレネーの山々を越えて、その昔ヒスパニアという名のローマ帝国の属領だったスペインへ逃れた者がいただろうか。ロンドンのサザクからカンタベリーを経てフランスに渡り、パリから南フランスへ、南フランスから北スペインのサンティアーゴ・デ・コンポステーラへと延びる巡礼路はすでにあった。サンティアーゴ（＝聖ヤコブ）の聖堂は、使徒ヤコブの遺骸を納めた聖地として、ヨーロッパ各国の巡礼たちを惹きつけてやまなかったのである。だが、熱心なキリスト教徒の行き交う巡礼路であってみれば、識別章を身につけたユダヤ人たちが列を成して歩いていたとは思えない……（図14を参照）。

筆者がこのような想像に駆られたのは、同時代のキリスト教スペイン（レオン王国その他の北部スペ

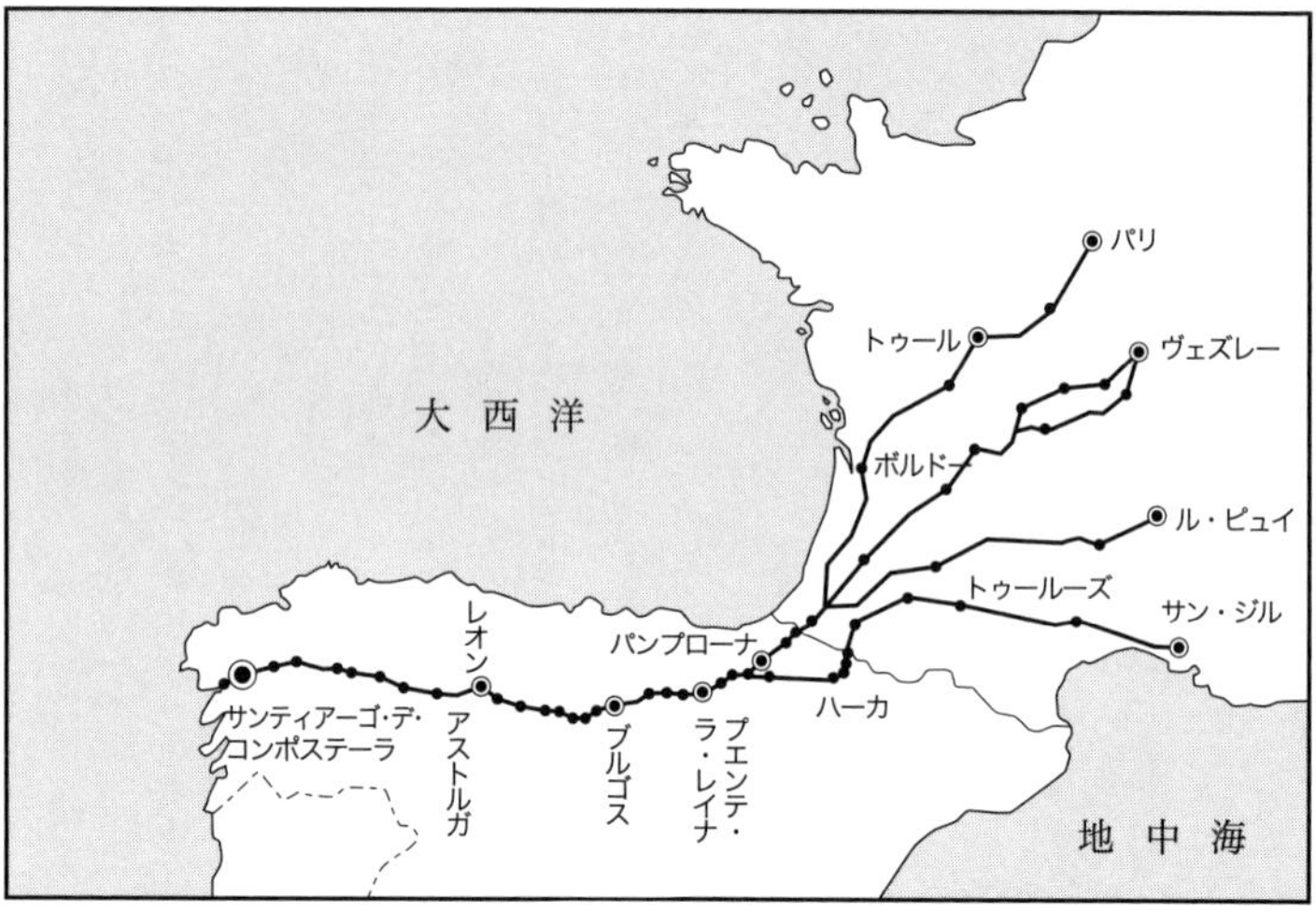

図14　サンティアーゴへの巡礼路

イン）は、ムスリム（イスラム教徒）勢力を追い出す、本質的に拡張主義的な領土回復運動《レコンキスタ》を徐々に進めてきて、一〇八五年に古都トレードを奪回してからというもの、ユダヤ教、キリスト教、イスラム教の三つの宗教が共生する宗教的寛容の地域として、中世ヨーロッパの輝ける星になっていたからだ。この多文化的なスペインと、その崩壊と、それにともなうユダヤ人の運命について語ることが、この節の主な目的なのだが、まずは簡単な前史から入りたい。

　スペインがローマ帝国の支配下に入ったのは、前二一八年にさかのぼる。この頃すでにユダヤ人が定住していたという伝承があるが、最近の考古学的証拠を重視するなら、定住は三世紀に入ってからである。[2] 四一八年に南ガリヤに建国したあと、スペインの大半を征服してゆくゲルマンの一部族西ゴート人は、アレイオス派のキリスト教を信仰していた間は、ユダヤ人にあまり関心を寄せなかったのに、レカレド王がローマ・カトリックに改宗した五八七年を境にしてユダヤ人に干渉し始め、それにつれてユダヤ人の地位も悪化し始めた。早くも六一三年に、キリスト教に改宗するか、出国するか、そのどちらかを選べと命じた勅令が出されている。これは、ヨーロッパの君主がユダヤ人に大量改宗を命じた最初の例に数えられ、およそ九万人の改宗者を出したと見る研究者もある。(3) さらに六三三年に首都のトレードで開かれた第四回トレード教会会議が、隠れユダヤ教徒を強制的に矯正するという原則を決めたあと、西ゴート王国は六五四年に裁判法典を定めてユダヤ人が先祖伝来の慣習を守ることを非合法化し、割礼の手助けをする男子があれば、その者を去勢するという罰さえ定めた。(4) しかし、このような法律がその後もたびたび出されているところを見れば、芳しい成果が上がらなかったと判断しなければならない。(5)

西ゴート王国時代に悪化したユダヤ人の地位が好転するのは、イスラム勢力がイベリア半島に侵入した七一一年以後である。七一二年にイスラム軍がセビーリャを陥落させたとき、過酷な条件下で生き延びてきたユダヤ人は、新しい支配者を解放軍として歓迎し、援助さえ惜しまなかったので、イスラム軍はユダヤ人守備隊に町を委ねたという逸話さえある。(6) コルドバを首都として栄えた西カリフ王国(後ウマイヤ朝七五六—一〇三一)は、キリスト教徒とユダヤ人を「啓典の民」として保護した。「ジズヤ」という人頭税を課したうえで、イスラム教徒より劣位の二級市民の身分でしかないとはいいながら、一定の自治と権利とを許した。

ところが、ユダヤ人の地位は十一世紀後半から、ふたたび悪化する。ベルベル人がアフリカに興したムラービト朝(一〇五六—一一四七)やムワッヒド朝(一一三〇—一二六九)のイスラム王朝が、イベリア半島南部まで勢力を伸ばしてきたからである。彼らはアラブ文化や公認イスラム教に敵対的で、それまでの後ウマイヤ朝の多文化性を軟弱な文化として嫌い、ユダヤ人に改宗を強要したのである。

この多文化共存時代から非妥協的なイスラムの時代への変化を、身をもって体験したユダヤ人に、ユダヤ教学者・哲学者マイモニデス（一一三五―一二〇四）がいる。一一四八年に生まれ故郷のコルドバがムワッヒド軍に征服されたとき、父のラビ・マイモンを家長とする一家はコルドバを捨ててアンダルシアを転々としたあげく、あろうことか、ムワッヒドの支配下にあるモロッコのフェスに住みついた。この学究一家は、当時のフェスの学術水準の高さに魅せられたのでもあろうか。何はともあれ、多くのユダヤ人が悔し涙をのんで改宗を受け入れたこの地の人間になったために、マイモニデス青年は有名な書簡を後世に残すことになった。強制的な改宗を受けたために隠れユダヤ教徒化した同胞を背教者呼ばわりする厳格派に対して反論し、彼らは生命を賭してユダヤ教を信仰しているがゆえに「正しき者」である、と擁護したのである――「ひそかに戒律を守っている者は、おおっぴらに守っている者より遥かに大きな応報を期待してよい」と。(7)

このように悩める同胞を激励しながらも、フェスでの迫害に耐えかねたマイモニデスは、海路パレスチナを目指してアクレ（アッコウ）に渡った。一一六五年四月、三〇歳の春である。アクレやティルス（ツロ）には、ささやかなユダヤ人社会があったが、エルサレムには存在しないことを見届けると、パレスチナ定住を断念した。マイモニデスが落ち着いた先は、異教徒に寛容なスンナ派のサラーフ・アッディーン（サラディン）が創建したアイユーブ朝エジプトである。その後宮廷医の地位を得て、その地で生涯を閉じた。ちなみに、ユダヤ人のエルサレム移住が目立ってくるのは、十字軍の建国したエルサレム王国（一〇九九―一一八七）をサラーフ・アッディーンが打倒した一一八七年以後である。(8)

多文化共生のスペイン

ユダヤ人に改宗か死かを迫った、十一世紀以後のイスラム・スペイン南部とは対照的に、後ウマイヤ朝が崩壊し分裂してできたターイファ（小国）の一つであるトレードは、三つの宗教とさまざまな言語・文化が混淆してきた。一〇八五年五月、トレードは長い間アルフォンソ六世（レオン王一〇六五―一一〇九、カスティーリャ王一〇七二―一一〇九）の軍勢に包囲された末に、イスラム教寺院とイスラム教徒の生命・財産の保全を約束されて降伏する。無血入城を果たしたアルフォンソは、この開放的なトレードの特徴をこよなく愛し、これをカスティーリャ王国の首都と定め、その特徴をそのまま維持しようとした。

その成果を沈黙のうちに語っているものは、ごつごつとした丘の上に、時の移ろいも知らぬげに聳えているサン・ロマン教会であろう。現在は「西ゴート博物館」と名を改めたこの教会は、かつてモスクであったものをキリスト教会に改造したものではない。十三世紀のキリスト教徒が創建した教会である。にもかかわらず、この建物はマリア・メノカルがいみじくも評したように、「征服者たちが自分たちの遺産と文化を、征服された者たちの遺産と文化のもっとも特徴的な面と織り合わせた」と形容するにふさわしい構造物である。(9) 内部に足を踏み入れると、馬蹄型アーチなどモスクを思わせる構造と装飾が眼を奪うだけでなく、小窓を装飾する碑文はアラビア語で記されてさえいる。美術史ではムデーハル様式と呼んでいるが、「ムデーハル」つまり「キリスト教徒が奪回した再征服地に残留したイスラム教徒」の様式とは、なんともそっけない表現である。建てたキリスト教徒の万感の思いがすっぽり抜け落ちている（図15を参照）。

図15　サン・ロマン教会の馬蹄型アーチ

このアルフォンソ六世が活躍した時代、つまりレコンキスタの初期の段階では、「聖戦」意識もあまり強くなかったらしい。その一例として、キリスト教徒同胞から「エル・シッド」（「主君」を意味するアラビア語サイードの転訛）という尊称を奉られ、模範的な騎士として伝説化されてきたロドリーゴ・ディアス（一〇四三頃―一〇九九）の遍歴をたどってみるのも無駄ではあるまい。カスティーリャの小貴族を父に持つこの男は、後のサンチョ二世に養われて騎士となり、サンチョがカスティーリャ王（在位一〇六五―一〇七二）になったとき、その軍隊を指揮してレオン王アルフォンソ六世（サンチョの実弟）の軍勢を破り、彼を一時的に失脚させるという武勲を立てたが（一〇七二）、サンチョの死後にアルフォンソがカスティーリャの王座につくと、アルフォンソに仕えて、その姪を娶った。

しかし、アルフォンソに疑われて追放された一〇八一年頃、サラゴーサのイスラム王ムータミン・イブン・フードの傭兵隊長となり、アラゴン王やバルセローナ伯などのキリスト教徒と戦って負けることを知らない、果敢な騎士であり、傑出した戦略家であった。一〇九四年にイスラム教徒支配下のバレンシアを占領して、イスラム教徒を追放するとともに多くのイスラム教徒を寛大に扱い、バレンシア地方の独立的な支配者として生涯を閉じたキリスト教徒である。(10)

言い換えると、敵とは異神をあがめる異教徒ではなく、言語を異にするよそ者でもなく、出世を含めた政治的な利害を異にする者であり、イスラム側とキリスト教側との間の政治的なつながりは、聖戦意識によって切断されていなかったのだ。「エル・シッド」の最終目的がキリスト教徒社会の政治的権力の伸長にあったとしても、異教徒をキリスト教に改宗させることでは断じてなかった。この点が、「キリストの十字架の敵から教会を守るために戦う」と宣言した十二世紀後半のサンティアーゴ騎士団（土地を持たない多くの騎士が参加し、レコンキスタの功績によって土地の所有者になった歴史を持つ集団）とも違うし、(11)また西インド諸島の原住民をキリスト教徒化せずにいられなかった、お節介な情熱の持ち主クリストーバル・コロン（一四五一—一五〇六）とも違うところだろう。

再征服地に植民するユダヤ人

画一的、均質的でないスペインの多文化的な性格がもっとも発達した時期は、およそ西暦一〇〇〇年から一二五〇年の間である。先述したアルフォンソ六世はユダヤ人に信仰の自由と一定の自治を許したので、多くのユダヤ人が流入して文化の担い手となり、十二、三世紀を通じてキリスト教徒に勝るとも劣らず、アラブ・イスラム文化の遺産を脈々として生きる遺産として継承した。十二世後半に至るまでアラビア語を使い続けていたユダヤ人たちは、とりわけ、東洋と西洋に橋を架ける文化の仲介者となった。ユダヤ医学とアラビア医学を総合して、イベリア半島のほぼあらゆる宮廷の医師となり、これをヨーロッパに伝えたことはよく知られている。この医学界を独占した観のあるユダヤ人の活躍は、十六世紀イングランドにもおよんでおり、読者は次章でそれを目の当たりにするだろう。

筆者の特に強調したいことは、アルフォンソ六世の時代以降、イスラム勢力がマジョルカ島（一二二九）を追われ、コルドバ（一二三六）とムルシア（一二四三）を失い、ハエン（一二四六）、セビーリャ（一二四八）を奪回されてゆくなかで、キリスト教スペインの王は、イスラム教徒が放棄した土地をキリスト教徒やユダヤ人に与え、税金免除などの特権を与えるという植民政策を取ったので、再征服地へのユダヤ人の入植が進んだことである。「キリスト教《エドム》の支配下の方がイスラム（イシュマル）の支配下よりもましである」というユダヤの格言が、この世紀に生まれたのは[12]、このような事情によるだろう。こうしてスペインのユダヤ人は、東ヨーロッパのユダヤ人に許されなかった土地所有を許され、農業に従事するユダヤ人さえ出現した。一般に思われているのとは違って、多くのユダヤ人は地方の村落に住み、土地を耕作し、果樹園でブドウやオリーヴを栽培していたのだ[13]。十四世紀には都市部から農村部に移動するユダヤ人も多く、十五世紀後半にはユダヤ人農民はスペイン全土に広がった。

具体的に王たちの名を挙げよう。フェルナンド三世（カスティーリャ王一二一七—一二五二、レオン王一二三〇—一二五二）は、レオン王国のアルフォンソ九世とカスティーリャ王国の姫君の間に生まれながら、教皇権絶頂期の教皇で一流の政治家でもあったインノケンティウス三世の命によって両親が離婚したため

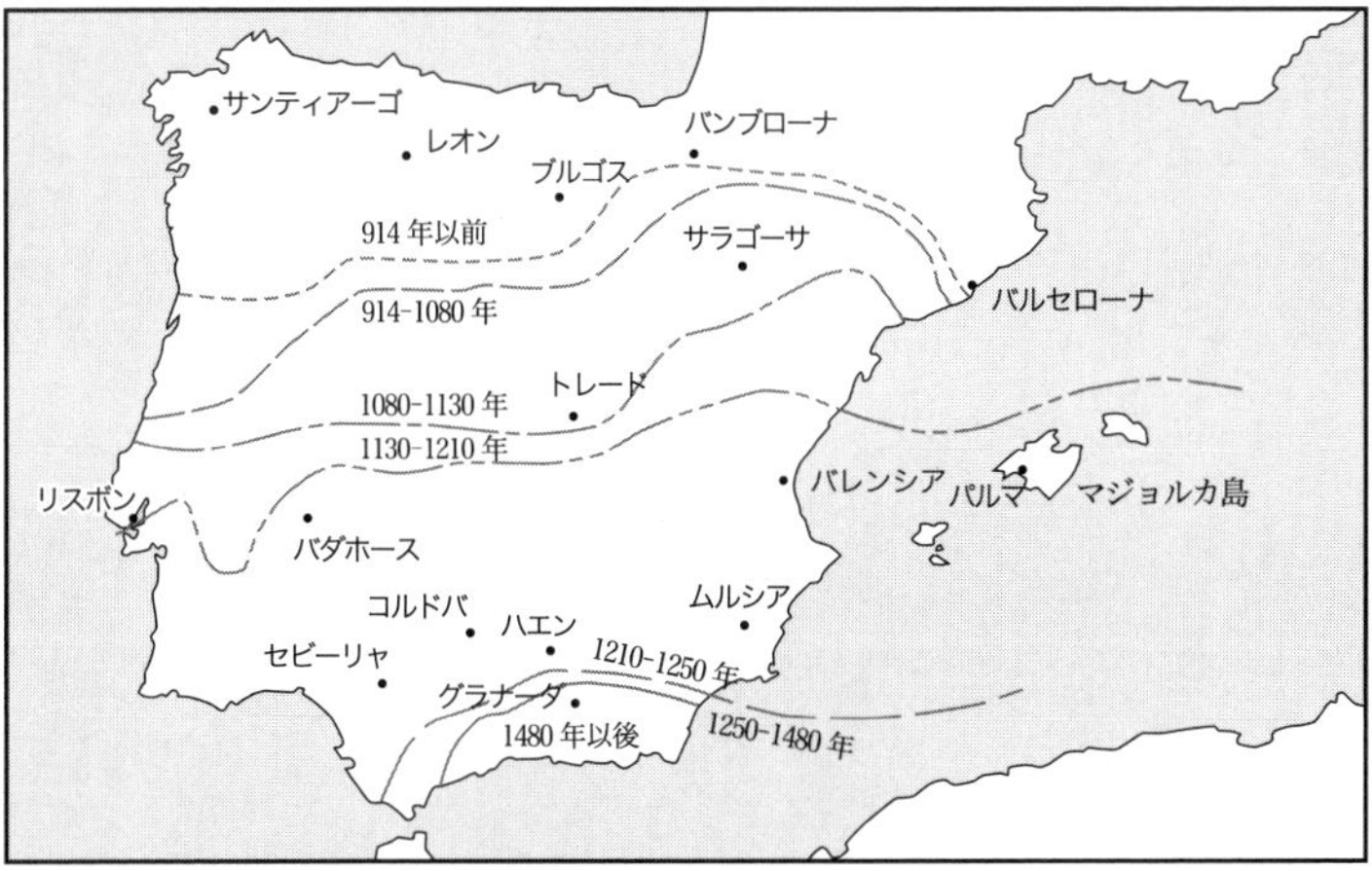

図16　レコンキスタの進展

に、母に連れられてカスティーリャに戻るという少年時代を経て、イスラム勢力からマジョルカ島、コルドバ、ハエン、セビーリャを奪回し、イスラム勢力をグラナーダに追いやる名君になりおおせた（グラナーダの新しい支配者となったムハンマド一世が、壮麗なアルハンブラ宮殿の造営に着手したのは、一二三八年。このイスラム王とフェルナンドの関係は敵対関係ではなかった）（図16を参照）。

フェルナンドは「三つの宗教の王」と自称し、「ユダヤ人とサラセン人は、特色ある服装によって他の住民と容易に識別されるべきこと」というラテラノ公会議（一二一五）の決定にもめげず、ユダヤ人に特別の衣服を着用させなかった[14]。この措置は、差別するならカスティーリャを捨てて、イスラム圏に移動すると揺さぶりをかけたユダヤ人に屈したものとも言われているが、公会議の決定に忠実だったフランス（一二一七）やイングランド（一二一八）と比べてみれば、三つの宗教が共生する多文化的なスペインらしい、実際的、政治的な配慮だったと評すべきであろう。

ユダヤ人の権利を保護する賢王の法典

フェルナンド三世から王位と再征服地を継承した息子の「賢王《エル・サビオ》」アルフォンソ一〇世（レオン王、カスティーリャ王一二五二―一二八四）は、カスティーリャの地理的、政治的、文化的統一に心を砕き、全土に普遍的な法典（一二五一―一二六五頃）を定めた。一般に『シエテ・パルティダス』（七部法典）と呼ばれるこの法典のユダヤ人に関する部分を抜き書きすると、次のようである――

(1) キリスト教徒は、シナゴーグを破壊したり、ユダヤ人の礼拝を邪魔したりしてはならない。
(2) 土曜日にユダヤ人を法廷に呼び出してはならない。
(3) キリスト教徒は、ユダヤ人の所有物を奪ったり、彼らに危害を加えたりしてはならない。
(4) ユダヤ人を改宗させるために、いかなる暴力も強制も用いてはならない。むしろ、キリスト教徒は模範を示すことや聖書の言葉や穏やかな説得によって、ユダヤ人をわれらの主イエス・キリストへの信仰に導くべきである。
(5) いかなるユダヤ人もキリスト教に改宗したあとは、尊敬されなくてはならない。彼らとその子孫のユダヤ人としての過去は、軽蔑されてはならない。彼らは、他のキリスト教徒が享受する公職や名誉をすべて与えられなくてはならない。
(6) ユダヤ人がキリスト教徒を圧迫することのないよう、ユダヤ人を公職につけてはならない。ユダヤ人はかつて神の民であったが、神を十字架にかけて殺した罰により、その特権を奪われているからである。

(7) ユダヤ人とキリスト教徒が一緒に住み、同じような服装をしているために、双方の男女間に過ちが生じている。ユダヤ人は識別のためのなんらかの指標を頭に帯びなくてはならない。これを怠ったユダヤ人は、一〇マラベディ［三七五マラベディで一ダカット］をそのつど支払わなくてはならない。罰金を支払えない場合は、一〇回の公開鞭打ち刑に処する。[15]

見てのとおりユダヤ人の権利を保護する条項が目につくが、(6)の公職から排除するという文言にもかかわらず、「賢王」がユダヤ人高官に取り囲まれていたという事実を書き添えておこう。しかし、(7)については、一二一五年以来の教会法の伝統の形式的な確認とは言いながら、その後のスペインのユダヤ人の地位の悪化を告げる前触れだと、言えないことはない。このアルフォンソ一〇世自身も、ユダヤ人に改宗をうながすドミニコ会の積極的な運動の良き理解者だったことを考えると、なおさらである。

多文化が共存したこの時代について、政治上の支配勢力が宗教的寛容を促進しようという、崇高な動機を強めた時代であると、ローマックスは言うが、[16]無条件の「崇高な動機」という言葉は、いささか褒めすぎであろう。その一方、キリスト教徒がユダヤ人への敵意を胸に秘めながら、必要悪としてある程度の寛容を認めたという見方も、[17]同じように不適切である。少なくとも「賢王アルフォンソ」の『法典』に関する限り、次のように評すべきではないだろうか。ユダヤ人は神殺しの罪を犯したために、みずからの王国・国王を持たない離散の民となったという、教会法がつくりあげた伝統的なユダヤ人像を原則的に崩さないながらも、彼らへの愛ではなく政治的配慮から、実際的な共存と寛容を目指した、と。
念のために断っておくと、(6)(7)の規定に明らかなように、スペインの歴史においてイスラム教徒、キリスト教徒、ユダヤ教徒の各社会が平等な権利を持ったためしなど、ついぞなかった。コンビベンシアと呼ばれた「共生」は、つねに不平等を基盤とした共存関係であった。このことをはっきり認めたうえで、なおかつ強調したいことは、これら三者が宗教や民族を異にしながら、客と商店主として、医師と患者として、依頼人と被依頼人として、建築主と大工として、互いに関わり合う多文化的な社会の網目の中で、相互に尊重しあう文化を育んだことである。例えば、キリスト教徒の患者は、ユダヤ人医師の毒殺におびえることなく生命を委ねた（図17を参照）。「わたくしミゲル・ペルトゥサは、あなたドン・サロモンの息子イサアク・アベンフォルマと、この契約を取り決める……息子が死んでも、わたくしは義務を果たし、支払いをする」（一四〇六）[18]。この文化は、その後ゆっくりと死んでゆくが、ユダヤ人追放令が出された一四九二年前後にも、決して死に絶えてはいなかったのである。市井の人々は次のような言葉を残しているのだ[19]――

「イスラム教徒からなんの被害を受けてもいないのに、国王は彼らを追い出しにお出ましだ」（一四八七）。

「キリスト教徒がキリスト教信仰で救われるように、イスラム教徒はイスラム教信仰で救われる」（一四八七）。

「良きユダヤ人と良きイスラム教徒は、行いさえ正しいなら、良きキリスト教徒と同じように天国

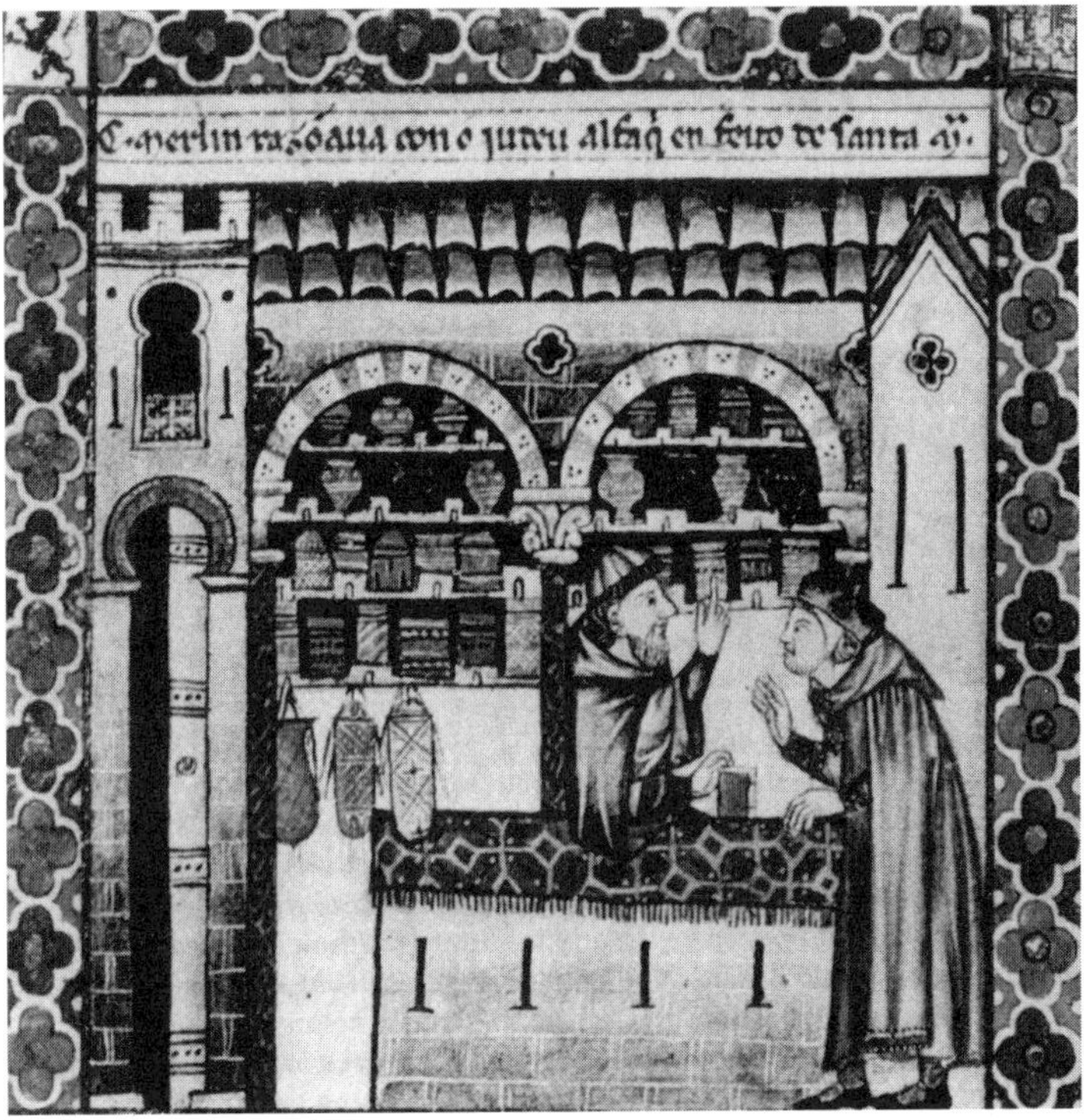

図17　キリスト教徒と対話するユダヤ人医師

に召される」（一四九〇）。

「われわれの宗教とイスラム教とユダヤ教と、このどれがすぐれているか、誰にわかる」（一五〇二）。

一四八〇年から活動を始めた王立異端審問所の審問官の眼から見れば、これらはカトリック王国スペインから摘出・排除すべき教会の敵、異端分子ということになるだろう。しかしながらここには、各宗教が互いに強調しあう差異を差異として受け入れながらも、その差異を差別に転化したり、差別を暴力的に表現したりしなかった人々の英知が息づいている。スペインがこのような多文化的な性格を失わずに近代を迎えていたなら、ヨーロッパの近代はまた別な相貌と特質を持ったと思われるが、歴史はそのように展開しなかった。どのようにしてスペインは多文化的性格を失っていったのだろうか。あらかじめ筆者の見方を記しておけば、それは自然死によって消滅したのではなくて、スペイン王権によって扼殺されたのである。

多文化共生のスペイン崩壊の兆し

多文化的なスペインが滅びてゆく大きな節目として、(1)一三九一年のユダヤ人虐殺とそれにともなう大量改宗、(2)一四八〇年の異端審問制度の発足、(3)一四九二年のユダヤ人追放令、この三つを挙げることができるので、これを中心に在りし日を再現してみたい。

一三九一年の虐殺は全国的な規模に拡大した陰惨な事件で、同時代のユダヤ人も大きな転換点だと認識せざるをえない事件だった。その発火点は、古い歴史を誇る都セビーリャである。一一四八年にムワッヒド朝ベルベル人に征服されたとき、この都市のユダヤ人は、コーランを選ぶか奴隷を選ぶかという苦汁を飲まされたが、一二四八年にカスティーリャ王フェルナンド三世によって解放された。今なおスペイン随一の規模を誇るセビーリャのカテドラルは、西インド諸島の探検者コロンの墓があることで知られているが、それより面白い史料が残されている。ユダヤ人がフェルナンド三世に贈ったセビーリャ市の鍵である。その鍵は「王中の王が扉を開くであろう、地上の王が入城するであろう」という銘がヘブライ語[20]とラテン語とカスティーリャ語で彫られており、当時のユダヤ人の歓呼のさまを今に伝える逸品である。

フェルナンド三世は重税を課しはしたけれども、見返りに土地を与えたので、多くのユダヤ人が土地所有者、徴税請負人、職人、商店主となって住みつき、彼らの社会の規模も影響力もしだいに大きくなり、一三九一年当時には七〇〇〇人ほどが、二〇を超えるシナゴーグを中心にユダヤ的生き方を守っていたようだ。ユダヤ人街はカテドラルのすぐ近くにあった。(21)

さて、一三九一年にセビーリャを見舞った惨劇を検証するには、ペドロ王の治世にまでさかのぼる必要がある。ペドロ、すなわち「残忍王」と呼ばれたペドロ一世（在位一三五〇—一三六九）については、同時代のイングランドの外交官・詩人チョーサーが、「気高くも秀でしペドロよ、スペインの栄光よ」と礼賛したことを知る読者が少なくないかもしれない（『カンタベリー物語』「修道士の話」）。このチョーサーの賛辞は、ペドロがイングランドにまで鳴り響いた名君であったことを意味するものではない。ペドロの時代は内戦の時代であり、これにイングランド、フランス両国がそれぞれの思惑から介入し、イングランドはペドロ派に与して、百年戦争（一三三七—一四五三）の英雄ブラック・プリンスことエドワード（一三三〇—一三七六）の出陣を見たということでしかない。庶出の異母兄エンリケ・デ・トラスターマラの率いる貴族同盟軍がペドロを破り（一三六九）、エンリケが弟を殺して晴れてエンリケ二世（在位一三六九—一三七九）となり、トラスターマラ王朝を開くという乱世であった。

このような乱世によくある宣伝合戦で、トラスターマラ派は王室の金庫の鍵を握る財務長官や多くの徴税請負人をユダヤ人で固めたペドロ政治（といっても、これは一二四〇年代のフェルナンド三世時代にまでさかのぼる、カスティーリャ王国の伝統である）の現実を巧みに利用した——「残忍王」はおびただしい血を流した汚れた手の持ち主であるばかりか、ユダヤ人を保護・重用し、「キリスト教徒の生き血を吸おうと、てぐすね引いて待っている」ユダヤ人官僚たちの王、すなわち「ユダヤ人の王」でしかない(22)。この「ユダヤ人の王」とユダヤ人側近の手から、祖国カスティーリャを解放せよ、と。この宣伝の毒は全土にまわって、ユダヤ人への敵意が深く根づいたものと考えられる。

ユダヤ人虐殺へ向かって

晴れて王座について、一五〇四年まで続くトラスタマラ朝の開祖となったエンリケは、手のひらを返したように、カスティーリャの伝統に戻ってユダヤ人を起用し、ヨセフ・ピチョに王室財務を担当させ、ヨセフ・イブン・ワカールを侍医に任じた(23)。このために国王は、愚直で狂信的な一人の聖職者を持て余すことになる。国王陛下は内心ではユダヤ人殺害を歓迎しておられる、ユダヤ人を殺害しても法的、宗教的に罪に問われることはない、心安んじてユダヤ人を根絶せよ——こういう物騒な説教をくりひろげて、セビーリャ市の民衆を煽動した聖堂助祭長のフェラント・マルティネスである。国王は反ユダヤ的活動をやめるよう命令したが、マルティネスを沈黙させることができないまま身まかり、後を継いだフアン一世（在位一三七九—一三九〇）は、一三八二年三月、一三八三年五月に同じような王令を発しなくてはならなかった。このときセビーリャ大司教が指導力を発揮してマルティネスの活動を封じ、事態はようやく沈静したかに見えた。

ところが一三九〇年を迎えると、国王とセビーリャ大司教が相次いで死去し、聖堂参事会がマルティネスを大司教代理に選んでしまったのである。「病弱王」エンリケ三世（在位一三九〇—一四〇六）はまだ幼く、宮廷内の意見はまとまらず、大司教が空位のまま教会内部が混乱するという、権力の空白期であったことも災いした。王権と教会はこの煽動者を抑えることができず、セビーリャの広範な住民の暴徒化を有効に防ぐこともできなかった。

三月のイースターの季節、頭から灰をかぶって懺悔をする灰の水曜日に、マルティネスが激しい説教を行ったために、興奮したキリスト教徒がユダヤ人街に押しかけて、夜遅くまで掠奪と暴行をほしいままにした。このときの熱気は一日でしぼんだが、さらに六月六日、マルティネス自身が武装集団の先頭に立って、ユダヤ人街を襲ったという。

血のにおいをかいで狂ったかのような暴徒の熱狂は、セビーリャからトレード（六月十八日）、バレンシア（七月九日）、バルセローナ（八月二日か五日）へと伝染してアラゴン・カスティーリャ全土をなめ尽くし、村人から都市住民、修道士、托鉢修道士、地元有力者までのキリスト教徒たちは、ユダヤ人を「死か洗礼か」という絶体絶命の窮地に追い込んだ（教会法は「洗礼が自発的になされるべき」ことを謳っているが、「ひとたび実施された洗礼はすべて有効」とするのが習わしである）。

すでに示唆したように、この事件はとうていマルティネス一人の煽動に帰せられる事件ではなく、繁栄してときめくユダヤ人に対する宿年の妬みや「聖戦」意識に根ざしている。特にアラゴン王国については、一三四〇年から一三八〇年まで慢性的なインフレと経済危機があったことを、社会的、経済的要因として挙げる人がいる。ユダヤ人高利貸から融資を受けていた小農層の不満があったことは確かだ。しかし、このような社会的要素は発酵素ではあっても、補助的であって、主要な要因はやはり「神の敵」ユダヤ人を改宗させずにはおかぬという「聖戦」意識だっただろう。参加者は農民から有力者までの多岐にわたっていたし、彼らはユダヤ人を改宗させると、暴力をやめているという事実もある。ユダヤ人地区を襲撃しに行く彼らを形容して、「まるで国王の命令の下に聖戦に出陣するかのようだ」と、ある勅書は表現している(24)。

急増するコンベルソ

一三九一年の暴動でユダヤ人社会の規模は大きく縮小し、セビーリャ、バレンシア、バルセローナ、シウダード・レアルなどでは、ユダヤ人がほとんど姿を消し、それに反比例して、コンベルソ（新キリスト教徒）の数が大幅に増えた。一三九一年十月にバレンシアの近郊で起きた逸話を紹介しよう。改宗した男が妻にも改宗を勧めたところ、貝のように口をつぐんだままなので、役人の前に連れ出して熱心な説得をくりかえした。ようやく重い口を開いた妻は、「あなたはキリスト教徒、わたくしはユダヤ教徒です。ですから、あなたとは一緒に住めません」と、はっきり別離を口にした。かと思うと、妻が改宗に応じ夫が同調しなかった例もある(25)。このときの大量改宗の規模を数字で表現することはできないが、数千人とも一万人を超えるとも推定されている(26)。

こうして大量に出現した改宗者は強制による者が大多数を占めたが、その後の一四一二年から一四一五年にかけて、自発的な改宗者が増えたと考えられている。これがドミニコ会の説教師「ビセンテ・フエレール（一三五〇―一四一九）の時代」である。ビセンテは、素足の鞭打ち苦行者たちを引き連れて、町々を練り歩いては民衆を熱狂の渦に巻き込み、シナゴーグになだれ込んでは改宗をうながす説教を行った。「説教」とは名ばかりで、「脅迫」に近かった彼の言動に多くのユダヤ人が恐れをなしたことは、想像に難くない。彼はさらに一四一二年と一四一五年に、「娼婦を隔離するのと同じように、ユダヤ人を隔離せよ」という、いかにも俗受けしそうな標語を掲げて画策し、カスティーリャ・アラゴン当局にユダヤ人隔離令を出させることに成功している[27]。ユダヤ人街のゲットー化、法曹界や政府の公職からの追放、キリスト教徒を雇うことの禁止、赤いバッジの着用などである。このビセンテ騒動の時期に洗礼を受けたユダヤ人の数についての統計資料はないが、ユダヤ人総数二〇万人として、その半数以上が改宗したと見る研究者もある[28]。

この時期に改宗したユダヤ人として是非紹介したいのは、華麗なる転身をとげたサンタンヘル一族である。ノア・キニーリョの五人の息子の一人アザリアは、洗礼名ルイス・デ・サンタンヘルを授かると、弁護士となってアラゴンの宮廷に出仕し、ついには貴族にまでのし上がった。息子はサラゴーサの治安判事に納まり、甥のペドロ・デ・サンタンヘルは天国への階段をまっしぐらに駆けのぼって、マジョルカ司教の座を射止めた[29]。この一族には、ルイス・デ・サンタンヘル（生年不詳―一四九八）を名乗ったもう一人の人物がいる。アラゴンの財務担当官となり、一四九三年に「提督」と署名したコロン（コロンブス）から、「インド」に到達した旨の第一報を受け取ったのは、このサンタンヘルである。前述のルイスの孫にあたる。

さて、こうして増えたコンベルソ（新キリスト教徒）に対する暴動が、一四六七年から一四七四年にかけて多発した[30]。特に一四七一年から一四七三年にかけては、インフレと不作に見舞われていたために、ユダヤ人と新キリスト教徒を取り巻く環境はいっそう脆くなっていた。このような新キリスト教徒に対する暴動の発生は、いまや「ユダヤ人問題」に「改宗者問題《コンベルソ》」が加わり、なんらかの解決策が必要になったことを示唆しているので、この「改宗者問題」について四つの面から整理してみよう。

コンベルソ問題

(1)まずコンベルソ（新キリスト教徒）に対するキリスト教徒の態度に的を絞ってみる。十五世紀前半までは、キリスト教社会はコンベルソを旧キリスト教徒と同等の者として受け入れていたが、コンベルソたちの教会、宮廷、官界、経済界への進出が顕著になる十五世紀後半を迎えると、これを歓迎しない旧キリスト教徒が出てくる。新キリスト教徒が上級聖職や市の役職などについて、旧キリスト教徒を管轄するような立場になると、不満がくすぶり社会的緊張が高まって、暴動が発生したり、政情不安を招いたりする。あるいは、「リンピエサ・デ・サングレ（＝純血）*」と呼ばれたような差別を公然化しようとする動きが出てくる。非の打ち所のないキリスト教徒であろうとも、新キリスト教徒が公職につくことを禁止したトレード市の法令が制定されたのは、一四四九年である。

これと並行して、キリスト教徒は新キリスト教徒の改宗を出世目当ての便宜主義と見なして、そのキリスト教信仰の誠実性を疑うようになる。つまり、「コンベルソ」「新キリスト教徒」を「マラーノ」「隠れユダヤ教徒」と見下すようになる。こうして蔑視された三〇〇名の新キリスト教徒が、自分たちの財産を強奪しようとする陰謀があるという理由を振りかざして自衛団を組織し、自分たちに指一本でも触れたら町に火を放つと宣言したために軍隊が出動し、これが引き金となって二二名の新キリスト教徒が殺害されるという暴動が起きたのも、同じ一四四九年であった[31]。

(2)第二に見るべきは、新キリスト教徒に向けられたユダヤ人社会の眼差しである。少年時代にスペインから北アフリカのフェスに逃れ、ラビにまでなったヤコブ・ベラブのレスポンサ（質問に対する回答のかたちで律法を論じた文献）は、一四八〇年以前のスペインのラビたちの見方をうかがい知ることのできる史料である。これによれば、コンベルソは一般に、一三九一年の虐殺の際に強制的に改宗させられた者を含めて、背教者、異邦人（＝非ユダヤ人）であると見なされ、ひそかにユダヤ教を信仰する同胞とは見なされていなかった[32]。一四九二年のユダヤ人追放令の際に、国王じきじきの熱心な改宗の説得をはねつけた重臣イサアク・アブラバネル（一四三七―一五〇八）も、コンベルソを同宗信徒・ユダヤ人と見なしていない[33]。「当局はコンベルソに手ぬるい。やりたい放題のことをさせている」と発言したラビの冷ややかな視線もある[34]。コンベルソは、キリスト教徒として有利な権利を享受しているのだから、家の中でひそかにユダヤ教を実践しているとなれば、まさにやりたい放題である。

(3)それでは、隠れユダヤ教徒はユダヤ人をどう見ていたのだろうか。ある隠れユダヤ教徒の商人は、妻の一族のユダヤ人が頻繁に訪問するのを嫌って妻と口論し、ユダヤ人を家から追い出したことがある（一四九二）。ある隠れユダヤ教徒の花嫁は、結婚式にラビが出席しているのを見て不愉快な気色になったのに、花婿はラビに祝福されて「結婚がいっそう確固たるものになった」と喜んだという例もある（一四八九）[35]。つまり、彼らのユダヤ人に対する感情もなかなか複雑で、彼らの側から見ても両者の関係は緊張をはらんでいたのだ。

しかしそれにもかかわらず、強制的に改宗させられた者も、自発的に改宗した者も、その多くが引き続いてユダヤ人と一緒か、近隣に住んでいたという事実がある[36]。緊張が強まる一方で、コンベルソの弁護士が依頼人であるユダヤ人の家に招待されて「清浄な食物《コシェル》」を振る舞われ、ユダヤ教とのつながりを深めることのできるような状況は、確かに存在した。

(4)最後に、コンベルソ自身の鏡に映し出された自画像について一言しておこう。すでに見たように、彼らは十五世紀後半までには強力な少数派を形成しており、自分たちこそユダヤ人の血を引いた（＝イエス・キリストの血筋につらなる）キリスト教徒であり、他の社会グループとは一味も二味も違う、という「差異」を誇り、独自性と優秀性と結束の強さを誇った。[37] 念の入ったうぬぼれ鏡に見入っているような、この自信満々の面構えが、(1)に見た旧キリスト教徒の反感を増幅したことは否めまい。

＊　かつて宗教的寛容の文化を誇っていたトレード市は一四四九年六月に、「コンベルソ」をうわべだけキリスト教徒を装った「異端者」と断定して、「彼らに、主キリストへのカトリック信仰を古くから守ってきた旧キリスト教徒を支配させてはならない」と規定する条例を定めた。[38] 公職についている経済的実力者である新キリスト教徒に、旧キリスト教徒が権力闘争を仕掛けた結果である。教皇ニコラウス五世（在位一四四七—一四五五）はこの法令を「人類の敵」と呼んで非難したが、一四八三年以降にトレード以外のセビーリャ、レオン、オビエドなどの教育機関、騎士団、教会などにも広がっていった。しかし、スペインが「リンピエサ・デ・サングレ」一色に染まったことはなく、この措置を適用した機関・団体はつねに少数であった。また異端審問所も、すべての新キリスト教徒に審問官への道を閉ざしたのではなく、異端審問によって有罪とされた者とその孫までを排除した。[39]

王立異端審問所の新設

以上のように、改宗者問題は複雑であるが、当時の支配者である二人のカトリック王は、特に(1)の政治的な要素を放置するわけにはいかなかったと思われる。一四六九年のアラゴンの王子フェルナンド（シチリア王一四六八—一五一六、カスティーリャ王一四七四—一五一六、アラゴン王一四七九—一五一六）とカステイーリャの王女イサベル（一四五一―一五〇四）の結婚は、一部で言われるような、ロマンティックな結合ではない。スペインを統一し、安定化しようという政治目的から生まれた結合である。イサベルが即位した一四七四年に共同統治を始め、フェルナンドがアラゴン王フェルナンド二世となった一四七九年以後、いよいよ本格的なスペイン統一を目指していった（「エスパーニャ」という呼称は、彼らの時代になって使われ始めた新語である）。

イサベルがまだ思春期の少女だった一四六五年、王権が弱いために異母兄のエンリケ四世（在位一四五四―一四七四）に対する貴族の叛乱が起きたとき、イサベル自身が貴族叛乱軍の希望の星として担がれそうになったことがある。また、即位してからも、ポルトガルが後押しする対抗勢力との内戦に悩まされ、それがまがりなりにも一段落したのは一四七九年である。さらにまた、イサベルとフェルナンドは、ユダヤ人や新キリスト教徒の支持者に助けられて王位につき、彼らを側近に配していた「ユダヤ人の友」、「新キリスト教徒の友」であるという、お家の事情も絡んでいた。そういうわけで、王権を確立し安定させることに腐心し、ユダヤ人と新キリスト教徒が多く居住するアンダルシアの反逆的な貴族を押さえ込む必要を痛感していたことは疑いない。隠れユダヤ教徒への不満を口実に貴族たちが謀反をたくらんだり、暴動をそそのかしたりしないためにも、新キリスト教徒の実態を国家規模で把握し、不心得な隠れユダヤ教徒があれば、これを一掃する必要があったのである。(40)

フェルナンドとイサベルは、一四七八年十一月、イスラム最後の砦であるグラナーダ王国攻略の開始を条件に、異端審問所の設置を認可するという教皇シクストゥス四世（一四一四―一四八四）の勅書を手に入れる――「強制によらずに聖なる洗礼により、よみがえってキリストにあり、表面はキリスト教徒として振る舞いながら、ユダヤ人の儀式と習慣に逆戻りし、ユダヤ教の迷信を実践しているやからがいる……彼らを王国から一掃する」[41]。次いで一四八〇年、二人のドミニコ会士が審問官に任命されて、グラナーダに隣接するアンダルシアの中心地セビーリャで活動を開始した。教皇勅書が出てから二年もたっているところを見ると、宮廷内にいるコンベルソ勢力の反対があったに相違ない。最初のアウト・デ・フェは一四八一年二月六日、セビーリャで行われ、六人のマラーノが火あぶりに処せられている[42]。

以上のように、異端審問はさまざまな問題の発火点であるアンダルシアから始まったことに注目しなくてはならない。その一方、フェルナンドのお膝元であるアラゴンは、この新制度の導入に強く反対した。自治を与えられていたテルエルの町は、「国王から与えられた自由の侵害」を理由に抵抗し、バルセローナやバレンシアは、教皇任命による異端審問官がすでに存在することを楯に抵抗したが、フェルナンドはこれを力で抑えた。といっても、このときのフェルナンドの力の源泉は軍隊ではなく、「コンセホ・デ・ラ・スプレマ・イ・ヘネラル・インキシシオン」略して「ラ・スプレマ」、すなわち「異端審問最高顧問会議」という統括組織であろう。この組織は一四八三年に誕生し、イサベルの聴罪司祭だったドミニコ会士トマス・デ・トルケマーダ（一四二〇―一四九八）が初代長官に就任していた。アラゴンとカスティーリャは法的にはまだ別個の国家であったのに、この統括組織だけは一足先にエスパーニャ全土を統括する法的組織であった。フェルナンドは、自己の権威を主張するための道具として、この組織を利用してゆくのである。

このように、スペインの異端審問所の第一の特色は、教皇が一二三八年にカタリ派対策としてアラゴンに設置して以来続いてきた異端審問とは違って、王立機関であり、審問官の任命権や有罪者の財産は国王に属したことにある。このために、王権の意思や他の支配機構との調整が不可欠であった。異端審問所の末端部の行動にはしばしば行き過ぎがあったが、王権はときに介入して是正したという事実を確認することができる。例えば、ガブリエル・サンチェスやルイス・デ・サンタンヘルなどの新キリスト教徒の一族が異端審問官暗殺事件（一四八五）に関わったとき、フェルナンドは断固として二人をかばった。一四八一、一四八二年以後に、異端審問所が行ったアンダルシアやアラゴンからの局地的なユダヤ人追放も、王権の意思に沿ったものである。一四八六年、異端審問所がテルエルのユダヤ人を追放したとき、抗議する市当局に対してフェルナンドは、「それは予の願望であり喜びなのだ」と言明したことを見逃してはならない(43)。

第二の特色は、マラーノの信仰の誠実性を疑って、彼らを狙い撃ちした審問を行い、キリスト教徒になりすました隠れユダヤ教徒と、カトリック信仰を守っている誠実な新キリスト教徒とを選別しようとしたことである。フェルナンドが、「良きキリスト教徒は報われるが、悪しきキリスト教徒は罰せられる」と言明したとおり、新キリスト教徒の勢力を一掃することが王権の意図でなかったことは、サンチェスやサンタンヘルを擁護した前述の一件が例証しているだろう。*

隠れユダヤ教徒ではないかと疑われ、蔑視されたマラーノは、かつて一一一九年に異端の烙印を押されながらも南フランスに一大勢力を張ったカタリ派（アルビジョア派）のような宗派と呼ぶことはできないし、カトリック教会を脅かすような教義や組織を持っていたわけでもない。塗られた聖油を帰宅するなり拭い取ったマラーノもあったが、土曜日に新しい下着に着替えたとか、金曜の午後に家を掃除したとか、死者の爪を切ったとか、ユダヤ的慣習の名残を槍玉に上げられた者が少なくない。

誠実な新キリスト教徒が密告された場合も少なくなく、一四八二年四月に教皇シクストゥス四世は、アラゴンやカタルーニアの異端審問所を名指し、「信仰と霊魂の救済のためではなく金銭欲にかられて」敵や商売敵や奴隷などの証言をもとに、信仰あつい正真正銘のキリスト教徒を迫害していると非難する、まさに異例の勅書を出した(44)(これは教皇権と王権のつばぜり合いの一場面でもあったが、教皇はフェルナンドの反撃にあって軟化した)。

教皇が言う「金銭欲」について補足しておくと、死刑を宣告された者の財産は没収されたので、異端審問の目的は実は宗教的ではなく、裕福な新キリスト教徒の財産を狙った経済的な動機を秘めていると非難されることが多い。なるほど確かに、私腹を肥やした審問官がいたことは紛れもない事実だし、異端審問所が一五三六年から一五四三年だけでも、およそ八七〇〇万マラベディ(二三万二〇〇〇ダカット)という巨額の財産を没収したことも事実だ。しかし、この巨額の金を注ぎ込んでも、巨大な異端審問組織や大がかりなアウト・デ・フェの儀式の費用をまかなうのは並大抵でなく、異端審問制度が財政的には赤字であったという事実については、あまり指摘されていない(45)。

犠牲者の数については、同時代のアンダルシアの僧侶アンドレス・ベルナルデスが残した年代記に、一四八一年から一四八八年の間のセビーリャで、七〇〇名以上の新キリスト教徒が火刑に処せられ、およそ五〇〇〇人が教会と和解した（＝教会から懲戒を受けて教会の規律に服した）とあるが、これはかなり誇張した数字であろう。現代の研究者たちの多くが考えているのは、一四八〇年代から一五三〇年までがもっとも過酷な審問の吹き荒れた時代で、多くて二〇〇〇人が焼かれただろうということである（スペインのオルティスは、新キリスト教徒の数を二五万、一五二〇年までになんらかの処分を受けた者を二万五〇〇〇人と推定している）[46]。

＊　新キリスト教徒の実態については、研究者の意見が鋭く対立している。同時代のヘブライ語史料を使ったネタニヤフによれば、一三九一年の強制改宗によって多くの隠れユダヤ教徒が生まれたが、異端審問が開始された一四八〇年前後には、ユダヤ教離れが顕著に進行しており、彼らが隠れユダヤ教徒であるという異端審問の告発・記録の多くは、実体のないでっち上げにすぎず、新キリスト教徒社会の繁栄に対する憎しみに発しているという[47]。これに対して異端審問記録を重視するバイナルトは、新キリスト教徒をおしなべて隠れユダヤ教徒であったかのように描く傾向がある。両者に対する筆者の立場は、異端審問記録を根拠のある史料と見なす点ではバイナルトに同じであるが、バイナルトはそれ以外の史料を無視しがちで、そのために、誠実なカトリック教徒として生きた大多数の新キリスト教徒の存在を見逃していると思う[48]。

マラーノ、モリスコの審問から旧キリスト教徒の審問へ

スペイン異端審問の第三の特徴は、審問の矛先をやがてマラーノからモリスコ（イスラム教からの改宗者。一四九九年以後強制改宗が急増）へ、さらには旧キリスト教徒へも向けていったことである。その推移を学的に立証してみせたのは、およそ五万件の裁判記録を調査したヘニングセンたちの実証的な研究である[49]（表2を参照）。一五四〇年から一七〇〇年まで、本国と植民地で火刑に処せられた者は八二六名、姿をくらまして人形だけを焼かれた者は七七八名で、死刑者数が少ないことにまず注目したい。

表2　スペイン異端審問被告の罪状別分類（1540-1700年）

	マラーノ	モリスコ	ルター派等	冒瀆	重婚	誘惑	反異端審問	迷信	他
	4,397	10,817	3,646	12,117	2,645	1,131	3,371	3,532	3,018
%	9.8	24.2	8.1	27.1	5.9	2.5	7.5	7.9	6.8

注：「ルター派等」には少数の神秘主義者が含まれる．「迷信」に分類されたのは，いわゆる魔女たちである．この統計はリマとメキシコの分を含む．

問題は、誰と何が標的になったかであるが、もっとも多く審問の対象にされたのは、旧キリスト教徒たちの「冒瀆の言動」の一万二一一七件、ついで「モリスコ」関係の一万八一七件で、「ユダヤ教徒化」を問題にされたマラーノは、わずか四三九七件であった。冒瀆、重婚、性的誘惑、異端審問への悪口、迷信などを合わせれば、裁かれた旧キリスト教徒の数は全体の六割に迫りそうな勢いである。

　旧キリスト教徒への審問で目立つ事件としては、まず一五三〇年にバスク地方の司祭が「ルター派」として火あぶりになったケースがあるが、この司祭はフランシスコ会の一部から出た神秘思想にかぶれただけで、「信仰のみにて」を信条とするルター主義者ではなかった。「そちらスペインでは、教養を積むと、異端、誤り、ユダヤ教といった嫌疑を受けないわけにいかない。こうして学識層は沈黙を強いられるのだ[50]」と、同時代人が批判したように、この時期の異端審問はエラスムス（一四六六―一五三六）の人文思想や聖書研究から発展しそうな宗教改革の芽を摘んでいた。実をいうと、たった今引用した一文は、大審問官ヘロニモ・マンリケの息子が留学中のパリから発信した手紙の一部である。ラ・スプレマ長官の息子が「犯人」とあっては、長官の首は飛ばざるをえなかったが、留学はそれだけ他者の眼で自文化を見直すことを教え、それだけ視野を広げてくれるのだ。留学中の知識人や帰朝者が、とかく疑いの眼で見られたゆえんである。

その後、カトリック教会内部の改革派スペイン人修道士が、宗教改革に対抗してイエズス会（一五三四）を結成したことや、トリエント（トレント）で開かれた公会議（一五四五―一五六三）の自己改革の流れに刺激されて、異端審問は、カトリック教徒の言論、思想、行動を取り締まる懲罰的な教育者・宣教者としての姿をむき出しにしてゆく。といっても、ルター主義がスペインに根づくことはなかったので、槍玉に上がったのは、多くカトリック信仰の規範から逸脱した、反社会的な言動である。例えば、重婚、宗教行進の際の女性誘惑、聖職者の結婚や性行動などの性的逸脱を筆頭に、「坊主より俺さまが神についてしゃべるものの方が正しい」といった自己主張や、聖母崇拝のあまり聖母マリアを神だと思い込んでいる女たちの信心や、聖母の処女性を揶揄した不敬罪的な言葉遣いや、聖体（ミサのパン）の中にキリストがいるわけがないとか、聖油はなんの効き目もないとか、善人は天国に召されるが悪人は地獄に堕ちるなんて嘘っぱちだとか、あれこれあげつらう懐疑主義の類や、一〇分の一税、異端審問などの制度に対する悪口に至るまでを事細かに槍玉に上げて、カトリック教徒の意識の画一化に寄与した。

異端審問所は一五四七年から禁書のリストを公表するようになり、エラスムスの著作を読むことや、聖書をラテン語から土地の言葉であるカスティーリャ語に翻訳することを禁じた[51]。こうしてかつての多文化的な伝統の草の根が、一本また一本と引き抜かれていったのである。

運命の一四九二年、ユダヤ人追放

以上、異端審問所が設置された経緯を記し、ついでにその後の発展の後をたどってみたが、ここで発足当時の十五世紀末に時計の針を戻したい。審問所が設置された二年後の一四八二年、フェルナンドとイサベルはイスラム最後の拠点であるグラナーダの包囲攻略に着手し、「レコンキスタ」と「聖戦」の意識を鼓舞することによって、貴族層の軍事エネルギーを発散させ、また彼らの新たな土地への夢を掻き立てながら国民意識の統一を図り、ついに一四九一年十一月二十五日、グラナーダ王国を屈服させる。翌年の一月二日、華々しくグラナーダに入城したフェルナンドとイサベルは、三月末に宮殿内でユダヤ人追放令の勅書に署名し、およそ一カ月後にこれを布告した。

われらの王国に、われらの聖なるカトリック信仰を棄ててユダヤ教徒化する悪しきキリスト教徒が存在する。この主たる原因は、キリスト教徒とユダヤ人との接触にある……。……われらの王国に住まう全ユダヤ人男女は、年齢のいかんを問わず……七月末日までに王国を退去して、二度とふたたび戻ってきてはならないことを命ずる。……もしもこの命令に従わず、われらの王国内に残留したり、どのようなかたちにせよ戻っていたりしたことが判明したときは、死刑と全財産の没収によってこれを罰する。(52)

宗教的意識、宗教的目的の鮮明な勅書だと評すべきである。「ユダヤ教徒化する悪しきキリスト教徒」とは、キリスト教徒一般ではなく、ユダヤ人社会との関係を断ち切れなかった新キリスト教徒を指している。新キリスト教徒とユダヤ人との接触を断つことによって、そのユダヤ教徒化を防ごうとしたのである。これは異端審問所設置の趣旨と変わらず、そのとき以来の政策の一貫性を認めることができる。つまり、フェルナンドとイサベルのユダヤ人政策は、改宗者問題に大きく影響されたということだ。

この追放令の文言のどこにも、改宗か追放かの二者択一は示されていないが、両王が追放の脅しをかけてユダヤ人を改宗させ、「ユダヤ人のいないスペイン」を目論んだことは確かなようだ。フェルナンドとイサベルは、二人のユダヤ人重臣、アブラハム・セネオル(一四一二頃—一四九三頃)とイサアク・アブラバネルに熱心に改宗を勧めただけでなく、スペイン全土のここかしこで地方当局や修道士や教会人らが、最後の説得工作を行った。さらに両王は、同年十一月十日にバルセローナで王令を発し、現在ポルトガルにいるユダヤ人から「われらの王国に戻って改宗し、カトリック・キリスト教徒として生きかつ死にたい」との請願が出されたので、改宗者には元の居住地で生活することを許すことにする、売却した財産については売却価額で買い戻せるよう取り計らう、という誘い水さえ向けている[53]。

バイナルトの研究によると、グラナーダ入城から追放令署名までの間の王室文書には、追放に関するものは見つかっていないという[54]。またグラナーダ王国の降伏条約には、グラナーダのユダヤ人は一カ月以内に退去すべきことが明記されていた。この二つの事実を併せ考えるなら、フェルナンドとイサベルは、かなり以前から「ユダヤ人のいないグラナーダ」と「ユダヤ人のいないスペイン」を思い描いていたと見なければなるまい。冷徹で用意周到なフェルナンドは、一四八〇年代初期のアンダルシアからの追放を異端審問所の命令という隠れ蓑によって行って批判をかわしながら、全ユダヤ人追放計画を温めていたと考える研究者もいるが[55]、それはどうだろうか。局地的な追放だけでは問題を解決できなかったので、全ユダヤ人の追放によって解決しようとした、と見るべきであろう。

ユダヤ人社会はこの追放令によって真っ二つに割れた。指導者の一方の雄であるアブラハム・セネオルは、イサベルに説得されて一四九二年六月十五日に洗礼を受け、フェルナン・ヌニェス・コロネルと名を改めて顕職についたのに対し、もう一方の雄アブラバネルは亡命の道を選び、ヨーロッパを転々とする亡命生活の辛酸をなめるうちに、忘恩のキリスト教徒に神罰が下ることを熱望するメシアニズムへと傾斜していった(56)。この対照的な選択に、ユダヤ人社会の分裂が象徴的にあらわれている。セネオル一族に至っては、女婿のラビ・メイル・メラメドが改宗、弟のシュロモや妹のレイナは亡命という分裂ぶりである。

追放令が発布された一四九二年当時のスペインの総人口やユダヤ人口については、なんら統計が整っていない。総人口については七〇〇万から九〇〇万、ユダヤ人口については三〇万から八万まで、ばらつきの多い推定がなされている。また、ヨーロッパ中世史に類を見ない大規模な集団改宗が発生したことは確かだが、その規模も正確には不明である。一万六〇〇〇ダカットと評価される財産家のセネオルのようなユダヤ人富豪たちは、亡命生活を嫌ってしぶしぶ改宗したので、第一、第二世代は、なんらかのかたちでユダヤ教徒としての過去を清算し切れなかったことは確かだとしても。

節を曲げずに改宗しなかったユダヤ人の数も、正確にはわかっていない。ユダヤ人総数を三〇万人と推定するバイナルトは、八万人から一二万人が改宗しなかったとするが(57)、カーメンは、後に改宗を受け入れてスペインに戻ったユダヤ人が多かったことを勘案して、最終的には四万人から五万人と控えめである(58)。亡命の道を選んだユダヤ人は、スペインを脱出して地中海沿岸に散らばっていった。遠くオスマン帝国まで落ち延びた者もあったが、トルコに至る旅路は険しく長く、一四九二年中にはイスタンブールに行き着けなかったし、定住できた者の数も、従来考えられたほど多くはない。ほとんどのユダヤ人はキリスト教圏のポルトガル、イタリア、フランス、イスラム教圏のモロッコ（一四九七年の時点でフエスに四つのシナゴーグが存在）を亡命先に選んだ。なかでも国境を越えて一跨ぎの距離にあって、成人一人につき八クルゼイロの入国税でユダヤ人を受け入れたポルトガルは、改宗忌避者の多くが活路を求めた国である。ところが、そこには実に数奇な運命が待ち受けていた。

隠れユダヤ教徒の巣、ポルトガル・マラーノの発生

一四九六年十二月五日に、マノエル一世（在位一四九五―一五二一）が発令したユダヤ人追放令がその幕開けである。この追放令は、フェルナンドとイサベルの愛娘で未亡人となった姫君との結婚の条件の一つを履行したもので、スペインから逃れてきたユダヤ人だけでなく、ポルトガル生え抜きのユダヤ人も追放の対象となった。

それからまもない一四九七年の二月、国王は四歳から一四歳まで（後に二〇歳まで）のユダヤ人児童を両親から引き離してキリスト教の洗礼を強行したあげく、三月十九日に出国のためと称してリスボンに集結させたユダヤ人を教会の中に引きずり込んで、強制的に洗礼を受けさせるという、前代未聞の行為におよんだ。犠牲者の正確な数は不明だが、三万人は下らないだろうと推測されている(59)。

さらに奇妙に見えるマノエル王の行為は、同年五月三十日、新キリスト教徒の宗教活動に対する取り調べを向こう二十年間にわたって禁じたことである(60)。表向きキリスト教徒でありさえすれば、中身はユダヤ人であっても咎めないと宣言したも同然の措置である。これは一見奇妙に見えはするが、決して奇妙ではない。マノエルは、ポルトガルが海外へ膨張するための有力な尖兵となるユダヤ人の経済力、航

図18　リスボンのアウト・ダ・フェ（1722年）

海技術、地理学的知識を、なりふり構わず確保したかっただけである。一四九八年に喜望峰回りでインドのカリカットに至る航路を発見したポルトガル人ヴァスコ・ダ・ガマ（一四六〇頃—一五二四）の後援者《パトロン》は、このマノエルに他ならない。

この新キリスト教徒の宗教的行動を不問に付した布令によって、隠れユダヤ教徒が集団発生するのは、必然の成り行きであった。そもそも彼らは改宗を嫌ってポルトガルへ逃げてきたのである。隠れユダヤ教徒がスペインよりもポルトガルの新キリスト教徒に多く見られたというのも[61]、また当然だとしなければならない。こうして隠れユダヤ教徒が増えたために、一五〇四年と一五〇六年にマラーノ虐殺が発生し、政府はついに一五三六年に異端審問を開始せざるをえなくなる。

その結果、一五三九年までにエヴォラ、コインブラ、リスボンの三つの異端審問所が設置され、新キリスト教徒は異端審問に痛めつけられることになったが、一五五〇年に彼らに転機が訪れた。隣国フランスの国王アンリ二世（在位一五四七—一五五九）が、通商と産業を振興するためにフランス国境を開放して新キリスト教徒を受け入れ、フランス人としての権利を与えたからである。赤ワインで名の知れたボルドーや、バスク地方の産業の中心地バイヨンヌの新キリスト教徒社会はこうして誕生し、ポルトガルが異端審問を強化した一五七九年以後は、ボルドー、バイヨンヌのほかルーアンやパリにまで流れ込む新キリスト教徒がその数を増していった（図18を参照）。

第二節　スペイン、ポルトガルの海外膨張とマラーノ

コロンの西インド諸島探検とユダヤ人

中世後期から近代初期にかけて、ヨーロッパ各国の「カエサル」たちは生き残りをかけて軍事力の増強に力を入れ、そのために、かつて見ない規模の軍事費の増大に直面した。臣民は増税や地代の値上げを喜ばず、「征服」を歓迎した。新たな土地、新たな富が見込めるからである。この飽くなき欲望は、キリスト教伝道精神によって蛮地にキリスト教の光をもたらす使命として正当化され、賞賛すべき英雄的行為と見なされてゆく。一般にこのように言えるが、スペインによる「征服」は、数百年続いた「レコンキスタ」という拡張主義的な征服運動の延長線上にもあったことを指摘しておきたい。この側面は、本章の冒頭に引用したコロンの『航海日誌』にも明瞭に読み取れるだろう。

図19　コロンが活躍した15世紀後半のカラベル船

フェルナンド、イサベルの両王と、新キリスト教徒の宮廷人ルイス・デ・サンタンヘルらの援助・出資の下に、クリストーバル・コロンら約九〇名が乗り組んだ三隻の船団が、インディアス（インド）を目指して大西洋に乗り出したのは、追放令がユダヤ人出国の期限とした七月末からわずか三日後の八月三日である（実際の期限は八月二日に変更されたから、出港はその翌日になる）（図19を参照）。

このコロン、実は隠れユダヤ教徒ではないかという、広く流布している仮説について、まず筆者の見方を明らかにしておきたい。彼が新キリスト教徒の子孫であったらしい状況証拠は、確かに存在する。だが、彼がユダヤ教徒という自意識を持っていたとか、ひそかにユダヤ教を実践していたとかを示すような、史料的な証拠は何一つとして上がってはいない[62]。この事実はいくら強調してもしすぎることはないと思う。

それと同時に強調したいことは、アメリカ大陸の東岸の島々に到達してインドの一部であると思い込んだコロンも、六年後に喜望峰回りでインドに到達したポルトガル人ヴァスコ・ダ・ガマも、ヨーロッパを代表する一人の天文学者の恩恵をこうむっていたという点である。その人の名は、サラマンカ大学教授アブラハム・サクートという。六分儀がまだ発明されていないこの時代に、緯度を測定する機器として船乗り必携のアストロラーベを改良しただけでなく、正午の太陽の高度を測定せずに緯度の位置がわかる赤緯（赤道から北あるいは南に測った角距離）の一覧表を載せた『アルマナック・ペルペトゥウム』（万年暦）の著者であり、れっきとしたユダヤ人であった。

一四九二年の追放令にあたっては、ポルトガルへの亡命の道を選んでジョアン二世に仕える宮廷天文学者となり、マノエル一世の強制改宗の際には、これを首尾よく逃れて北アフリカへ落ち延びたものらしい。その労作『アルマナック』は船乗り必携の逸物で、コロンもガマも手放すことができなかった。コロンの書き込みのある古ぼけた一巻が、在りし日をしのばせる証拠品として現存している[63]。

さて、コロンに関する、史料的に確かな事実は、彼が良く張った欲の皮の下に狂信に近いカトリック信仰の志を秘めた男であり、黄金郷シパング（日本）を血眼になって探しまわる一方、キリスト再臨の時が迫っていることを確信し、それまでにエルサレムを奪回し、異教徒をカトリック・キリスト教に宗旨替えさせなくてはならないという、終末論特有の焦燥感に駆られていたこと[64]（これはコロンに限ったことでなく、この時代の政治文化をおおっていた使命感であり、イサベル女王自身もマノエル一世のポルトガル宮廷も例外ではなかった）、また十月十二日に西インド諸島に到達して原住民がグアナハニと呼ぶ島（サン・サルバドル島、英語名ウォトリング島）に上陸するやいなや、原住民《インディオ》がキリスト教徒になりうるだけの理解力と理性を持った人間であると観察する一方で、「利巧なよい使用人になる」というひらめきを得たことである。(65)コロンが総督を務めた一四九七年から、原住民の土地や原住民そのものの分配が始まり、コロン失脚後の一五〇〇年と一五〇三年、イサベル女王は勅令によってインディオの奴隷化を禁止したが、征服者《コンキスタドール》たちは聞く耳を持たず、とりわけ一五〇四年に女王が身まかってからは「大々的な破壊」を開始したと、有名なドミニコ会士のバルトロメ・デ・ラス・カサス（一四七四―一五六五）は告発している。(66)*

コロンはシパングが近いと思い込んで血眼になって探しまわり、十月二十四日キューバ島に上陸すると「これこそシパング島」だと確信し、十一月二日、ルイス・デ・トーレスたちに周辺の探索を命じている（キューバがシパングでないと思い知ったのは、第二次航海のときである）。このトーレスは、キリスト教に改宗した元ユダヤ人で、「ヘブライ語とカルデア語と、それにアラビア語を少々解した」ことを買われて通訳に雇われたのだが、(67)西インド諸島が到着地であってみれば、およそ無能な通訳でしかなかった。しかし、彼がコロン一行の尖兵であったという事実は変わらない。コロンが一四九三年一月に一度帰国の途についたとき、トーレスはもう一人の改宗者《コンベルソ》である会計係アルフォンソ・デ・ラ・カロとともに、エスパニョーラ（ハイチ）島に残留した三九人の中の一人である。最初の定住植民者の一人だったと言えるだろう。コロンがその年の十一月にふたたびインディアスを訪れた第二次航海で目にしたのは、廃墟と化した砦だけであった。残留組は一人残らず、友好的で温和だった原住民に殺されていた（船医のチャンカ博士の残した記録には、「キリスト教徒が一人で三人も四人も女を持っていたからだ」とある。(68)いかにもありそうな話だ）。

これら改宗者の中で特に興味深いのは、船医のマエストロ・ベルナルである。一四九〇年、バレンシアで隠れユダヤ教徒ではないかと告発されて、教会と和解して難を逃れたマラーノであったことが突き止められている(69)。教会と和解した前科者は公職につけず、将来の見通しが暗かったから、海外雄飛に活路を求めたものだろう。彼もまた異端審問の圧力によって海外に押し出されたユダヤ人だと言えそうである。

＊ 激減するインディオ奴隷の穴埋めとして、アフリカ人が奴隷としてアメリカ大陸へ拉致されてゆくが、これに対して異を唱えたヨーロッパ人は、当時ラス・カサスを含めて一人たりともいなかった。ヨーロッパの学識者たちは、アフリカ人をアリストテレスの定義する「理性」を欠いた獣と見なしたのである。

ユダヤ人は征服者《コンキスタドール》コルテスとともに

スペインが四代続いてキリスト教徒でない者のアメリカ植民地への渡航を禁止したにもかかわらず、賄賂に弱かったスペインの役人をたらし込んで、念願の切符を手にする新キリスト教徒は後を絶たなかった。一五〇九年、国王が交易目的と二年間の期限に限って二万ダカットという大金と引き換えに、新キリスト教徒の渡航を許したことも、彼らの渡航熱に拍車をかけた。異端審問は、誠実なカトリック信仰にあけくれる新キリスト教徒にさえ牙をむくことがあったから、彼らが身の安全と富を求めて地の果てを目指したのも、よく理解できることである。

一五一九年にメキシコを征服したエルナン・コルテス（一四八五―一五四七）といえば、行く先々でインディオの村々を焼き払い、掠奪と殺戮の限りを尽くして、メキシコの町とその周辺を全滅させた、強欲残忍なコンキスタドールの代名詞的存在として悪名高い。そのコルテスに従ったコンキスタドールの

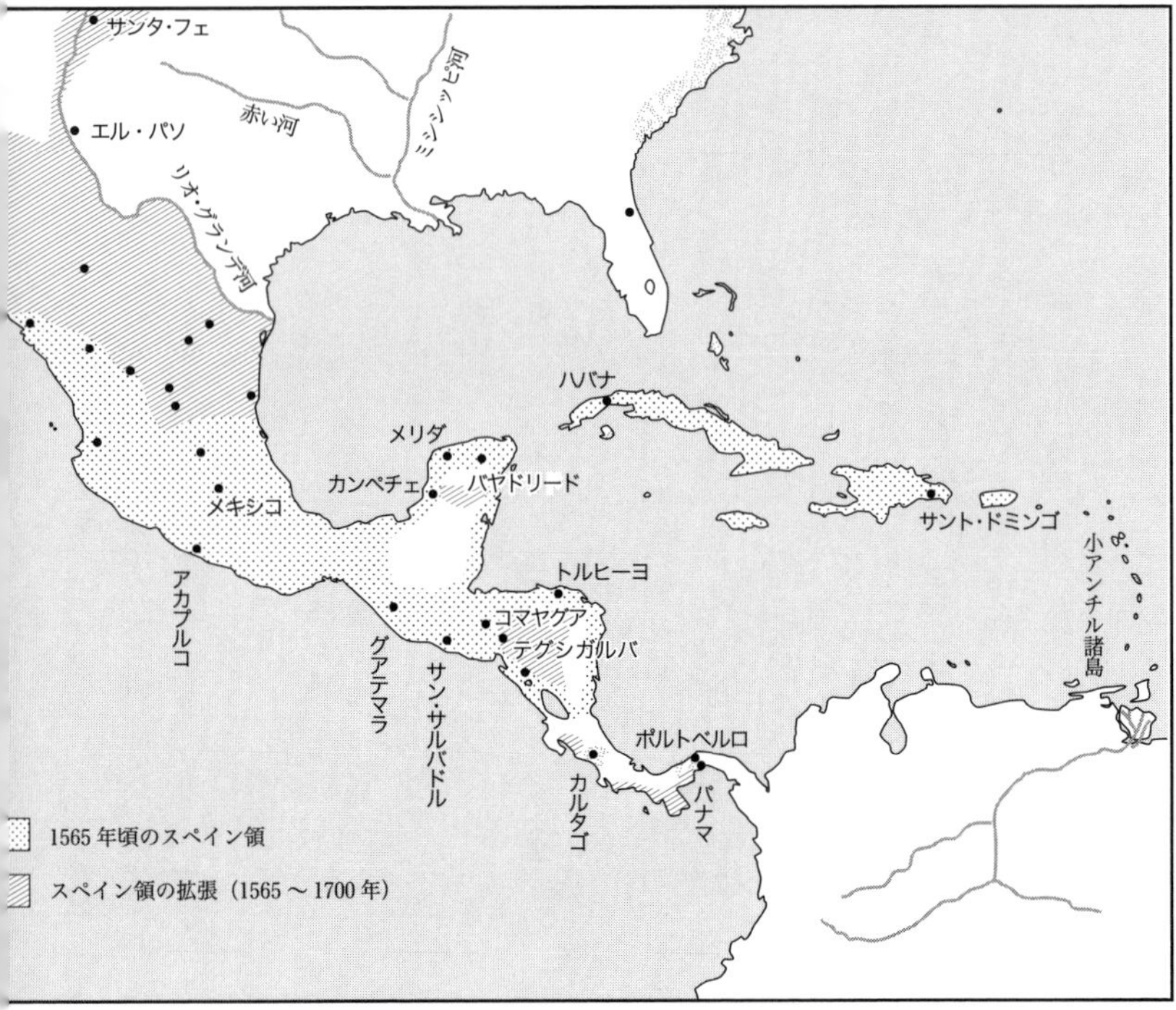

図 20　カリブ海とメキシコの征服

中には、隠れユダヤ教徒が混じっていた。まず、この点から筆を進めよう（図20を参照）。

エルナン・アロンソがその一人で、上官に無断でメキシコ征服に出掛けたコルテスを抑えるために派遣されたナルバエス公（一四七八―一五二八）の遠征隊に加わったのだが、ナルバエス軍が敗れるとコルテス軍に参加し、コルテスを助けた功績によって、土地とエンコミエンダを与えられた（つまり、一定数のインディオを割り当てられ、そのキリスト教化を委託されるが、その代償としてインディオを使役することを許可された）。このアロンソはインディオを奴隷として売買する奴隷商人であると同時に、メキシコ・シティの北一〇〇キロメートルの近辺に与えられた土地を活用して牛や羊を飼育し、輸入肉に依存しない植民地の自立に貢献した人物でもある。

一五二八年十月のアウト・デ・フェで、コルテス軍時代の戦友モラレスとともに隠れユダヤ教徒として火刑を宣告されたという記録が残っている。たらいの中に立たせた幼児の頭からワインを注ぎ、身体を伝わって性器から滴り落ちるところをコップに受けて、それを飲み干しながらまわりを踊り歌って、キリスト教の洗礼式を愚弄したのだという)。グリーンリーフの研究によれば、彼が火刑に処せられたのは、ユダヤ教に精通した、筋金入りのユダヤ教徒であったからではなく、コルテスとの緊密な政治的結びつきが嫌われたからではないかという。(70) ドミニコ会士の異端審問官たちは、コルテスの政治と経済にわたる独占的な支配を嫌って、これに歯止めをかけようとした結果であるらしい。

隠れユダヤ教徒の告発が政治的に利用された一証拠として、同じアウト・デ・フェで火刑を免れ、教会と和解したディエゴ・デ・オカーニャの例を挙げておこう。この男はセビーリャに生まれ、サント・ドミンゴ（現ドミニカ）に渡り、そこからメキシコに流れてきたマラーノである。おりしも進行中の権力闘争で反コルテス派として動いたらしく、コルテスの植民地行政の強欲ぶりや不正を告発する手紙をセビーリャの本部に送りつけたという事実が確認できる。

その後このようなマラーノが増えたために、一五七一年と一五七二年に相次いでリマとメキシコ・シティに、一六一〇年にはカルタヘーナに異端審問所が設置された。スペインがポルトガルを併合した一五八〇年以降になると、ポルトガル系新キリスト教徒やマラーノがスペインに逆流して、マドリード、セビーリャ、マラガなどに住み着き、急速にスペインの羊毛貿易を手がけるようになるが、彼らはアメリカ植民地にも流れ込んだ(71)。ある者は、スペインに二十年以上居住すれば市民権を取得できるポルトガル人としての特権を利用し、ある者はスペインが多くのポルトガル船舶を雇うために発行した短期の免許を利用した(72)。お定まりの賄賂は言わずもがな、偽造証明書、密航などの非合法手段によって出国する者さえ後を絶たなかった。

一五九六年十二月七日か八日、メキシコ・シティで行われた大がかりなアウト・デ・フェは、ユダヤ人がいかにアメリカ大陸の植民の尖兵になったか、異端審問がいかに政治的効用を持っていたか、それを垣間見させてくれるので、取り上げないわけにはいかない。この日、隠れユダヤ教徒として有罪を宣告されたものは全部で四五名、その半数近くがカルバハル一族であった（この一五九六年十二月から翌年二月にかけて地球の裏側に眼をやると、長崎でフランシスコ会士をはじめとする二六人のキリシタンが磔刑に処せられ、日本のキリシタンは殉教するか、棄教するか、潜伏して隠れキリシタンになるか、苦渋の選択を迫られる冬の時代を迎えつつあった）。

コンキスタドール・カルバハル一統のユダヤ教信仰

一族の長であるルイス・デ・カルバハル（一五三九―一五九一）は、すでに五年前に獄死していたが、新レオン王国（タンピコから北へ二〇〇レグア、西へ二〇〇レグアまでの地域）の総督という要職にあった。このカルバハル、実はポルトガル出身の新キリスト教徒で、長らく奴隷貿易に携わったあとアメリカに渡り、スペインの財宝船団を襲撃するイングランドの私掠船《プライヴァティア》（戦時に敵船拿捕の免許を与えられた民間の武装船。海賊との区別は不明確）を退治したり、インディオの叛乱を鎮圧したりしてコンキス

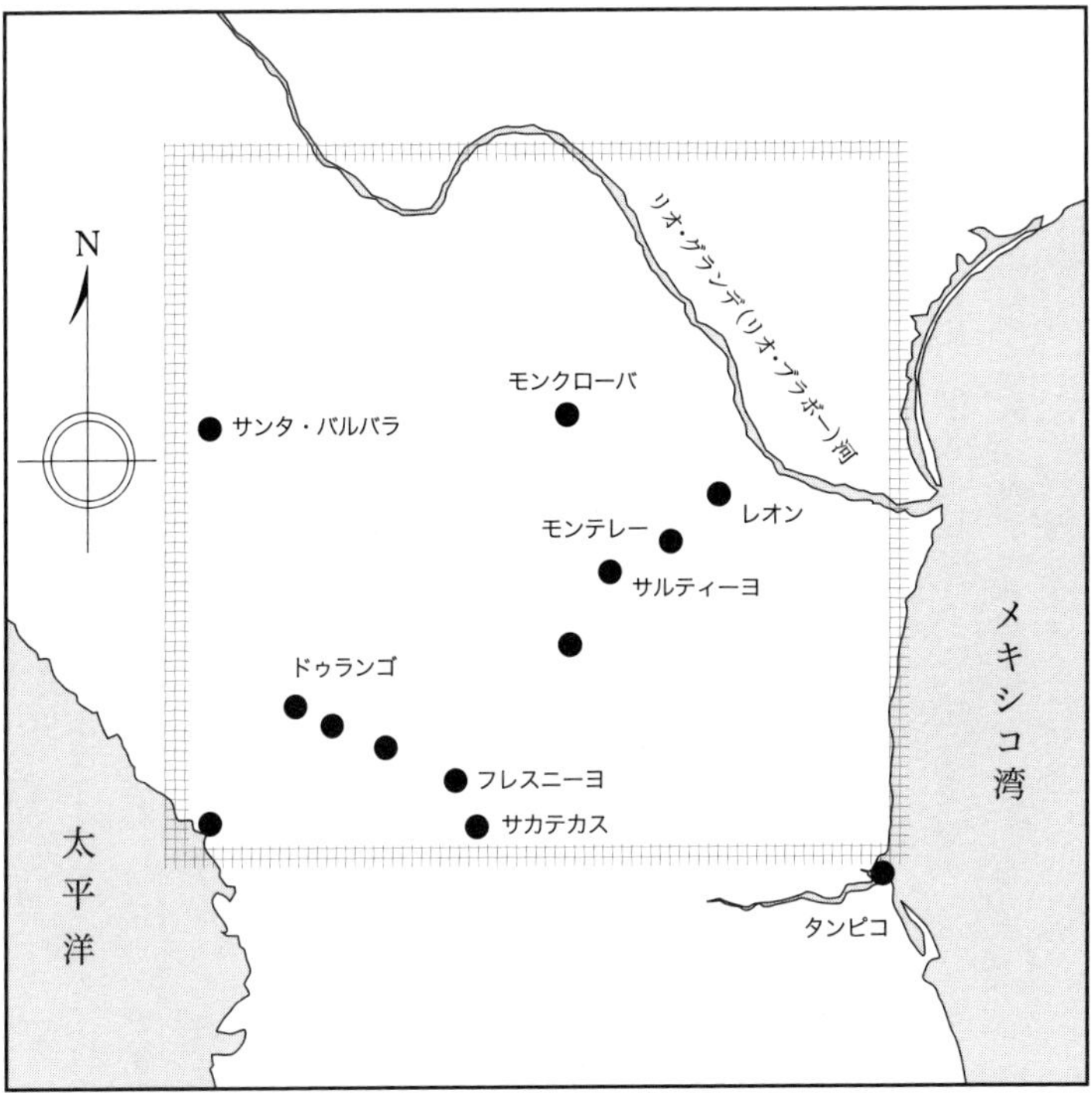

図21　新キリスト教徒カルバハル総督の入植したメキシコ北部

タドールとしての実績を上げた。それを認めたフェリペ二世（フェルナンドとイサベルの曾孫。一五二七―一五九八）は、一五七九年に「八年以内にインディオの叛乱を沈静化し、彼らをキリスト教に改宗させること」を条件に、「カルバハルを新レオン王国の総督に任命し、その死後は息子か後継者にその地位を与える」という特許状を出し[73]、その二週間後にスペイン官憲に次のような通達を出した（図21を参照）。

(1)　カルバハルが一〇〇名の植民者を連れて新レオン王国に植民することを許可すること。六〇名は既婚の農民家族とし、残り四〇名はインディオの叛乱を鎮めるための兵士や職人とすること。
(2) 一〇〇名の植民者に関しては、いかなる情報も求めてはならない(74)。
この通達で思わず目を見張るのは、(2)の文言である。なぜなら、四代続いたキリスト教徒の家系の者にしか植民を許可しない「リンピエサ・デ・サングレ」の慣例を破って、「植民者の身分を不問に付すべし」という、驚くべき指示だったからだ。いったいなぜフェリペは従来の慣例を適用しなかったのだろうか。こういう気にかかる疑問が脳裏をかすめるが、さしあたりこれにはかかずらわず、このまま筆を進めることにしよう。とにかく、この一通の通達によって、カルバハルはスペイン、ポルトガルから自由に植民者を集め、一五八〇年にメキシコ北部に向けて出帆することができたのである。その多くが、妹の一族をはじめ、秘密の信仰がばれても総督の威光の下に身の安全を図れると期待したマラーノであった。

ありていに言えば、総督の母その人が隠れユダヤ教徒として生き通した女丈夫であった。それなのに、息子に秘密を打ち明ける機会に恵まれないまま、息子は手元を離れてゆき、熱心なカトリック教徒に育ってしまった。総督自身は母の秘密の信仰を知らなかっただけでなく、実の妹の嫁ぎ先であるロドリゲス・デ・マトス一家の秘密さえ知らなかった（ドミニコ会士への道を歩んだ妹の長男ガスパールも、一家の秘密の信仰を知らないまま一五八九年まで過ごした）。その事実をはっきりと知ったのは、ヨーロッパに残してきた妻の訃報に接して喪に服していたときである。驚いたことに、総督の妻も奴隷商人を父に持つリスボン出身の隠れユダヤ教徒で、親しかった姪のイサベルに、「夫をユダヤ教徒にしてほしい」という遺志を託していたのだ――

「伯父さま、霊魂のすこやかなることを心配なさってはいかがでしょう」

「いや、しておるさ」

「さようでございましょうか。伯父さまがご賢明ならば、どうしてモーセの律法ではなく、キリストの法という悪の道を歩んでいらっしゃるのでしょう。……現在の信仰のまま他界なさいますなら、地獄にまっさかさまですわ」

「しかし、わしはキリストさまについて行きたいのだ」

「唯一人の全能の神を信じなさいませ。キリストや聖母など、ありもしない絵空事です(75)」


キリストを否定する言葉に目をむき、いたく傷ついた総督は、われを忘れて姪を殴りとばしたが、さらに手痛い一撃が待ち受けていようとは、思いもよらなかったろう。子のいない自分の後継者に指名していた同名の甥ルイス・デ・カルバハル（一五六四―一五九六）までが、隠れユダヤ教徒であることを知らされたのだ。二代目総督になるはずだったこの若者は、ドミニコ会士になったガスパールの弟で、イエズス会の学校にも通っていたが、ユダヤ教徒なら成人式バル・ミツヴァを受ける一三歳を迎えたときに、一家の秘密の信仰を告げられた。それからというもの熱心な隠れユダヤ教徒となり、レビ記を読むうちに割礼が神の命令であることを知るや、敢然と自らの性器に割礼をほどこすまでになった(76)。

これらの事実は、総督の身辺をかぎまわっていた異端審問所の知るところとなり、一五九〇年二月、カルバハル一族はことごとく有罪の判決を受けた。総督ルイス・デ・カルバハルは、ユダヤ人をかくまったかどで総督の身分を剝奪されたうえに、六年間の追放処分、実の妹の夫フランシスコ・ロドリゲス・デ・マトスは、すでに死亡していたので人形を焼かれ、ロドリゲス夫人、ルイス、イサベルたちは、改悛の情ありと認められて教会と和解し、教会の訓戒・規律を受け入れた。

事実確認と事件の分析

ところが、事件はこれで落着せず、第二幕目が待ち構えていた。小ルイス・デ・カルバハルを中心に、一家はふたたびユダヤ教信仰に戻り、一五九六年十二月のアウト・デ・フェで火刑の判決を言い渡される日まで、ユダヤ教の信仰を追い求め、いや、広めようとさえしたのである。こうして火刑台に上ったルイス、イサベル、ロドリゲス夫人らはぐれんの炎に焼きつくされて一握の灰と化したが、ドミニコ会士の長兄ガスパールは再逮捕を免れ、二人の弟たちは姿をくらませてヨーロッパに逃げおおせた。この逃走の手助けをしたのは、アフリカからアメリカへ奴隷を運んでいた奴隷商人・船長である。この男もまた隠れユダヤ教徒であった(77)（スペインがポルトガルを併合した一五八〇年からおよそ六十年の間、スペイン領アメリカの奴隷貿易を支配したのは、ポルトガルの奴隷商人、船主、大商人であったことを付記しておこう）。

摘発・処刑の対象になったのは、カルバハル一族だけではない。マヌエル・ディアス以下四名の者が同じく火刑に処せられているが、なかでも眼を奪うのは、教会と和解したディエゴ・ディエス・ニエトの人を食った遍歴である。オスマン帝国の捕虜となったユダヤ人の身代金を集めると称して、ローマ教皇から募金をつのる認可を受け、募金活動をしながら集めた金を流用して、ローマ、バルセローナ、マドリード、ポルトガルと渡り歩き、一五九四年にメキシコにたどり着いたという、したたか者であった。このほかに、兵士としてアメリカに来たあと、交易商に転身していたディエゴ・エンリケも教会と和解した。

これ以上の詳細は割愛しなくてはならないが、多筆だったルイスの言葉をもって締め括りとしよう――「スペインとポルトガルの君主は不当にもユダヤ教徒を異端者と呼んで、聖なる律法に忠実な者を迫害した。ユダヤ教の実践は異端ではない。それはわれらの主である神の意思を実現するものだ(78)」。しかし、異端審問官は平然と言い返したことだろう、ユダヤ教からキリスト教に改宗しながらユダヤ教を実践しているから「異端者」なのだ、そのような「異端者」として裁いたにすぎない、と。

さて、この事件の要点を三項目にまとめてみよう。

最初に、いったいなぜ国王フェリペは、植民者の身分を不問に付してまでカルバハルに植民を委ねたかという宿題から見てゆくと、これは見かけほどの難問ではない。内にインフレ、外にイングランドとオランダという新興のプロテスタント国家に悩まされていたスペインにとって、有能なコンキスタドールであるカルバハルは、それだけの利用価値があったということだ。それに、有能なコンキスタドールに私企業的な植民地経営をまかせ、それが成功すると、あれこれと難癖をつけて彼らを追放し、植民地を中央集権化するという手口こそ、スペイン王権の常套手段であったことも言い添えておこう(79)。カルバハルの場合、頑強な抵抗を続けるインディオを、入植後八年以内で鎮圧してくれたうえに、一族の隠れユダヤ教徒化という、格好の追放の理由さえ提供してくれたのである、フェリペはしてやったりと、ほくそ笑んだことだろう。

第二に指摘したいことは、カルバハルの植民地は鉱山経営こそ多少の成功を見たものの、インディオの村々を襲撃して彼らを奴隷として売りさばく以外に、見るべき経済基盤を持たなかったということ。つまり、構造的にインディオの絶滅を引き起こさずにはいない植民地だったのである。

第三は、コルテスと親しかったコンキスタドールのベルナル・ディアスが、「暗黒の中にいる者どもに光をもたらすため、また万人が欲しがる富を求めて、神と国王に仕えた人々の名は……金文字で刻まれてしかるべきである」と書いたように（『メキシコ征服の真の歴史』一五六八）[80]、隠れユダヤ教徒も旧キリスト教徒も、「暗黒の地に文明の光をもたらす」という使命感あるいは美名の下に、インディオたちの郷土防衛のための激しい抵抗を一致協力して「沈静化・制圧」したこと、共にスペイン、ポルトガルの文化・習慣を持ち込んだこと[81]、この二つは厳とした事実として人々の記憶に刻まれてしかるべきである。要するに、ヨーロッパの内なる異人・隠れユダヤ教徒も、「内なる」がゆえにヨーロッパ的意識をそなえたヨーロッパ人として、「ヨーロッパの外」に対処したのである。

リマのマラーノ

メキシコと並んでスペインの植民地の双璧をなすペルーは、海抜四〇〇〇メートルにあるポトシ銀山（現ボリヴィア）がインディオ奴隷の命を食い潰しながら大量の銀を産出したので、あまたのスペイン人とポルトガル人を惹きつけてやまなかった。一六三〇年当時ペルー全土に住んでいたポルトガル系マラーノの数は、六〇〇〇人とも三〇〇〇人とも言われている[82]。リマ異端審問所の記録文書が「ポルトガル人を商売仲間に持たないスペイン人は、成功の見込みが限られている」と言うほど[83]、ポルトガル系マラーノが勢力を張っていたことは確かである（当時のリマで「ポルトガル人」といえば、ポルトガル系マラーノを指していたらしい）。

南米マラーノのヨーロッパと違う文化的差異として面白い点は、割礼を受けた者がかなりいたことである。性的な関係を持った女性に密告されて、あたら命を落としたマラーノだとか、インディオ女性からうつされた性病によって変形した一物に、外科手術を施してもらっただけと強弁したマラーノだとかが、異端審問記録に登場する。南米が地の果てであるがゆえに、キリスト教徒は隣人の素性をあまり気にかけず、そしてそれをいいことに、マラーノは恐れることなく割礼を受けたものと見える。

異端審問記録の中でひときわ目立つのは、一六三九年一月にリマで行われたアウト・デ・フェに関するものである。六三名が「ユダヤ教徒化した」という理由で有罪を宣告され、一一名が火刑台にのぼり、一人が獄中自殺をして人形を焼かれるという大規模なものであったが、このうちスペイン系はわずか六名にすぎず、残る五七名はポルトガル系で、しかも四〇数名が商人や実業家であった。[84] これらの有力なポルトガル・マラーノが排除されたために、リマの信用取引網はずたずたに寸断されて、ペルー経済は混乱状態となり、大手の銀行の所有者だったスペイン人が破産するという余波さえあったという。

特筆すべきは、火刑に処せられたマノエル・バウティスタ・ペレスというマラーノである。二つの銀山と二つの広大なプランテーションを所有し、大規模なアフリカ人奴隷貿易さえ手がける、リマで屈指の大実業家であり、敷地内に秘密シナゴーグを持っていた。リマはセルバンテス（一五四七―一六一六）から「スペインのならず者の隠れ家」と呼ばれたように、前科者の巣窟であり、ペルーを征服したアルマグロもカスティーリャから逃亡した前科者であったが、新キリスト教徒やマラーノの多くは、経済力

と影響力のある商人たちで、アフリカ人奴隷をはじめ、ありとあらゆる商品の売買の専門家であった。(85)

このように、ポルトガル系マラーノの進出には目を見張るものがあるが、実は、この一六三九年の異端者摘発事件は、多くの有力スペイン人商人が絡んだ、政治色の強い事件であった。彼らはポルトガル系マラーノの支配する経済体制をひっくり返して利益を独占しようとし、独占的、国粋主義的な組織をつくっただけでなく、異端審問組織の中で無給・名誉職的な地位の最上段に位置する「捕吏」として、証言集めから容疑者逮捕に至るまで、異端審問に直接的、積極的に関わっていたのだ。一六二八年から一六三七年までの間に、少なくとも一五人の有力商人たちが、「捕吏」に任命されていたという事実が明らかになっている。その中には、有力商人のペドロ・ロドリゲス・デ・メンドーサの名が見える。彼は一六二四年に国王に融資をするほどの大商人であったが、一六三〇年に四〇万ペソを超える負債をかかえて破産した。彼が捕吏の地位に任命されたのは、破産した二年後である。(86)この一事を見ても、スペイン商人たちの復讐心が透けて見えそうだが、事実、最初に告発の火蓋を切ったのは、一スペイン商人であった。以上を要するに、一六三九年事件は「大陰謀事件」と呼ばれたが、陰謀をたくらんだのはマラーノではなく、むしろ独占的な組織をつくったスペイン商人だったと評すべきだろう。このような大規模なアウト・デ・フェは、半世紀後の一六九三年まで見られない。

教皇勅書が引いた境界線

さて、四回にわたるコロンの航海と探検は、実質的な利益という点から見れば、不安定な植民地の足場を築いただけであって、その後に続いたメキシコ、ペルー、パナマ、コロンビアの征服と植民こそが、スペイン帝国の黄金時代を築いた事業であった。それでもやはり、第一回航海に対するローマ教皇の反応は、ヨーロッパ膨張史に欠かせない一齣として見ておく必要がある。インディアス発見の知らせは、コロンがバルセローナに到着する一週間前の一四九三年四月十一日に、リスボン経由でローマの教皇の耳にも届いていた。

時の教皇は、俗臭ふんぷんとした坊主を絵に描いたような、金で教皇の座を射止めたアレクサンデル六世（在位一四九二―一五〇三）である。いや、ロドリーゴ・ボルジア（ボルハ）という本名を明かした方が、一般の耳に入りやすいかもしれない。イタリアがヴェネツィア、ボローニャ、ミラノ、フィレンツェ、教皇領、ナポリなど国家間の抗争に明け暮れていたこの時代の政治の桧舞台に躍り出し、統一の野望と陰謀、戦争と暗殺、冷酷と情欲のつむじ風と化して駆け抜けた、あのチェーザレ・ボルジア（一四七五頃―一五〇七）を、愛妾に産ませたスペイン人である。

この教皇は五月三日付から九月二十五日付まで、新領土についてそれぞれ内容の異なる勅書を四通出しているが、スペインの海外領土の範囲を明確に線引きした点で、五月四日付の「とりわけて」という勅書が重要である。すなわち、「聖ペトロを通じて全能の神から与えられた権威と、キリストの代理人としての権威により……一般にアゾレス諸島ならびにカーボ・ヴェルデ諸島として知られる島々から西へ一〇〇レグアの地点を通る子午線（経線）を境界線として、それより西側と南側」をスペインの領分とし、「そこに発見された、あるいはこれから発見される、あらゆる島々と大陸を……永久に……フェルナンド、イサベルとその後継者たちに与える」と宣言し、「通商その他いかなる目的にせよ」同地に触手を伸ばそうとする王侯たちに「破門」の脅しをかけたのである。教皇はまたコロンを「わが愛する息子……すぐれた人格者、まことに天晴れな人物」と褒めたたえ、島々に住む「住民」のカトリック教徒化を期待するとの希望も表明していた。(87)

これより十年以上前に出されたシクストゥス四世の教皇勅書(一四八一)は、カナリア諸島をスペインの領分、それ以南をポルトガルの領分としていたし、アレクサンデル自身もこの勅書の一日前付の同名の勅書では、ポルトガルにアフリカやギニアの領有権を与えたことを明記していたのに、この新しい勅書はその部分を削除し、ポルトガルの権利については一切触れていない。さらに第四の勅書では、これまでの教皇たちが与えてきた特権をすべて無効と宣言し、「インドの西、あるいは南、あるいは東の領域であろうと」、そこに発見された島と大陸をすべてスペインの領分とすると、宣言する始末であった。(88)

事の成り行きに業を煮やしたポルトガル側は、教皇を無視する作戦に出たらしく、ジョアン二世(在位一四八一―一四九五)がスペインと直談判した結果、一四九四年にトルデシーリャス条約が成立し、両国はカーボ・ヴェルデ諸島から西へ三七〇レグア(約二〇五五キロメートル)の地点の経線を境界線と定め、互いに縄張り内の通行権を認め合うことになった。一八八四年に定まったグリニッジを零度とする現在の計算では、この経線は西経四六度何分かに相当し、このためにポルトガルは、六年後に偶然発見するブラジルに対する権利を確保したことになる*(図22参照)。

* 教皇勅書を読んでも、トルデシーリャス条約を読んでも、この境界線が地球の裏側まで地球を真っ二つに割っているとは書かれていない。しかし、ポルトガルが一五一二年に香料の宝庫であるモルッカ諸島を発見してからは、境界線を東半球にまで伸ばせば、モルッカはひょっとするとスペイン領に入るのではな

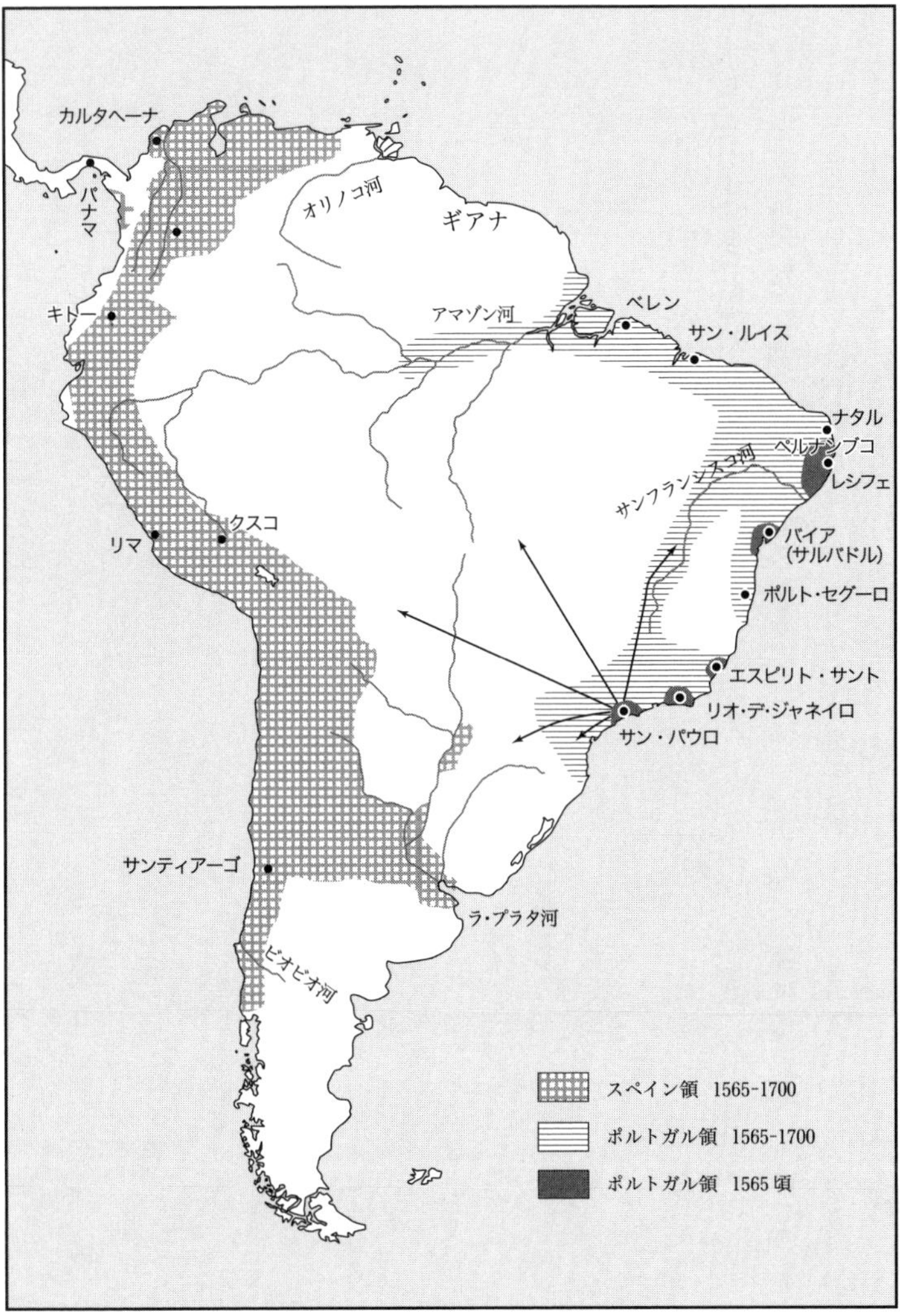

図22 スペインとポルトガルの南米植民

いかと、スペイン人は考え始めた。スペイン王家に仕えていたポルトガル人マガリャンイス（マゼラン、一四八〇頃―一五二一）は、インドからモルッカが遠いことを熟知していたから、西回りなら早く到達できると考え、スペイン船団を率いて太平洋を横断し、一五二一年十一月にモルッカに到達した。これが両国の紛争に火をつけたが、当時の経度測定法が未熟だったことや、世界地理が不明だったことも紛争の一因である。トルデシーリャス条約の境界線西経四六度は東半球では東経一三四度となり、岡山あたりを通るので、江戸はスペイン領、長崎はポルトガル領となって日本は分断される格好であるが、マガリャンイスの船団がそのことを知る由もなく、一行の一人はミクロネシア付近を航行していたとき、遠く日本の島影を見たなどと記録している[89]。このスペインとポルトガルの競争は、一五二六年にカルロス一世（フェルナンドとイサベルの孫。一五〇〇―一五五八）がポルトガルの姫君を娶ったこともあって、平和解決の機運が高まり、両国はサラゴーサ条約（一五二九）を結んだ。スペインは三五万ダカットを受け取ってモルッカ諸島を手放し、モルッカから東へ二九七・五レグア（一七度）の経線を境界線と定めたのである[90]。当時、この境界線はマガリャンイスが発見したラス・ベラス諸島（現在の北マリアナ諸島）を通ると信じられていた。

ポルトガルの海外膨張とユダヤ人

近代最初の世界帝国を形成したのはスペインではなく、一四二〇年代に大西洋上のアゾレス諸島、カーボ・ヴェルデ諸島に入植したあと、アフリカ海岸部を侵食し、ペルシャ湾岸上の東方貿易の中心地ホルムズ（一五〇七、一五一五）を奪取し、ゴア（一五一〇）、マラッカ（一五一一）、コロンボ（一五一八）を征服していったポルトガルである。アメリカ大陸に進出したスペインが植民に力を入れたのに対して、アジアに進出したポルトガルは、植民より交易のための拠点・砦を作ることに専心した。ポルトガルの進出は、ヴァスコ・ダ・ガマが喜望峰回りでインド航路を発見した一四九八年に始まるが、その舞台裏をのぞくと、ユダヤ人の影が見え隠れしている。ガマは出発に先立って、ポルトガルの宮廷天文学者になっていたユダヤ人サクートの助言を受けたし、インド到達後はカリカット（現ケララ州コジコーデ）以東の水先案内人と通訳を兼ねる、得がたい人物にめぐり合ってもいる。この人物は、ポーランドで発生したポグロムを嫌ってアレクサンドリアに逃れたユダヤ人夫婦の間に生まれ、一四六〇年代か一四七〇年代かにインドへ移動し、ゴアのイスラム支配者に仕えていたユダヤ人で、ガマの手により強引に改宗させられたガスパール・ダ・ガマである。(91)

無名の乗組員が残した『ドン・ヴァスコ・ダ・ガマのインド航海記』に、「ヴェネツィア語の上手な男」、「われわれの言葉を解する男」と記されている人物が、このガスパールだろうと考えられる。この航海記が「この男から聞いた確かな情報」として、「カリカットの南方にある王国の名前とその産物」について詳述しているように、カリカットよりも東のコーチンが豊かであることを教えたのは、ガスパールである。(92)事実、「この男が来なかったなら、発見地についてこれほどまでに詳細に、かつ深く知るためには、長年月を要したことであろう」(93)と、マノエル王その人が述懐したほど、アジアに対するポルトガルの野望と欲望を刺激したのだった。

周知のように、アラビア半島、インド、東インド諸島、東アジアに進出して交易拠点を築いたポルトガルの商人が、東端の日本に漂着したのは一五四三年、一大拠点であるマカオを建設したのは一五五七年である。同時代のポルトガル異端審問が記録している新キリスト教徒の証言を信じるなら、十六世紀末から十七世紀初頭に海外貿易に携わったリスボンの大商人の多くは、隠れユダヤ教徒であり、ロドリゲス家のような誠実なカトリック教徒は少数派に属し、ゴアやコーチンで羽振りを利かしていたポルトガル商人もやはりマラーノであった[94]。一五六〇年、ポルトガルはゴアに異端審問所を設置、そのためにマラーノは身の安全と信仰を守るためにやがてオランダやイングランド支配下の町々に移動して行く。十七世紀に入ってからの顕著な現象は、英国東インド会社支配下のボンベイ（ムンバイ）への移動である[95]。

一方、ポルトガルがアメリカ大陸に獲得した植民地は、一五〇〇年にペドロ・カブラル（一四六七頃—一五二〇）が喜望峰回りでインドへ向かう途中、喜望峰に向かってほぼ真東に吹く西風に乗ろうとして南西の方向に進んでいたときに、たまたま発見したブラジルである[96]。この発見に狂喜したマノエル王は、スペインのフェルナンドとイサベルに書簡を送り、新たに発見した陸地にサンタ・クルス（聖十字架）と命名したと伝えている。このときも、先述のガスパール・ダ・ガマが水先案内として乗り組んでいた。彼が誠実なカトリック教徒だったのか、それとも隠れユダヤ教徒だったのか、是非知りたいものだが、残念ながら、これに触れた史料は残されていない。

一五三〇年頃までのポルトガル王家は、一五一〇年に占拠した「黄金のゴア」を能率的に搾取することに忙しくて、ブラジルには目もくれず、新キリスト教徒やフィレンツェの商人たちに、ブラジル原産のブラジル木（赤色染料の材料）や奴隷売買の独占権を貸与するだけで満足していた。これは、スペイン領アメリカと違って、金、銀、宝石などを発見できなかったためや、定住インディオの大群にも出会わなかったためだと考えられている。[97] しかしそれでもなお、新キリスト教徒がブラジルを植民地化する尖兵の役を担ったという事実は、厳として存在する。その証拠に、新キリスト教徒に三年間の独占権を与えた一五〇二年の公文書中の、「毎年六隻の船を派遣し、毎年三〇〇レグア前進して、砦を設けること」という植民の義務を挙げておけば足りるだろう。[98]

この「前進」の条件を履行した初期の植民者たちが、シチリアかマデイラからペルナンブコに移植したサトウキビがすくすくと育ち、砂糖産業が大きな利益を上げるようになると、植民もようやく本格化してくる。砂糖産業は一五三〇年代から、植民活動は一五四〇年代後半から本格化し、ブラジルの砂糖がヨーロッパ市場に参入するのは一五五〇年以降である。一五七〇年頃にバイア（サルバドル）におよそ一〇〇〇人から一一〇〇人、ペルナンブコに一〇〇〇人、リオ・デ・ジャネイロに一四〇人から四〇〇人規模の植民地が成立していたものと推定されている。[99] 植民地総督府がバイアに置かれたのもこの頃である。

初期の新キリスト教徒の植民者の中にはマラーノが混じっていた。ポルトガルは隠れユダヤ教徒の烙印を押したマラーノを、一五三五年に他の犯罪者と一緒にブラジルに島流ししたからである。その多くは地方出身者であったために、ブラジルの風土によく適応して農業に従事したという。ブラジルを築いたのは、アフリカ人奴隷とマラーノであると言っても決して過言ではない。[100]

スペインがポルトガルを併合した一五八〇年以後に、スペイン領南アメリカに活路を求めたユダヤ人やマラーノが増えたことはよく知られているが、ポルトガル領ブラジルでも同じような流入傾向が見られた。[101] それにつれて、異端審問も活動を開始した。といっても、ブラジルには異端審問所は設置されず、バイアの司教の指導の下にイエズス会士が審問を担当し、被疑者は遠路はるばるリスボンまで送られて裁かれた。一五九一年六月には「巡察師《パーデレ・ヴィジタドール》」の職命を帯びたメンドーサが訪れ、隠れユダヤ教徒、ルター派、同性愛者、反カトリック的な人物たちを密告するよう入植者に呼びかけ、そのかいあってか、サルバドル近郊の砂糖生産地帯に秘密シナゴーグが発見されている。[102] このメンドーサのブラジル巡察は、『日本巡察記』（原題「日本事情要録」）で知られるイエズス会士アレッサンドロ・ヴァリニャーノ（一五三九―一六〇六）が、第二回目の日本巡察に訪れた時期（一五九〇―一五九二）と重なっている。ヴァリニャーノは、ようやく豊臣秀吉（一五三六―一五九八）に謁見を許されたものの、宣教師追放令（一五八七）を撤回させるまでに至らず、いよいよ日本のキリスト教信仰は暗い潜伏の時代を迎えつつあった。

第四章　神の敵か女王の友か

——スペイン、イングランドの覇権争いとロペス処刑事件

ロペスは狂気の沙汰だが、アントニオに危害を加えてでも一儲けしたいという一心あるのみで、女王に対する叛逆の計画など、これっぽっちもない。

ウィリアム・セシル書簡

処女女王陛下のイングランド

スペイン異端審問が植民地メキシコやリマに審問所を設置してマラーノを火あぶりに処し、豊臣秀吉が二六名のキリシタンを磔刑に処していた当時のイングランドは、エリザベス女王陛下（一五三三―一六〇三）の時代である。

男子の世継ぎが欲しくてならないヘンリー八世が、フランスの宮廷仕込みの、あだっぽい女官アン・ブリンと結婚するために、アラゴンのキャサリン（フェルナンドとイサベルの娘カタリーナ。一四八五―一五三六）を離縁し、ローマ・カトリック教会から離脱した末に生まれた娘、それがエリザベスであった。アンは一五三三年に晴れて王妃となり、エリザベスを出産したが、男の児に恵まれず、あわれ三年後に大逆罪と不義密通の罪を着て処刑され、その二日前にカンタベリー大主教が、アンとヘンリーの結婚の無効を宣言した。結婚はもともとなかったものとされたのである。そのためにエリザベスは私生児となり、父から王位継承権を認められたのは、一五四四年である。

エリザベスが王位を継承したのは一五五八年、かつて自分を亡き者にしようとした姉の「流血のメアリ」（在位一五五三―一五五八）が四二歳で病没するという強運にも恵まれて、チューダー家の跡目を継いだ。当時のイングランドは、対抗宗教改革の圧力と、ハプスブルク家のスペイン、ヴァロア家のフランスという強大なカトリック王国の圧力とにさらされ、叛乱の絶えない、政情不安定な二級国であり、しかもエリザベスは、イングランド教会を再びカトリック教会から離脱させたため、一五七〇年教皇ピウス五世（在位一五六六―一五七二）から、「イングランド女王を僭称する異端者」として破門されて、カトリック暗殺者に命をつけ狙われる身となった。

このような変転きわまりない人生を経験したのは、下々の者もまた同じで、エリザベスほど国民の希望と期待の中で即位したチューダー家の国王も珍しい。国民は「愛するベス」が「外国人の夫を持たない」ことを希望した。胎違いの姉のメアリを悪しき前例に見立てたからだろう。スペイン王家から輿入れした母キャサリンの信仰を受け継いで、熱心なカトリック教徒だったメアリは、一五五四年にスペインのフェリペ二世（フェルナンドとイサベルの曾孫。ハプスブルク家出身のフェリペ一世の孫）と結婚すると、その翌年の二月から激しい異端狩りを行い、多くのプロテスタントを火刑に処したので、夫の言いなりになって悪名高いスペイン異端審問を持ち込んだとして、広範囲の国民の憎しみを買った（実際は、十四、五世紀に宗教改革の先駆となったロラード派を取り締まったときの法令を強化しただけにすぎない）。

一五五七年にはフランス、スペイン間の抗争に参戦したために、フェリペとハプスブルク家の世界戦略と一体化したとも疑われたが、この参戦もメアリが流産した（あるいは、妊娠はメアリの思い違いであった）とわかると、そそくさと帰国の途についた冷淡な夫フェリペに気に入られたいという女心が引き起こした事件、と見た方が真実に近い[1]。いずれにせよ、この参戦が裏目に出て、イングランドはフランスに残っていた最後の拠点であるカレーを奪回されるという、歴史的な屈辱をなめたのだった。

聡明なエリザベスは、このような国民の意識・願望に敏感だったし、夫に外国君主を選ぼうが臣下を選ぼうが、女性君主が結婚すれば君主でなくなることを見抜いていたから、終生独身を通し、「うるわしい処女よ……自然の奇蹟、輝くような女性らしさ、信心深さと美徳の鑑、世界の驚異、われらの時代の不死鳥」と謳われるようになった[2]。この大げさな賛辞は、一五九〇年のロンドンの教会で行われた説教の中に出てくるものである。三〇数歳も年下のエセックス伯ロバート・デヴェルー（一五六六―一六〇一）が、「国王の権力の前にではなく、あなたの天性の美しさに頭が上がらないことを告白いたします[3]」などと歯の浮くような、宮廷風恋愛の虚構の賛辞を奉り、女王の寵愛をほしいままにしていたのもこの頃である。言うまでもなく、エリザベスは「不死鳥」でもなければ、永遠に若々しい女神でもなく、ましてや美徳の化け物ではなく、結婚制度の外で臣下との恋愛を楽しみながら女盛りをとっくにすぎて、老いへの下り坂を足早にたどりつつあった（図23を参照）。

図 23　聡明そうな 12 歳頃のエリザベス

高利貸シャイロックとシェイクスピアの父

この一五九〇年代のユダヤ人像に眼をやると、中世イングランドの文化を染め上げていた悪魔の片割れ、悪の権化、聖体パンを冒瀆するふらち者といった紋切り型は、ほぼ姿を消していたが、十八世紀の啓蒙主義時代以降に顕著になってくる人種的な特徴を持ったユダヤ人像は、まだはっきりとしたかたちを取ってはいなかった。ユダヤ人は肌が黒いとか、ぎょろ眼だとか、異臭を放つとか、徳利鼻だとか言われることがあったが、[4] ユダヤ人の鼻についての表現や図像が多くなかった時代であり、『ヴェニスの商人』のシャイロックも鉤鼻だとは書かれていない。シャイロック役は早くから模造鼻をつけていたという伝承は、あるにはあるのだけれども。[5]

一方、一二九〇年の追放令以後も変わらなかったのは、少年を十字架につけたとか、神キリストを殺した罰により、洗礼を受けない限り救われることのない罪びとであるとか、悪徳高利貸であるとか、といったユダヤ人像である。だが、ここにも変化の兆しがあった。自らを「ユダヤ人」と呼ぶピューリタンが、好意的なユダヤ人像を描き始めただけでなく、利息についての規定が変わり始めたのである。前者については、本書の姉妹編『ユダヤ人とイギリス帝国』に書いたので、後者に的を絞ると、その端緒を開いたのは、一五七一年の「利息禁止法」である。「あらゆる利息は神の法によって禁止され、罪悪であり、嫌悪すべきである」という中世以来の建前を崩さないながらも、「一〇〇ポンドにつき年一〇ポンド」の利息を公認したのだ。[6] さらにその建前さえもかなぐり捨てた一六二四年以後になると、利息を取ることにいささかの良心の咎めを感じることなく、資本主義精神を発揮する人々が増えてくる。

いや、それ以前から、良心の疼きよりも経済的な疼きを優先していたキリスト教徒がいた。一五七〇年のある日に八〇ポンド、別のある日に一〇〇ポンドという金を貸して、それぞれ二〇ポンドもの高利を請求して訴えられ、一度は二ポンドの罰金を科された人物は、さしずめその一人に数えてよいだろう(7)。その人の名はジョン・シェイクスピア、ストラットフォード界隈で手袋製造販売を生業とし、町の参事などを歴任して土地っ子に多少とも名の通った名士であった。

それから二十数年後、地球座《グローブ》という劇場の座付き作者・株主に納まっていた、ジョンの息子のウィリアム（一五六四―一六一六）は、まるで父親の弁護でもするように、ユダヤ人高利貸シャイロックに講釈させている。

こいつがキリスト教徒だから気に食わんのだ
それにさ。腰の低い単細胞と来てな
金を無利子で貸しつけやがる。おかげで、
ヴェニスじゃあ、こちとらの利率が下落する始末。（『ヴェニスの商人』一幕三場）

金を貸して利殖活動をしない人間は、憎むべき単細胞であるという理屈である。シャイロックが続いて展開する利息弁護論（一幕三場）も、こつこつと金を増やす利殖哲学を説いていて、なかなか説得力がある。これまた親父の弁護みたいに聞こえるが、生活者ウィリアムが後生大事に守った利殖哲学をシャイロックに仮託しただけかもしれない。まだ故郷に隠退しない前の一六〇五年、彼はストラットフォードの薬剤師を相手に訴訟を起こしたことがある。金額にしてわずか二ポンド二シリング（当時のロンドンの労働者の収入が週給七シリングだったとして、六週分）をめぐる争いであるが、ウィリアムが主張した麦芽代二ポンド、貸付金二シリングは、どうやら元金二ポンド、利息二シリング（年利五パーセント）の貸付金であったらしく、それが焦げついてしまったのだ。(8)

シェイクスピアのヴェニス、史的ヴェネツィア

利息論だけではなくて、シャイロックの切る啖呵も聞き捨てならぬものがある——

わしは、な、おまえと売り買いするし、しゃべりもする。一緒に歩きもすれば、ほかのこともする。だがな、断じて一緒に飯は食わんぞ。呑みもせん、祈りもせん。（一幕三場）

おのれの素性をこれほど開けっぴろげに公言するユダヤ人が、当時のロンドンに存在しただろうか、こういう素朴な疑問がつい首をもたげてしまうのは、いかんともしがたい（このセリフは、元来は観客には聞こえない傍白だったと見るべき性質のものである）。このように書くと、場所はロンドンではない、「ヴェニス」じゃないかと、眼をむく向きもあるに違いない。なるほど、舞台設定は確かにヴェネツィアである。しかし、シェイクスピアのヴェネツィアときたら、史的ヴェネツィアを忠実に再現するどころか、架空のヴェネツィアでしかなく、しかもロンドンが透けて見えてしまうヴェネツィアもどきなのだ。

例えば、シャイロックが一幕三場で口にする「直接利子」という言葉に、読者はお気づきであろうか。

一五七一年の利息禁止法が厳禁した年率一〇パーセントを超える利息を金銭だけで受け取るやり方が、「直接利子」である。「直接利子」があるのだから、当然「間接利子」もあり、一〇パーセントの規定は規定として守りながら、神の下から手を出して「贈り物」をせしめる、抜け目のない手が「間接利子」である。この抜け穴は「大いにやばい」と警告した本がロンドンで出版されたのは、一五九四年、上演の二年ほど前のことだ(9)。

また例えば、ヴェネツィアのユダヤ人は、シナゴーグを持つことやユダヤ教を信仰することを許されていたけれども、黄色い帽子を着用し、ゲットー内に限られた隔離生活をしなければならなかった。ゲットーは周囲に高々と壁をめぐらせて、日没から夜明けまでユダヤ人の外出を許さず、違反者には一〇〇リラの罰金(再犯は二〇〇リラ、三犯ならば五〇〇リラの罰金と禁固刑)が待ち受けていた。それなのにシャイロックときたら、ためつすがめつ目をこらせばこらすほど、ゲットー生活をしている風がない。ついでに指摘しておくと、ヴェネツィアがゲットーを設置したのは一五一六年にさかのぼるが、一五五五年にローマ、一五七七年にシエナとフィレンツェが相次いでゲットー制を導入したため、イタリア各地に散らばるユダヤ人の文化に大きな変化が起きた。ゲットー生活はキリスト教徒との接触を遮断するかたわら、ユダヤ人社会の政治的、教育的な自律性を高め、ユダヤ人の知的生活を内向的にし、周辺のキリスト教社会よりも他地域のユダヤ人社会からの知的刺激に敏感にしたと考えられている(10)(図24を参照)。

さらに指摘したいのは、ヴェネツィアが一五八九年にユダヤ人政策を転換したため、十六世紀末のヴェネツィアのゲットーの人口は一五五〇年代のほぼ二倍の二〇〇〇人規模にふくれていたこと、このヴ

エネツィア・ユダヤ人がバルカン半島や黒海への商品の運搬と販売をほぼ一手に引き受けていたことなどである。(11)

ヴェネツィアのユダヤ人金融についても、一言しておこう。ヴェネツィアは、一五五三年、「キリスト教徒が神の法と市民の法に背いて、利息付きの金融を行うことを防ぐという唯一の目的のために、ユダヤ人の居住を許可する」とともに、キリスト教徒の貧乏人救済のために、低利の融資をする銀行の設置をユダヤ人に義務づけていた。(12)信心深そうな、もったいぶった口吻を弄しながら、うまみのない、厄

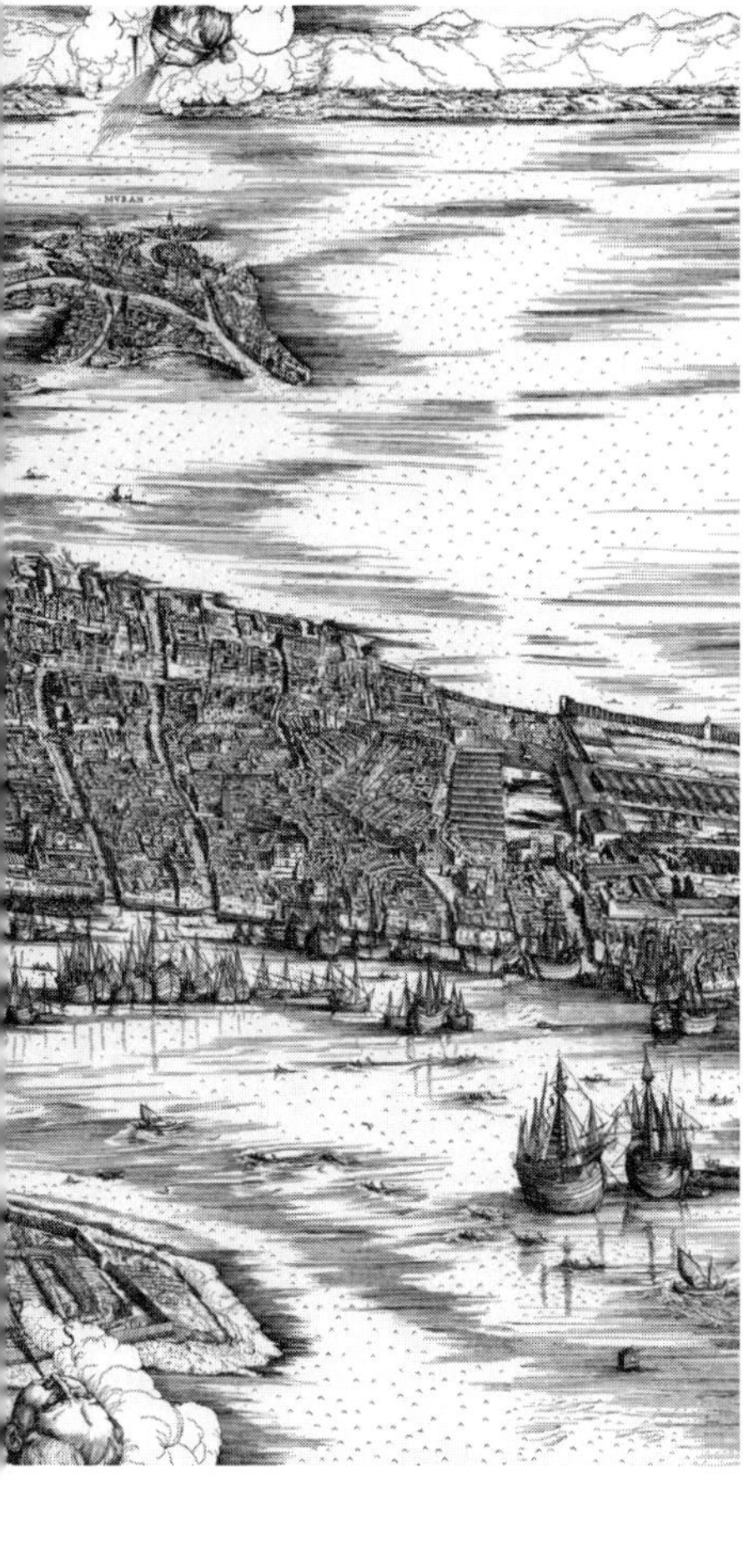

図 24　ヴェネツィアのゲットー
1516 年北西部の鉄鋳造工場の跡地に設置されたゲットー（矢印）．ゲットーという言葉は，鋳造を意味するイタリア語ゲットに由来する．

介な金融業をユダヤ人に押し付けた格好である。ヴェネツィアのユダヤ人の不満の種は、こうして背負い込んだ銀行であって、利息を取らないキリスト教徒の金貸などではなかった。彼らの利息も高利とは言いがたく、シェイクスピアの生きた十六世紀末当時、年利にしてわずか五パーセントだったにすぎず、彼の親父が請求した利息の方がよっぽど高利である。

入り込んでいた見えないユダヤ人

要するに、一二九〇年のエドワード一世のユダヤ人追放令は、クロムウェル政府が入国黙認政策に転じる一六五六年まで生きていたので、エリザベス時代のユダヤ人が身元を大っぴらに明かすことは、禁物だったと考えなければならない。だからユダヤ人やユダヤ人を名乗る者など一人も存在しなかった、と言い切れば、これまた事実に反する。

スペインがユダヤ人追放令を発した翌年の一四九三年に早くも、複数のユダヤ人がロンドンにたどり着いていた確たる証拠がある。ロンドン在住のユダヤ人数名がスペイン商人を相手取って訴訟をしたという記録が、スペインの国家文書に見つかるのだ。(13) ただし、彼らはユダヤ人社会を形成するまでに至らず、数年の間居座っただけらしい。また一四九八年、ヘンリー七世（一四五七―一五〇九）は、アラゴンのキャサリンを嫁に迎える息子アーサーの縁談（フランスを孤立させようとしてスペインが持ちかけた政略結婚）の際に、「イングランドとフランドルには異端審問から逃げ出した異端者が大勢いる」と主張するスペイン使節に答えている、「わが王国に存在するユダヤ人も異端者も正当に罰せずにはおかぬ」と。(14) この頃からマラーノが入り込んでいたことをうかがわせる史料であるが、もっとはっきりとした証拠があるのは、後述するようにヘンリー八世の時代である。

エリザベス時代のユダヤ人としては、一五八九年に港町ブリストルで逮捕されたヨアキム・ガンスの例がある。しかもマラーノではない、れっきとしたユダヤ人であった。不信心者がいると聞き込んだ上地の牧師が、「ユダヤ人が十字架にかけたユダヤ人の王であるナザレのイエスは、神の子だ」と鎌をかけてみると、案の定、「神の子であるものか。全能の神にどうして息子が必要なのだ、神は全能じゃないか」と、キリスト教の弱点をついた反論がはね返ってきた。すかさず逮捕されたガンスは、市長や市のお歴々を前にして開き直り、自分はプラーハで生を享けたユダヤ人であり、キリスト教の洗礼ごときを受けた覚えはないし、キリスト教の信仰箇条の一つたりとも信じてはおらぬ、と大見得を切った。市長らは「われらの救世主イエス・キリストに対して、きわめて冒瀆的な言辞を弄した」として、身柄をロンドンの枢密院に送り、その判断を仰いだが、結果のほどは枢密院の記録のどこにも残されていない。無罪放免だったと考える人もあるが、これほどあからさまにキリストを冒瀆したうえに、確かな証人も揃っているのだ、国外追放されたと見るのが順当である(15)。

注目すべきは、ガンスがシャイロックのような高利貸ではなかったことや、この時代には珍客ともいうべきアシュケナジ系だったことだ。彼はカンバーランドやウェールズの鉱山で働いていた技術者で、イングランドの銅精錬技術の向上に一役買った男であった。当時のイングランドの精錬技術は水準が低く、フランス、ドイツ、オランダなどから、すぐれた技術者をかき集めていた時代である。ガンスはドイツの技術者の一人として入国した模様である。

ガンスと対照的なユダヤ人の例も挙げておこう。プロテスタント殉教者列伝の著者として高名なピューリタン、ジョン・フォックス（一五一六―一五八七）から洗礼を授けられ、一躍して名を馳せたナサニエル・メンダがいる。一五七七年に行われたその洗礼式は、まさに鳴り物入りで、芝居がかったお披露目の観さえあった。ロンドンはシティのオール・ハローズ教会で、多くのロンドン市民が見守るなか、「わたしは以前の風習をやめ、同胞が歩んでいる道から離れる。それと同時に、もう一人のメシアを待ち望むという誤りを捨て、割礼とともに与えられたイェフーダ［ユダ］の名前を捨てる」と宣言した[16]。会堂内に朗々と響き渡ったその言葉は、聞き慣れないスペイン語であった。メンダがスペインを脱出した、誇り高いセファラディの子孫であったことは間違いあるまい。オスマン帝国内の北アフリカから流れてきたらしいが、改宗するまでの五年間は、無名のユダヤ人としてイングランドで生活していた気配である。彼の信仰告白は英訳されて流布したから、猫のような好奇心の持ち主であったシェイクスピアが、これを読まなかったはずはあるまい。

　この種の洗礼式は、ロンドンっ子がめったに眼にすることのないユダヤ人の存在が、ちらりと見える瞬間であった。洗礼を受けるユダヤ人は、ヘンリー八世の時代から文献にちらほらと登場する。病弱な夫に先立たれたあと、義弟のヘンリー八世の最初の妃に納まったアラゴンのキャサリンは、一五三二年、娘のメアリを同道して二人のユダヤ女性の洗礼式に立ち会っている。ゴッドマザーの仕事は、歴代の女王・王妃の重要な公務であったらしい。二人の改宗者はキャサリンとメアリの洗礼名を授けられ、「改宗者の家《ドムス・コンウェルソルム》」に入って、施設内で一生を終えた[17]。洗礼を受けるためにイングランドに入国したのか、それともイングランドで生活するうちに改宗をする気になったのか、詳しい事情は歴史の闇の彼方である。一六〇三年の「改宗者の家」の記録には、エリザベス・フェルナンドという女性の入所が記されているが、ゴッドマザーを務めた人は、余命いくばくもないエリザベス女王その人であっただろう。

右に挙げてみたのは、ついうっかり正体をさらしてしまったユダヤ人の例と、洗礼を受けたために過去の正体が世間に知れ渡った例であるが、スペインやポルトガルから流れてきたマラーノとなれば、その数はさらに多く、ささやかなコロニーさえ形成していたと、断言できる。彼らの多くは見えない存在であっただけでなく、表面はキリスト教徒、裏はユダヤ教徒という二重生活をし、文化的雑種性を帯びた存在でもあった。まず彼らの来歴について略述しておこう。

国際都市アントウェルペンとロンドンのマラーノ

そのためには、毛織物業の交易を独占していた、女王陛下の冒険商人がイングランド産の羊毛を運び込んだ輸出先であり、北ヨーロッパ最大の商業都市でもあったフランドルの国際都市アントウェルペンに眼を転じなくてはならない。アントウェルペンは一五一一年までには多くのポルトガル商人がブルージュから拠点を移していたが、ポルトガル系新キリスト教徒の商人の動きもすばやかった。リスボンに銀行を兼ねた商社を持っていたマラーノのディエゴ・メンデス（一四九二以前―一五四二頃）は、一五一二年にアントウェルペンにも店を構え、彼のほかにも二〇名ほどが居を構えて、中継地のリスボンを経由して遠く南米や東アジアから運ばれてくる砂糖、コショウなどの輸入品を売りさばいていた。

さらに一五二六年、この地の支配者であったスペイン王カルロス一世（在位一五一六―一五五六）、つまり、フェルナンドとイサベルの娘である母を通じてスペインを手に入れ、父フェリペ一世のハプスブルク家を通じてドイツ、フランドル、イタリアを手に入れた神聖ローマ帝国皇帝カール五世（在位一五一九

—一五五六）が、カトリック信仰やスペイン王とその臣民に背かないことを条件に、ポルトガル国民である新キリスト教徒が交易のため入国し居住し通過することを公式に認めたために、アントウェルペン在住のポルトガル商人の数が増えたのである（図25を参照）。

ここで何かと示唆に富んでいるエピソードを挿入しよう。一五二九年にオスマン帝国の遠征軍がウィーンを包囲した直後に、妙な噂がヨーロッパを駆けめぐったことがある。多数のマラーノがアントウェルペンを経由してトルコのサロニカ（現在のテッサロニキ）に移住し、その地でユダヤ教徒に戻って反キリスト教的活動をしているというのだ。一五三二年七月、ブラバント公国の当局は、この秘密組織に関わっている人物として、有力なマラーノ商人ディエゴ・メンデスの逮捕を命じた。これに対してアントウェルペン当局は不当だと抗議し、ついで、ポルトガルの異端審問制度の準備を進めていたジョアン三世（マノエル一世の子、在位一五二一—一五五七）も、メンデスから多額の融資を受けている身であるため、事件が国際金融に深刻な影響をおよぼすことを懸念して、ブラバント公国当局に圧力をかけよと、大臣に指示を下した（マラーノを痛めつける異端審問を始めようという「カエサル」が、財政的にはマラーノに助けられ、政治的にマラーノを助けるという構図が透けて見える。マラーノたちはやがて仮面をぬいでユダヤ人になり、「カエサルの友」にさえなる。第五章第二節を参照）。

結局、メンデスは尋問されただけで事なきを得たが、マラーノをカトリック信仰の有害な要素と見なしていたカール五世は、この結果に不満で、この年（一五三二）にポルトガルの新キリスト教徒のアントウェルペン入りを禁止した（一五三七年に撤回したあと、一五四九、一五五〇年に一部のマラーノを追放）。

このメンデス事件のとき、イングランド王ヘンリー八世も、ディエゴ・メンデスを擁護した「カエサ

図 25　ポルトガルの大西洋植民地とその主な貿易港（1550-1630 年）

ル」の一人であった。実は、ヘンリー七世からエリザベス一世に至るチューダー朝ロンドンのマラーノは、リスボンやアントウェルペンを活動拠点にしていたポルトガル商人たちで、エリザベスがまだ産声を上げてさえいない一五二〇年頃から、ロンドンと関係を持ち始めた者たちである。父君のヘンリー八世が庇護したメンデスが、アントウェルペンに支店を設けたのは一五一二年、その代理人であるホルヘ・アニェス（アニシュあるいはアニス。生年不詳—一五三八頃）は、一五二一年にロンドンに来たと推測されているが、(18) ロンドンの代理人は、アントニオ・デ・ロローニョであったかもしれない。(19) ロンドンのアニェス家の祖であるホルヘ・アニェスは、親族の多くがスペインを棄ててポルトガルに亡命したのに対して、キリスト教徒になりすまして一四九二年の追放令の試練を切り抜けたあと、ポルトガルに逃れた親族のもとに身を寄せて一四九七年の強制改宗に巻きこまれたらしい。

ロンドン・マラーノの群像

彼らマラーノの実態が多少なりとも明るみに出たのは、イタリア出張中にユダヤ人臭さをかぎつけられて異端審問所につかまり、密告者になったマラーノ商人がいたからだった。その男の名はガスパール・ロペス、ディエゴ・メンデスの従兄弟にあたる。一五四〇年のミラノで記録された自白は、秘密ルートの存在をうかがわせるような内容で、マラーノが張りめぐらした国際的連絡網がほうふつとしてくる。……わたしはロンドンのルイス・ロペスの家に五年ほど厄介になったことがある。あるじは「自宅でひそかにシナゴーグを催し、ヘブライ人らしい生き方をしている」。土曜日の安息日に礼拝を行い、およそ二〇人ばかりの男女が出席する。「偽キリスト教徒たちがヘブライ人の生活をするため、ポルトガルを逃れてイングランドやフランドルへ行き、そこからトルコや他の場所へ行こうというときには、必ず前述のルイスの家にやって来て、その助けを借りて望むところへ行く」[20]。

この「フランドル」がアントウェルペンを指していることは、ほぼ間違いなく、ルイス・ロペスの家は、アントウェルペン、ロンドン、イスタンブール、果てはパレスチナを結ぶ秘密中継点であり、秘密シナゴーグでさえあっただろう（一五六七年当時、ガリラヤのサフェドには一四三家族の元ポルトガル系マラーノのユダヤ人が定住していたことが確認されている[21]）。当然、彼らはキリスト教徒の仮面をかぶった隠れユダヤ教徒であった（この事実をスペインから伝えられたイングランド枢密院が、一五四二年に「見知らぬ商人」の逮捕を命じると、すかさず数名のマラーノが雲隠れした）。

イングランドに身を潜めた他のマラーノの例を挙げてみると、一五四〇年に、リスボンから豊富な資金をたずさえてロンドンに移住してきたエリザベス・ロドリゲス（先述のホルヘ・アニェスの未亡人）とその子供たち、一五四二年にリスボンで死刑を宣告されて人形を焼かれた前科を持つマノエル・ピニエロ（スペイン・ポルトガルの異端審問所は、逃亡者にも火刑の宣告をして、その者をかたどった人形を焼いた）、大商人ディエゴ・メンデスに雇われ、プリマスやサウサンプトンに寄港するポルトガルの香料船のマラーノ仲間を訪れては、アントウェルペンで待ち受ける危険の最新情報を知らせていたクリストーバル・フェルナンデス、一五四五年にブリストルに住み着いてブリストル集団の中心人物になった医師エンリケ・ヌニェス、ロンドンとブリストルの間を行き来するのにユダヤ教が規定する清浄な食物の確保に大童だったその妻など、ちょっとしたエピソードの中にも、彼らがこだわったユダヤ的生活の苦労がしのばれる。

ところで、エンリケ・ヌニェス一家は、一五五五年にフランスへ渡ったことが知られている。この移住は「流血のメアリ」の即位と無関係ではない。一五五四年、サー・トマス・ワイアット（一五二一頃―一五五四）らが、メアリ女王とスペイン王フェリペの婚約に不安をいだいて叛乱を起こしたとき、メアリはエリザベスをロンドン塔に幽閉して死刑に追い込もうとしたが、尻尾をつかみきれず、ワイアットら九〇名のプロテスタントを処刑しただけで終わった（ワイアットとエリザベスの間には接触があったが、使者を通じて口頭でしか接触しなかったエリザベスに逃げ切られた格好である）[22]。そして翌年から激しい異端者狩りを行い、ラティマー（一四八五頃―一五五五）、リドリー（一五〇三頃―一五五五）、カンタベリー大主教クランマー（一四八九―一五五六）らのプロテスタント聖職者を火あぶりに処したので、マラーノも身の危険をひしひしと感じたのだ。このとき、マラーノ社会は、少数の残留組を別にすれば、四散したと見られている。

女王陛下の宮廷マラーノ

やがて一五五八年、プロテスタントのエリザベスが即位して、国内のプロテスタント化が進み、国外からジャン・カルヴァン（一五〇九―一五六四）の影響を受けた亡命者が帰って来る頃になると、マラーノの活動や流入もまた息を吹き返したと見える。エリザベス時代のロンドン・マラーノについては、スペイン側に貴重な史料がある。「自宅ではユダヤ教の儀式を守るユダヤ人として生活しているが、公にはルター派の教会に出席して説教を聞き、他の異端者と同じようなやり方で、聖体とワインを拝領している」[23]。一五八七年四月にカナリア諸島へ向かう途中に「四隻のイングランド海賊船」に拿捕されたペドロ・サンタ・クルスが、釈放され帰国してマドリード市長の面前で行った証言である（サンタ・クルスのいう「海賊船」は私掠船《プライヴァティア》、つまり戦時に敵船拿捕の免許を与えられた民間の武装船であるが、平時の海賊行為を政府筋から奨励されていた）。彼らポルトガルのユダヤ人はイングランド贔屓であるとも証言し、ヘクトル・ヌニェス、アルバロ・デ・リマ、フェルナン・ダルバレス、ベルナルド・ルイス、ベンハミン・ホルへ（ダンスタン・アニェス）など、八人のマラーノを名指したのであった。ロンドンの全マラーノの数となればさらに多く、老若男女合わせて一〇〇人ほどが住んでいたと推定されている。

「他の異端者と同じように」という証言のとおり、この時期のロンドン・マラーノの多くは、プロテスタントを自称していたものらしい。ヘクトル・ヌニェス（一五二〇―一五九一）やダンスタン・アニェス（一五二〇頃―一五九四）や息子のウィリアム・アニェス（一五六二―一六三〇）に至っては、れっきとしたプロテスタントとしてロンドンの地元教会墓地に埋葬されている。ウィリアムはロンドンで幼児洗礼を受けた、ロンドン生まれロンドン育ちのちゃきちゃきであった。

なかでもヘクトル・ヌニェスは、一四九七年にマノエル一世によって強制改宗させられたマラーノの家に生まれ、「ポルトガルのオクスフォード」コインブラ大学に進んで医学を修め、一五四九年にアントウェルペンからロンドンに移り住んでから、無免許医師のかどで罰金を食らいながらも、「流血のメアリ」の恐怖時代を生き抜いた古強者である。大蔵卿ウィリアム・セシル（一五二〇―一五九八）の侍医を勤めるかたわら、スペイン産の羊毛の輸入の独占権を握った商人でもあり、諜報機関の元締めフランシス・ウォルシンガム（一五三〇頃―一五九〇）の下で、スペインとの和平工作にあたるという諜報員でもあった。イングランドの私掠船に襲撃されたアントウェルペンやリスボンの商人のために、代理訴訟を請け負ってさえいた。一五七九年にはイングランド国籍を与えられ、イングランド教会に所属しさえしたが[24]、この証言にあるように、隠れおおせたユダヤ教徒だったと見なして間違いない。ブリストルに住んだエンリケ・ヌニェスの甥にあたり、この叔父にユダヤ教の祭日を教えていた物知りであり、彼が多感な青春の日々を過ごした大学町コインブラは、隠れユダヤ教徒の密集地帯で、異端審問所の置かれた都市でもあった。

ダンスタン・アニェスは、先述したポルトガル商人ホルヘ・アニェスの息子。内科医であり、女王陛下の食料品御用達を勤めた顔の広い商人であり、ロデリゴ・ロペス(一五一七頃―一五九四)の義父でもあった。息子のヤコブは、娘二人をともなってイスタンブールへ移住すると、公然とユダヤ教に戻ったという事実が確認できるので、キリスト教会墓地に埋葬されたダンスタン自身も隠れユダヤ教徒だったろう。ベルナルド・ルイスはリスボン生まれ、一旗あげようとアントウェルペンへ渡り、アントウェルペンがスペイン軍の手に落ちた一五七三年に、ロンドンに高飛びしたらしい。義兄弟のヘクトル・ヌニエスと同じく諜報員を勤め、ウォルシンガムのためにマドリードで工作中に逮捕されるが、あの手この手で虎口を脱したという、したたか者である。

筆者は先に、姿の見えないマラーノと書いたが、彼らすべてがまったく知られざる存在であったということはない。有名人ロペスは、ときどき悪意ある噂の種となり、一五六〇年にレスター伯爵ロバート・ダドリー(一五三二頃―一五八八)の夫人エイミーが死亡したときは、伯と女王の結婚の障害になる夫人の毒殺を請け負ったなどと囁かれたものだ。また、劇作家クリストファー・マーロウ(一五六四―一五九三)は、「いやはやロパス博士はそのような博士じゃなくて、一回きりの下剤で四〇ドルふんだくりやがった」（一六〇四年版『ファウスト博士の悲劇』一〇場三七—三八行）と書いたり、『マルタ島のユダヤ人』に「ポルトガルのヌニェス」というユダヤ人を登場させたりしている。マーロウはロペスやヌニエスが隠れユダヤであることをうすうす察知していた節さえある。政府当局も彼らの仮面の下の正体を見透かしていたが、大っぴらに表沙汰にならない限り黙認して、彼らの資金力や国際的な情報網を利用していたものと思われる（このようなマラーノ黙認の姿勢は、一五八〇、九〇年代のアムステルダム、ヴェネツィア、ハンブルクなどの商業都市に共通する傾向である）。

女王毒殺を謀った謀反人として処刑されたロペス

彼らロンドン・マラーノの中で後々までも語り草になった人物は、ダンスタン・アニェスの娘婿のロデリゴ・ロペス博士であろう。博士については多くの歴史家が書いてきたが、新たな発見もあることだし、エリザベス政権とマラーノの関係も重要なので、やや詳しく書いておきたい。

ちょっぴり尊大で、すこぶる論争好きだったガブリエル・ハーヴィー（一五五二／三—一六三一）の残した寸評を紹介すると、「ユダヤ人の子孫であるが、本人はキリスト教徒。宮廷内にあってもっとも学識のある、ないしはもっとも熟練した医師ではない。それなのに、自分ではそう思い込んでいる」とある。[25] 尊大家のこととてもう一人の尊大家の正体を見抜いたと言えそうである。ロペスはポルトガル語はもとよりスペイン語、フランス語、イタリア語、英語を自由にあやつる、自信たっぷりのルネサンス知識人であった（図26を参照）。

ポルトガル生まれの博士は、名門コインブラ大学に進んで医学を修めた後、スペインのサラマンカ大

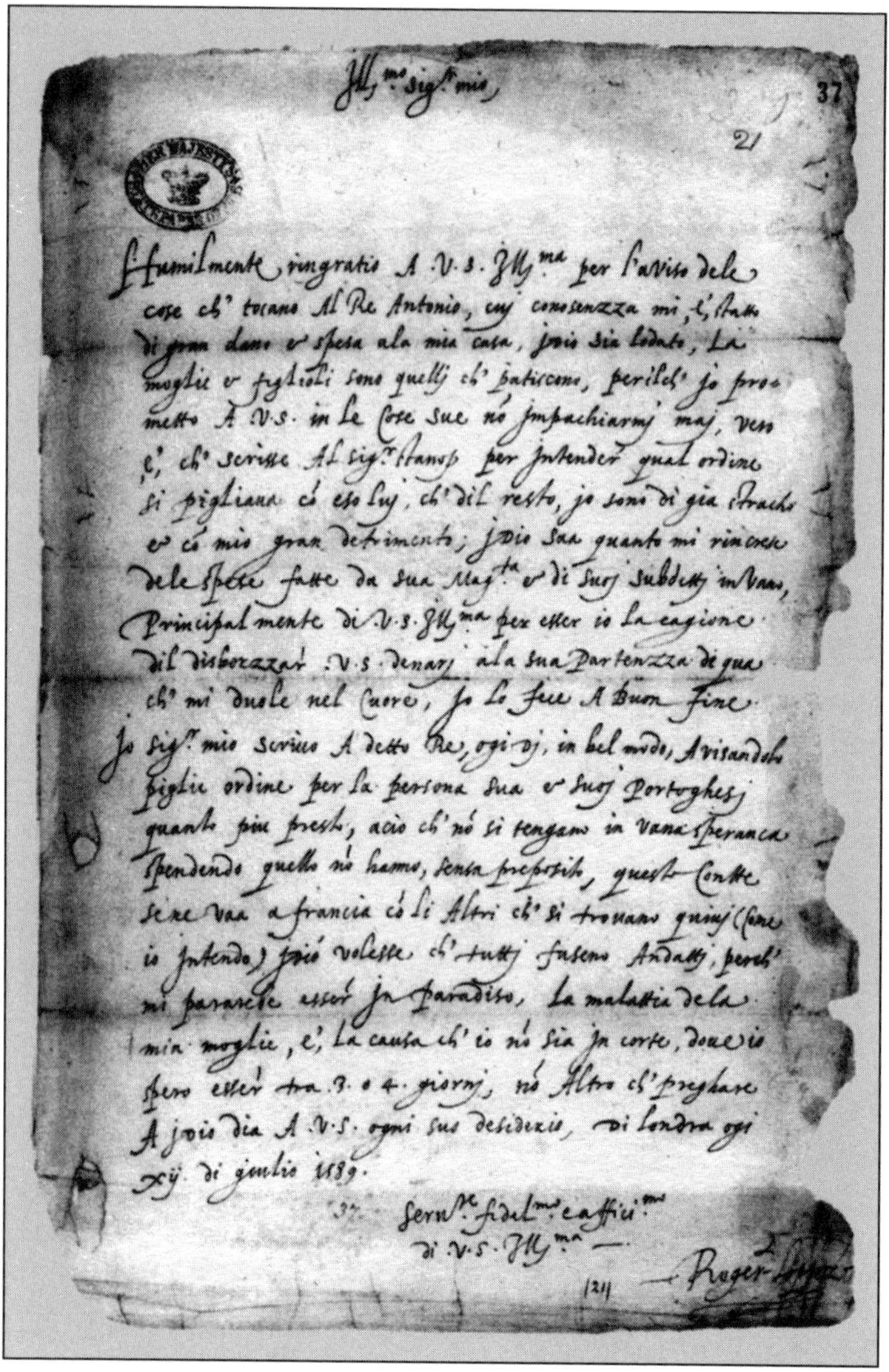

Ill.mo Sig.r mio, 37

21

Humilmente ringratio A V.S. Ill.ma per l'aviso dele cose ch' tocano Al Re Antonio, cuj conosenzza mi, è stata di gran dano e spesa ala mia casa, Idio sia lodato, La moglie e figlioli sono quelli ch' patiscono, perilch' io prometto A V.S. in le Cose sue nõ impachiarmj maj, vero è, ch' scrisse Al sig.r Stanop per intender qual ordine si pigliava cõ eso luj, ch' dil resto, io sono di gia stracho e cõ mio gran detrimento; Idio sa quanto mi rincresce dele spese fatte da sua Mag.ta e di suoj subdetj in vano, Principalmente di V.S. Ill.ma per esser io la cagione dil disborzzar V.S. denarj ala sua Partenzza di qua ch' mi duole nel Cuore, Io lo feci A buon fine. Io sig.r mio scrivo A detto Re, ogi dj, in bel modo, Avisandolo piglie ordine per la persona sua e suoj Portoghesj quanto piu presto, acio ch' nõ si tengano in vana speranza spendendo quello nõ hanno, senza proposito, questo Contte sene vaa a francia cõ li Altri ch' si trovano quivj (come io intendo) Idio volesse ch' tuttj fusero Andatj, perch' mi pareresse esser in Paradiso, La malattia dela mia moglie, è La causa ch' io nõ sia in corte, dove io spero esser tra 3. o 4. giornj, nõ Altro ch' preghare A Idio dia A V.S. ogni suo desiderio, di londra ogi xij di giulio 1589.

Serv.re fidel.mo e affici.mo
di V.S. Ill.ma —

121 Roger Lopez

図 26　ロペス博士のイタリア語書簡（1589 年）

学で解剖学を学び、エリザベスが即位した一五五八年の冬か翌年にロンドンに移住して内科医を開業し、女王の寵臣レスター伯やウォルシンガムなど、有力な贔屓筋《ひいきすじ》をめきめきとこしらえて、一五八六年には女王の主侍医の地位にまで昇りつめた隠れユダヤ教徒である。政治的手段として毒殺・暗殺が頻繁に利用された時代であること、女王が教皇に破門されたために暗殺者の暗躍が絶えなかったことなどを考えれば、この抜擢は「女カエサル」エリザベスの並々ならぬ信頼と度胸のほどを示すものだが、博士は女王毒殺を謀った叛逆人として刑場の露と消えた。

すなわち、一五九四年六月七日、まだ息の絶えないうちに絞首台から引き下ろされ、意識の戻るのを待って男根切除、止めに腸《はらわた》をえぐり抜かれ首を切断されて四つ裂き。大逆罪の定めるところにより、むごたらしい刑罰を受けたのである。エステヴァン・フェレイラ・ダ・ガマと、エマノエル・ティノコ(マノエル・ルイス)というポルトガル系マラーノらしき二人も同罪であった。一五九四年といえば、メキシコで小ルイス・デ・カルバハルが処刑された二年前にあたる(前章を参照)。

この一五九〇年代は、アジアに眼を向けると、イングランドとオランダが互いに競合しながらポルトガルの覇権に挑みかかった頃である。その後イングランドは一六〇〇年に、オランダは一六〇二年に東インド会社を設立してしだいにポルトガルの縄張りを蝕んで行き、ポルトガルを日本市場から追い出すのは一六三九年である。つまりロペス事件は、イングランドがオランダのカルヴァン派を保護し、スコットランドのカルヴァン派やユグノーと呼ばれたフランスのカルヴァン派を味方につけて、ローマ教皇やスペイン、ポルトガルを相手に覇権争いをしていた国際政治の舞台裏で起きただけでなく、宮廷内のタカ派とハト派の政治的暗闘の中で起きた事件であり、歴史につきものの表と裏を知るには持ってこいの事件である。重要なことは、ロペスが内科医一筋の堅物ではなくて、利権を持った商人でもあり、国際的な情報網を張りめぐらせたマラーノにうってつけの諜報員でもあったことだ（マラーノとスパイは、「隠れ」と「忍び」という共通項もある）。ウォルシンガムに仕えると同時にスペインに内通し、ウォルシンガム亡きあとはセシル派に仕えていた二重スパイであった。

二重スパイという事実を重く見たデヴィッド・カッツは、スペイン金貨に目がくらんだロペスの女王暗殺計画は実際にあったのだと結論しているが、同教授はとりわけて新しい資料や動かぬ証拠を提出したわけではないし、重要な証拠書類を正しく解読できたわけでもない。[26] そこでまず、カッツ教授も認める一事実を確認することから始めよう。スペイン側の資料、つまりフェリペ二世とその顧問であるモロ（モウロ）のメモである。[27] これを見ると、スペインに渡ったアンドラーダを通じてロペスから提案のあったことがわかる。提案の内容は、第一に和平交渉を開きたい、第二にドン・アントニオをイングランドから出られないようにする（＝殺す？）か追放する、というものである。このメモには日付がないが、マーティン・ヒュームの編集したスペインの国家文書には、アンドラーダがイングランド通のパリ駐在スペイン大使メンドーサに宛てた、一五九〇年三月五日の手紙が収録されており、その内容がモロのメモと同内容である。[28] モロのメモもこの時期のものであろう。

このロペス提案について、モロは和平交渉を装って交渉を進めることを進言、フェリペははたと膝を打って、「宝石箱にある古い宝石の一つ」を選んでアンドラーダに託し、それがアンドラーダの手からロペスへと渡ったのである。[29] この宝石は、スペイン側に誠意があるのなら、また自分を交渉の仲介者として認める気があるなら、証拠として寄こせと、ロペスが要求していたものである。重要な点は、ロペスがウォルシンガムやセシル父子に秘密のまま、仲介者としての自分を売り込んで仲介料をせしめようという魂胆だったために、交渉成立までは、宝石の受領を隠さなくてはならない立場になったということだ。やがて見るように、ロペスはこの宝石の一件で嘘をつく。

さて、ロペスはいかなるいきさつから、このような提案をすることになったのか、またイングランドから追放するとか、殺害するとか言われているドン・アントニオとは何者なのか。この説明に若干の紙数を割かなくてはならない。

ロペス事件の背景としての国際情勢

ポルトガル王マノエル一世が、ユダヤ人を強制改宗させた一四九七年の事件については、第三章第一節の結末部に書いた。マノエルは植民地経営で巨万の富を築いたために幸運王と呼ばれたが、世継ぎについては幸運に恵まれたとは言えない。夭折した長男に代わって次男のジョアン三世が王位を継いだが、マラーノへの異端審問を始めたこのジョアンは皇太子に先立たれ、王位を継いだのはたった一人の孫セバスティアン(一五五四年生まれ、在位一五五七―一五七八)である。ところが、この少年も長生きできなかった。みずから企てたモロッコ遠征のさなか、乱戦の土煙のなかに姿を消したのだ。

こうして残った嫡出男子は、還暦をとうにすぎた枢機卿エンリケ(一五一二―一五八〇)一人となった。マノエルの六男だったエンリケは、幼いころから将来の国王としての訓練を受けず、スペインに牛耳られていた教皇庁にポルトガル勢力を拡大するという使命を帯びて教会に入り、独身を通した人である。王位についてから聖職を捨て妻帯しようとしたが、スペインと気脈を通じた教皇に阻まれて、二年後に没した。

すかさずスペイン王フェリペ二世は、生みの母イサベルがマノエルの娘であることを理由に王位継承権を主張し、兵をポルトガル領内に進めると、三月足らずで作戦を完了して同国を併合した（その後ポルトガルは六十年にわたってハプスブルク家スペインに支配されるが、独自の習慣、法律、行政、国民的統合などを維持した）[30]。このとき、マノエルの三男ルイ公爵（一五〇六―一五五五）の庶子ドン・アントニオ（一五三一頃―一五九五）は、ポルトガル王を名乗ってスペイン軍に抵抗したが抗し切れず、アゾレス諸島に立てこもって政府をつくった。しかし、その地もやがて放棄して亡命者の身となる（図27を参照）。

図27　ドン・アントニオ

スペインがポルトガルと合体したとなれば、東インド諸島・香料諸島の領土や利益のみならず、ポルトガルの強力な海軍をも手中に収めて、世界制覇につながりかねないから、イングランドとフランスの両国は「ポルトガル併合」を喜ばず、ドン・アントニオをポルトガル国王として承認し、彼を利用しながらスペインに対抗しようとした。

イングランドは、強大なスペインと正面切って衝突するのは身のほど知らずとわきまえていたし、アメリカ大陸から運ばれてくる財宝こそスペインの力の源泉と見たので、私掠船《プライヴァティア》を使って財宝船団を襲撃・掠奪することでスペインの国力を弱めようとした（私掠船の活用はエリザベス時代に始まったのではなく、海軍らしい海軍のなかったエドワード一世時代からの古い歴史がある）。アントニオはイングランドの私掠船にポルトガル・スペイン船舶を襲撃する委任状を与えて、エリザベスの責任を肩代わりした。(31) もっともうまみのあった戦利品はブラジルから輸出された砂糖である。

北メキシコのコンキスタドールであったカルバハルが、イングランドの海賊船掃討に辣腕を発揮したことは第三章第二節に書いたが、彼がスペイン海軍に一敗を喫したジョン・ホーキンズ（一五三二―一五九五）の残党を追いつめて異端審問所に引き渡したのは、これより少し前の一五六〇年代である（スペイン・ポルトガルの異端審問は敵国人にも牙をむいた）。この一五六〇年代は、それまで良好だったスペインとイングランドの関係に、最初のヒビが入った節目であったことを指摘しておこう。スペインがアメリカを領有する権利は、しぶしぶ認めるとしても、アメリカ大陸の富を輸入しようとする、合法的な貿易、商取引を許さないのはけしからぬ……。これがイングランドの拡張主義者の言い分であった。(32) 実際、スペインはアメリカ植民地からの輸出をスペイン王権の代理人にしか許さず、代理人以外のスペイン人にさえ許さなかった。ホーキンズの四度にわたるカリブ海遠征は、現地に赴いて植民地高官に貿易を求め、それが蹴られたときは、海賊に早変わりという両面作戦を基本とした。

両国の間の緊張が一気に高まり、戦争状態に入ったのは、一五八五年である。女王がこれまで抑えてきた主戦派の主張を入れて、三つの重大な決断をしたのだ。一つは、一月に寵臣のウォルター・ローリー（一五五四―一六一八）にナイト爵を授けてヴァージニア総督に任じ、勇んだローリーが北アメリカへ渡って植民地と砦を築いたことである。植民地建設は最終的には失敗だったとはいいながら、この行為はアメリカ大陸に対する独占的な権利を主張するスペインへのあからさまな挑戦であり、私掠船による海賊行為を一歩も二歩も進めたものであって、これをフェリペが重大な権利の侵害としてイングランド侵攻を決断したのも無理はない。[33] 二つ目は、スペイン領ネーデルラントでフェリペに反旗をひるがえして戦っているプロテスタント北部七州に対して、七四〇〇名の軍勢を派遣するという条約に調印したこと。* 三つ目に、九月に私掠船船長・海賊上がりのフランシス・ドレイク（一五四三頃―一五九六）に、カリブ海沿岸のスペインの港町を荒らしまわり、財宝船団を襲撃することを許可したことである。[34]

このために、フェリペは一五八七年をイングランド侵攻の年として無敵艦隊計画を進めるようになったが、完成予定年の四月、またしてもドレイクがスペイン南部のカディス湾の奥深くに侵入して、三七隻の艦船を破壊したあげく、市内を荒らしまわった。スペイン無敵艦隊一四〇余隻が進発したのは、その傷が癒えた一五八八年五月である。英仏海峡を隔てて眼と鼻の先のスペイン領フランドルに駐留する、戦上手のパルマ公爵（一五四五―一五九二）のスペイン軍と合流して、イングランドに上陸する作戦であった[35]（これは国王自身が授けた、いささか無謀な秘策であった）。七月二十一日、ハワード海軍卿（一五三六―一六二四）を提督、ドレイクを副提督とするイングランド艦隊は、敵艦隊を発見して一週間ほど小競り合いをくりかえしたあと、パルマ公爵の軍勢を待つために碇を下ろした無敵艦隊に火船を放って攻撃を仕掛け、敵陣を大混乱に陥れた。しかし、弾薬を使い果たして、止めを刺すには至らなかった。[36] これが七月二十九日（グレゴリウス暦を採用していたスペイン暦では、八月八日）のグレーヴズラインズの海戦である（図28を参照）。

図 28　無敵艦隊を迎撃するイングランド（1624 年）
火船を放つ海軍と警備にあたる陸軍.

六〇〇名の戦死者、八〇〇名の戦闘不能者を出し、四隻を失ったスペイン艦隊は、夕刻から吹き始めた南風に助けられた格好で、浅瀬を脱して北海へ退却を始めたが、実はこれが惨劇の始まりであった。不案内なスコットランド回りで帰港を目指すうちにアイルランド沖で大しけに襲われて、三〇数隻が海の藻屑となってしまう。[37] 英仏海峡に入った去る二十一日、「フランドル沿岸から水先案内人をよこせ。ちょっとした嵐にあっても、このような大船団をどこに避難させたものやら見当がつかぬ」[38]と危惧した司令官メディナ・シドニア公爵の胸騒ぎが、ぴたりと的中した感がある。一五八八年の夏の悪天候こそ、イングランドにとっては、まさに神風だったと言えよう。

＊ スペイン領ネーデルラントは、一五七二年にスペインへの叛乱を開始していたが、一五七九年に北部のホラント、ゼーラント、ユトレヒト（ただし、ユトレヒトは分裂状態）などのプロテスタント諸州や都市が反カトリック、反スペインの旗幟を鮮明にしてユトレヒト同盟を結成し、一五八一年に独立を宣言するまでになった。フェリペから首に懸賞金をかけられていた指導者オラニエ公ヴィレム一世（一五三三―一五八四）が、カトリック暗殺者の凶弾に倒れると、身の毛のよだつ衝撃を受けたエリザベス女王は、その翌年の一五八五年からオランダの軍事支援に本腰を入れ始めた。一五八八年に北部七州は連合州共和国を宣言し、「十二年休戦」（一六〇九―一六二一）とともに事実上の独立を勝ち取り、三十年戦争（一六一八―一六四八）後のウェストファリア条約によって、公式に独立を認められた。

無敵艦隊への報復作戦

無敵艦隊の上陸を阻んだ翌月の九月、イングランドはこの機に乗じてスペインの力をそぐ報復作戦を立てた。

(1) 無敵艦隊の残存艦船を一掃する。
(2) リスボンを奪取する。
(3) アゾレス諸島を奪取して私掠船の基地を設け、アメリカ大陸と西インド諸島から運ばれてくるスペインの財宝を奪う[39]。

この三項目のうち、(3)を最初に思いついたのは女王自身であったらしいが、無敵艦隊が壊滅を免れて、数十隻の艦船がスペインに帰港したことが知れてからは、(1)が女王の最重要視する作戦になっていた。(2)は、ポルトガル国民の決起は間違いなしと、ドン・アントニオが太鼓判を押したこともあって、彼をポルトガル王位につけるという懸案も一挙に解決しようという気運が盛り上がり採用された。

この遠征計画の弱点は、欲張りすぎた作戦だったことと、年収二五万ポンドの女王の金庫が、ネーデルラント出兵や無敵艦隊の迎撃準備で空っぽ同然だったために、資金を出し合う会社方式が採用されたことだ。女王は、四万ポンドを出資したドレイク、ノリスら軍人・冒険家たちの欲望を十分にコントロールできず、苦汁を飲まされる結果になる[40]。

サー・ジョン・ノリスを陸軍指揮官とし、ドレイクを海軍指揮官とするこの遠征隊は、一五八九年四月十八日にプリマスを出帆し、いささかの抵抗も受けずに大西洋を南下してポルトガル領内に攻め込んだまでは良かったが、老人と乞食だけが「国王万歳」を叫んだものの[41]、国民の決起はついに起こらず、遠征隊はリスボン市内に入ることさえできなかった。

女王はこのぶざまな侵攻の結果に、ことのほかご機嫌ななめであった。ふところから二万六五〇〇ポンドを出資して大損したばかりではない[42]。無敵艦隊の息の根を止めておきたい一心で、サンタンデルとサン・セバスチャンの二港にほとんど無防備のまま停泊している五〇余隻の艦船を壊滅することを第一に所望し[43]、重ねて指示したにもかかわらず、ドレイクらは戦利品ほしさにポルトガルへ直行したからである(無敵艦隊はこの年の秋には復旧して活動を始め、イングランドに覇権を譲らなかった)。それに加えて、ドン・アントニオが期待に背いてポルトガル国民に人望のないことが、誰の眼にも明らかになったからである。さりながら、すげなくお払い箱にするわけにもゆかない。従前どおり雀の涙ほどの年金を与えてウィンザー近くのイートンに住まわせ、いずれ将来フェリペとの交渉の捨て駒にでもする気であった。

このドン・アントニオは、生みの母が美貌のマラーノ娘だったこともあって、マラーノの支持者に取り巻かれていたが、なかでも有力な側近は、姻戚関係で結ばれた三人組であった。最有力者は、アルヴァロ・メンデス（一五二〇—一六〇三）である。ポルトガル植民地のインドでダイアモンド鉱山を営んで財を成した大銀行家で、ポルトガル、マドリード、フィレンツェ、パリ、ロンドンを渡り歩き、カトリーヌ・ドゥ・メディシス（一五一九—一五八九）の財政顧問を務めたこともある。このマラーノは、一五八二年にパリを捨て、一五八五年にイスタンブール（コンスタンティノポリス）に移住すると、キリスト教徒の仮面をかなぐり捨ててユダヤ人であることを鮮明にしたために、フランス大使からあからさまな侮蔑を受けたが、オスマン帝国政府の関税徴収を請け負い、政府内に隠然たる勢力を築いていた。ユダヤ名はソロモン・アベンヤエス（アベナエス）、通称ドン・ソロモンで通った。志の高いポルトガルの愛国者であると同時に、オスマン帝国にあってイングランドの利益を代弁し続けた、イングランド・トルコ同盟の立役者であり、反フェリペ・反スペイン主義者であった。エリザベス女王やバーリー男爵ウィリアム・セシルの信頼もまた厚かった（図29を参照）。

二人目は、すでに紹介したダンスタン・アニェスである。この医師を兼ねた商人もまたドン・アントニオの財政上の代理人を務めていた。三人目が、その長女サラを娶った医学博士ロデリゴ・ロペス。ド

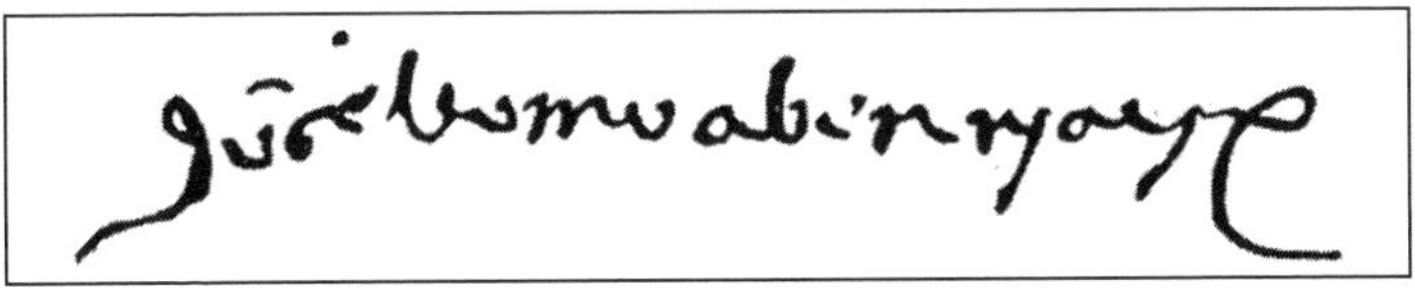

図29　ドン・ソロモンの署名（女王宛書簡から）（1592年）

ン・アントニオと女王の信頼の厚かった彼は、事実上のポルトガル大使として、エリザベスの宮廷内の工作を担当していた。ここで遅ればせながら、ロペスがポルトガル遠征作戦の立案に絡んでいたことを申し添えておこう。『編年国家文書国内編』には、先に紹介したポルトガル遠征の骨子三項目は、ドン・アントニオの提案であったとされ、その失敗が明らかになった七月、「わたくしの進言のため、女王にまったく無駄な、多額の散財をさせてしまった」との詫び状を、ロペスがウォルシンガムに入れたとも記されている。[44]

アントニオから離反する家臣たち

このように見てくれば、ドン・アントニオをイングランドから追放するとか、亡き者にするとかいうロペス提案は、主君をないがしろにする行為、いや謀反であることがわかる。ロペスはリスボン遠征に四〇〇〇ポンドを超える現金を投資して、アントニオから五万クラウンの約束手形を受け取っていたが、遠征の失敗で空手形になったため、このような回収策を思いついたらしい。いやはや、えげつない男である。ではあるが、彼の目指す和平交渉という目的に話を限れば、それはセシル派の目的と合致し、老セシルのメガネにかなうかもしれなかったのである。

しがない亡命者に落ちぶれていたドン・アントニオの窮状は、スペイン方に筒抜けであった。[45]その貧窮の影響は家臣にもおよび、まるで櫛の歯でもこぼれるように裏切り者が相次いだ。まず、ロペスと一緒に処刑されたティノコとフェレイラの両名がいる。ティノコはスペイン側に通じると同時に、エセックス派のスパイ、セシル派のスパイとなって、情報を売り買いし、フェレイラはフェレイラでドン・アントニオを廃して野心のある息子のドン・マノエルを王に立て、スペイン王との和解の道を探る、といった按配である（ドン・アントニオの品格の低さも離脱者を出した原因である。国王たる自分をだまして巨万の富を築いたと、ドン・ソロモンを誹謗して、この愛国者の怒りを買ってさえいる）。

さらに重要な脱落者が、マノエル・デ・アンドラーダである。国家文書によれば、アンドラーダは筋目正しい家柄とは言えないが、貴族であったという。(46) この愛国者は、一五八〇年にドン・アントニオの下でスペインと戦い、スペインの恩赦を蹴って亡命生活を選んだものだったが、スペインが無敵艦隊を差し向けた一五八八年の七月には、スペイン方に通じていた。(47) まさかこの愛国者がスペインのスパイであろうとは、ロペスもウォルシンガムも見抜けなかった。彼らがその事実を知ったのは、差し押さえたアンドラーダの暗号文が解読されたときである。このアンドラーダは、フランスへ交渉に赴こうとするドン・アントニオの船を乗っ取って、スペイン側に引き渡すという陰謀を思いついていたのだ。暗号を解読したウォルシンガムの諜報組織によって逮捕され、絶体絶命となる。この事実はスペイン側の資料によって確認できる。(48)

スペイン側資料は、もう一つ意外な情報を与えてくれる。(49) 進退きわまったアンドラーダを救った人物が、他ならぬロペスであったという事実である。ロペスは自分の持てる力を総動員して宮廷内の友人の間を走りまわり、アンドラーダ釈放のお墨付を得たらしい。そのうえ、アンドラーダを介してスペイン方に、「女王はたいそうご心痛なので、要求されたどんな条件でも手を打つ」、「女王は陛下と仲直りするし、ドン・アントニオにもそうさせる……。わたくしは陛下の満足なさるよう、あらゆる手立てを尽くして努力する所存」と請け合っていたのである。(50)

腹に一物あるロペスの計らいで釈放されたアンドラーダは、一五九〇年三月五日にパリへと旅立ったが、隠れと忍びをこととするスパイの身である以上、まったくの自由の身ということはありえなかった。かつて無敵艦隊が来襲する以前に、主戦派でありながら、(51)マラーノのヘクトル・ヌニェスを使って和平交渉をしていたという古狸のウォルシンガムがまだ睨みを利かせていたことを考えれば、アンドラーダも和平交渉を隠れ蓑にした敵情偵察の任務を与えられたことだろう。対するロペスは、アンドラーダに恩を着せて言い含め、親分のウォルシンガムの「和平交渉」の傘の下で、スペイン側との和平交渉を軌道に乗せて仲介料五万クラウンをせしめようという魂胆であった。和平交渉を行いたい、ドン・アントニオをイングランドから追い出すというロペス提案が、アンドラーダを介してスペイン側に伝えられたのは、このような経緯によるのである。

一方、パリに到着したアンドラーダは、パリ大使メンドーサを介してスペインに入国する。メンドーサは国王に書簡をしたため、ロンドンとスペインの間を往来させ、交渉を装いながら敵情を探らせるのが得策ですと進言し、フェリペもこれに同意した。(52)

セシル派とエセックス派の暗闘

そうこうするうち、同年四月六日、ウォルシンガムは過労がたたって卒然と他界。彼が育てた諜報組織の大部分は和平の道を探っていたセシル父子に引き継がれ、ロペスもまたセシル派に属したが、仲介料の一件についてはかたく口を閉ざしていた。すでにスペイン国王から宝石をもらっているため、交渉成立までは秘密にする必要があったからだ。いやそれどころか、親密なドン・ソロモンにも打ち明けなかったらしい。ソロモンはロペスの手紙に返事を寄せて、「おまえは思慮深いし慎重でもあるが、ポルトガルの悲惨を忘れている」とか、「フェリペは正義と理性に反して、アントニオとポルトガルに対して悪事を行ったがゆえに、アントニオが生きていることがフェリペの死につながる」とか、愛国者らしい熱誠を吐露している（一五九三年八月二十四日付書簡）[53]。ロペスはアントニオのふがいなさを嘆き、いっそのこといない方がましとでも書き送ったのだろうか。

事態をいっそう複雑にしたのは、宮廷内の主戦派と和平派の確執である。主戦派を率いるエセックスは、かねてより女王の覚えもめでたく、身を案じた女王が出陣まかりならぬと命じたにもかかわらず、先述のポルトガル遠征（一五八九）に馳せ参じた若武者であった。一五九三年に枢密院入りを果たすと主戦派の貴族たちを糾合して、和平派の対抗勢力にのし上がってくる。彼はドン・アントニオを見限り、ポルトガルの名門貴族ブラガンサ公爵（ブラガンサ家はポルトガルがスペインの支配を脱した一六四〇年から一九一〇年までのポルトガル王家）を擁立して決起する可能性を探っていた[54]。エセックスがこのように主戦論に傾くわけは、ポルトガル遠征に加わったときと同じように、借金地獄から逃れるための戦利品欲しさからだと断言できる[55]。これに対する和平派は、エリザベス即位のときから事実上の総理を務めてきた大蔵卿バーリー男爵ウィリアム・セシルと、切れ者の息子ロバート（一五六三―一六一二）の率いるセシル派である。エリザベス女王自身はと言えば、侍医のロペスがスペイン側に漏らしたように、無敵艦隊の再来を警戒して和平を望んでいたと考えてよい。

いずれにせよ、ロペスの背信行為は女王陛下への大逆罪にはならない。和平交渉の提案にしても同様である——大逆罪とは「王国の内外において、女王の死または破滅を、または死や破滅や不具や損傷に至る身体的危害を、たくらみ、想像し、考え出し、案出し、または意図すること」だからである（「大逆罪法」）。[56]

さて、エリザベス朝とジェイムズ朝を代表する法律家のエドワード・クック（一五五二—一六三四）が検察官を務めたロペス裁判の公式記録は発見されていないが、クックの提示した証拠要約は、一五九三年九月三十日に五万クラウンの報酬で女王を毒殺することを請け負ったとしている。[57] しかし、ロペスはあれこれと陰謀をめぐらしはしたものの、女王毒殺をたくらんだことはない。確定できる日時と事実を明記しながら、特にこの点を詳述してゆくが、その過程で、数百年にわたって闇に包まれていた歴史の真実が明らかになる。

和平交渉再開に乗り気だったスペイン

一五九三年十月十八日、エセックスの諜報機関が、スペインのために働きたいというフェレイラ・ダ・ガマの手紙を押さえ、彼を逮捕する。フェレイラはドン・マノエル（ドン・アントニオの息子）がフェリペ宛に書いた臣従の手紙を活用して、フェリペと和解しようとしたと自白するとともに、これにロペスが絡んでいることを認めた。フェレイラ逮捕に身の危険を感じたロペスは、和平交渉を働きかけてきたことを思い切って女王とセシルに打ち明け、フェレイラの釈放を嘆願する。「フェレイラは両国間の平和をもたらすためのまたとない道具」となるだろうし、「すでにわれわれ二人はその良き基礎を築いてきた」と弁じ立てたが、女王とセシルはこの和平案を退けた。

するとロペスは「(和平は得られなくても)スペイン王から金をだまし取るのは、なんと素晴らしいことではございませぬか」と、しゃあしゃあと申し出て、そのようなはしたない真似は大嫌いじゃと、やんごとない女王の一喝を浴びた。[58]

一五九三年十一月四日、エセックス派が、カレーからドーヴァーに到着したゴメス・ダヴィラを逮捕し、所持していたフェレイラ宛の手紙を押収する(ちなみに、このダヴィラは投獄されたので連座するかと思われたが、どっこい十五年後もロンドンに健在で、交易を生業としていた)。内容は真珠の取り引きに見せかけてあるが、いかにもいわくありげな文言で、この事件を読み解くための重要な鍵である。

本書状を携える者は、閣下の真珠の値打をお教えいたします。また、すぐにでも、当方が支払う用意のある最高額をお耳に入れます。つきましては、金銭の運搬法、ならびにその送付先について、閣下からご命令いただきたく存じます。[59]

この手紙は、ロペスが引き続いて奔走していた和平交渉働きかけに対するスペイン側の回答と見るべきものである。「真珠」は、ロペスが仲介する和平交渉再開を意味する暗号である。真珠の頭文字と平和の頭文字であるPが一致する。「真珠の値段」は、当然、スペインが仲介者ロペスに支払う報酬でなければならない。和平交渉の障害となるドン・アントニオ処分込みの値段であろう。

手紙はまた「少量の麝香《じゃこう》と琥珀《こはく》」を買うことに決めたから、その値段を知らせろ、とも指示している。これまた暗号であることは疑いないが、数百年にわたって研究者を悩ませてきた、研究者泣かせの難問である。麝香の頭文字Mは、ドン・アントニオの息子のマノエルの頭文字で、マノエルが父を裏切ってスペイン王に臣従を誓うことを指すと解されたり、琥珀の頭文字に当たるAはドン・アントニオのことではないかと解されたりしてきた。(60) しかし、これはドミニク・グリーンが解明したとおり、アントニオ・ペレスというスペイン人を指す暗号に他ならない。ペレスは若返りの秘薬として、ロバの乳に砂糖と「琥珀」を混ぜて常用していただけでなく、「麝香と琥珀」をエセックスの秘書に処方したことがあり、それを知るロペスたちが暗号として思いついたと見るのが正しい。(61) ロペス事件には二人のアントニオが絡んでいたわけだ。こちらのアントニオは、フェリペに仕える大臣であったが、アラゴンで謀反を企てて失敗してフランスへ逃亡し、カルヴァン派の国王アンリ四世（在位一五八九―一六一〇）の非公式な特使としてイングランドに派遣されていた。フランス、イングランド、オスマン・トルコ、モロッコによる反スペイン同盟を画策し、エセックスの庇護を受けていた人物である。スペイン側はこの裏切り者を生かしておけず、刺客を放ったのであり、一方ロペスは、スペイン側の信用を得るために、この暗殺計画にも一役買って、その居場所を教えることになったのである。

一月十四日、セシル派がティノコ（元来はエセックスのスパイ）を保護・拘束し、フェレイラに宛てたスペイン領フランドルの総督フエンテス伯爵の書簡（一五九三年十二月二日か十二日付）を押収する。(62) フエンテス書簡は、スペイン側の条件については持参者が口頭で伝えるが、ポルトガルに到着したら、モロ（モウロ）と連絡を取って、その指図どおりに動けと述べたあと、「なにより重要なことは、委任状をたずさえてかの地へ赴くことである、それから得られる報酬のためと、とりわけ閣下にとって」と指示していた[63]。スペイン側は、和平交渉提案がエリザベス政権の公認したものかどうかを確認するため、政府の信任状を見せろ、と要求したと解釈できる[64]。スペイン側の狙いが女王毒殺だったなら、信任状など要求する必要などどこにあったろう。反対に、和平交渉再開に乗り気になって、ロペスに仲介料を払おうという気なら、この段階で信任状を要求して当然である。この解釈が正しいことは、二月八日にティノコが「大蔵卿（ウィリアム・セシル）に要求された手紙」に言及していることからも証明できるが[65]、これについては後述する。

一月二十日、エセックスは、ロペスがフェリペに仕えるスパイであるというフェレイラの自白を叛逆罪の証拠として、女王に見せる。女王は主治医ロペスの取り調べを指示する。

一月二十一日、ロペスが逮捕されて、エセックス屋敷に連行される。

一月二十二日、エセックスとロバート・セシルが尋問して、「ゴメス・ダヴィラをフエンテスに遣わしたとフェレイラから聞いた」（供述一）、「スペイン王宛のドン・マノエルの書簡を見た」（供述二）という供述を取る[66]。つまり、供述一によって、ロペスは先の「真珠の値段」書簡と自分との関係を認めたことになる。供述二にある「ドン・マノエルの書簡」は、先述のとおり、ドン・アントニオの息子マノエルにスペイン王への臣従の誓いをさせた書簡である。ロペスはフェリペとの和解を進めるために、フエレイラの画策したこの案に乗り、フエンテスにマノエル書簡を送っていた。このロペス計画は、ドン・アントニオを見限ってブラガンサ公爵を擁立し、スペインと一戦交えようとしていたタカ派のエセックスの計画と真っ向から対立する。エセックスは、当然のことながら、和平交渉の芽を摘まねばならないと思っただろうし、セシル派が後ろで糸を引いているに違いないと眼を輝かせたことだろう（実際、セシルが承認していた可能性なしとしない）。

一月二十三日、ティノコがアンドラーダから聞いた話として、「アントニオを毒殺するというロペスの提案をフェリペは喜んで、ロペスに宝石を送った」と供述すると同時に、ロペスが長年スペインのスパイであったとも供述する。(67) 先述したとおり、これは信頼できるスペイン側の資料とほぼ一致する内容である（本書一九二頁を参照）。

ロペスの無罪を確信していたセシル父子

この一五九四年一月二十三日当日、セシル父子が何を思っていたか、読者はその胸の内を知りたいと思わないだろうか。幸いなことに、願ってもない証拠物件が生き残っている。父は息子に「ロペスは狂気の沙汰だが、アントニオに危害を加えてでも一儲けしたいという一心あるのみで、女王に対する叛逆の意図などこれっぽっちもない」と書き送っているのだ。(68) 現存する一月二十三日付のこの書簡では、ロペス、アントニオ両名の名前がかき消されているが、消した人物は受取人のロバート以外には考えられない。消したのは、彼がエセックスの知らぬ重要な発見をしたからである（これについては後述する）。

一月二十五日（二十六日）、ロバート・セシルは、エセックスを出し抜いて女王陛下に伺候すると、ロペスの無実を報告。遅れて伺候したエセックスは、女王から手厳しい一喝を食らった。女王は「軽率で無鉄砲な若僧」と叱りつけ、「わらわが無罪を十分承知しているあのかわいそうな男を相手に、おまえは証明できもしない一件に立ち入った」と決めつけたと言われる。(69) ロペスは女王の友だったのだ。このエピソードは、一次資料を駆使したと称するトマス・バーチ（一七〇五―一七六六）の『エリザベス女王治世回顧録』に出てくるものだが、この場面については、これ以上の詳細記録はどこにも残されていない。女王の一喝に気おされたエセックスは、それから二日の間エセックス屋敷に引きこもっていた。[70]

一月二十八日、屋敷に引きこもっていたエセックスは、二十八日月曜日になって走り書きをしたためると、諜報機関を仕切らせていたアントニー・ベイコンのもとに届けさせた。「尋問続きで疲労困憊、ものを食べる暇さえなかったので、この二日間、部屋に閉じこもっていた。予はきわめて危険で、無謀きわまりない叛逆罪をついに発見した。陰謀の狙いは、女王陛下の死。下手人はロペスになっていたはず、手段は毒殺。ここまで追ってきたからには、すべて火を見るより明らかにして見せる」（傍点引用者）という内容である。[71]「尋問続きで疲労困憊」というのは、筆者がこれまで明示してきた日程からしてありえず、女王陛下からこっぴどく叱責されて不貞腐れ、「部屋に閉じこもって」いたにすぎない。屋敷に閉じこもったままの「発見」だから、頭の中を引っかき回してひらめいた筋書きだと見なければならない。

一月二十九日、ロペスがロンドン塔に身柄を移される。

一月三十日、ロンドン塔で一夜を明かしたロペスは、朝の七時からロバート・セシルとエセックスの尋問を受け[72]、フェリペゆかりの宝石について聞かれると、「妻が半年ほど前に五〇ポンドで金細工師に売りとばした」という嘘をついたが、これと言った自白をしなかった。むしろ、フェレイラの供述の方が、重大な内容を含んでいた。フェレイラがティノコから聞いた話として供述したところによると、ティノコは半年ほど前に、ブリュッセルからフエンテス伯の伝言を持ってロペス邸を訪れたが、不在だったので、伝言を手紙にしたためて、それをフェレイラに託したのだという。フエンテスはロペスの忠勤を多としたあと、「和平交渉を再開するために、大蔵卿の筆になる何かを手に入れてもらいたい、国王は和平を望んでおいでだ」と、実に重要なことを伝えていたのである。(73) これは先に押収されたフエンテス書簡にぴたりと合致する内容である。

セシル派の急旋回、ロペス切り捨て

しかし、それにもかかわらず、事件の流れは女王毒殺を請け負ったロペスの陰謀事件として立件される方向へと急速に進んでいった。その過程で目をむくほど異様な一件は、右の「大蔵卿の筆になるもの」についてのティノコの自白である。枢密院書記官であるウィリアム・ワード(一五四六―一六二三)のサインが入った二月八日付の供述書が、公文書館に現存している。『編年国家文書国内編一五九一―一五九四』四二八頁にも短い要約があるが、全文を示すと――

わたしが書いてステファン・フェレイラ・ダ・ガマに託した手紙は、何から何までマノエル・アンドラーダに指示されたものである。わたしの理解では、「和平」とは女王陛下の死だと了解されていたと思う。また、「大蔵卿に要求された書簡」とは、例の博士が約束をきっぱり守ることを彼らに保証する書簡のことである。(74)

この自白の異様さについて、掻きくどく必要などあるだろうか。「大蔵卿に要求された書簡」、すなわち、エリザベス政権の総理格であるウィリアム・セシルに要求されていた信任状が、暗殺を保証するロペスの手紙の暗号であるとされ、「和平」「和平協定」も女王毒殺の暗号に歪曲されて、フェリペは女王の死を望んでいることに一変しているではないか。この自白を取ったワードは、潜入してくるイエズス会士の摘発にも凄腕を見せた、この道の手だれであり、筋書きどおりにドロを吐かせる達人であった。イングランドの法律が禁止している拷問を使ったり、拷問の脅しによって供述を取ったりするなどは、朝飯前と心得ていた男であったらしい。

そしてさらに異様なことは、このワードがエセックス派ではなくて、セシル派の忠実な一員だったという事実である(75)。言い換えると、セシル派はエセックス派の後を渋々ついていったのではなく、進んでロペスを抹殺するでっち上げ工作をしたということだ。後にイスタンブールのドン・ソロモンから、ロペスの死刑執行猶予を嘆願する使者が送られて来たとき、「犯行は女王陛下に大いに関わる憎むべきもの」、「国民の不満が大きい」から閣下(ウィリアム・セシル)は色よい返事をなさらないだろう、こう言って門前払いを食らわせたのも、他ならぬこのワードであった(76)。

二月十八日、フェレイラが責め落とされて、「もし国王が金を送ったら、博士は女王を毒殺しただろうと信じる」、「実行する準備はできているのだが、まだ向こうから返事が来ていないと、博士はいつも言っていた」と供述する(77)。そして、二月二十八日から始まったロペス裁判では、例の商取引に見せかけた「真珠の値段」は、女王毒殺の値段だとされ(78)、「麝香と琥珀」は、女王陛下の船舶の焼き討ち作戦とされるのである(79)。

セシル派急旋回の理由

いったいどうして、何のために、セシル派はこのような急旋回をしたのだろうか。ロペスが無罪なら、ロペスに濡れ衣を着せたとしてエセックスを失脚させることもできたろうに、セシル派がそうしなかったのは、ロバート・セシルがロペスの有罪を確信したからだ、とカッツ教授は言う。(80) しかし、教授もまたセシル派の打った大芝居にまんまとたぶらかされたと言える。女王亡きあと王位についたジェイムズ一世（在位一六〇三―一六二五）の宮廷を取り仕切り、英国政界きっての名門ソールズベリー家の祖となるこの恐持《こわも》ての切れ者は、ロペスの無罪を確信しつつ、なんとしてもロペスを斬らねばならぬ一大事を発見したまでだ。

スペイン王フェリペから贈られた「宝石」は妻が売り飛ばして手元にないというロペスの嘘を聞くうちに、ロバート・セシルは、何事かを隠しているに違いないと睨んでいた。そしてティノコを締め上げて重要な情報を取り、フエンテス伯が放った刺客、アイルランドのカトリック教徒パトリック・コレン（カレン）を首尾よく生け捕ることに成功し、この取り調べを進めるうちに、コレンの拳銃の筒先がアントニオ・ペレスに向けられていることを突き止め、自派のスパイ頭であるロペスもそれに絡んでいることを知ったのだ。これはエセックスのつゆ知らぬ大発見であった。

ペレスは女王陛下の賓客としてイングランドに滞在中の身であり、エセックスの保護下にある。その人物の生命をスペイン側が狙い、ロペスがその陰謀に絡んでいたとなれば、ロペスを弁護し、ロペスを使ってスパイ活動を行い、ペレスを監視してきたセシル父子は、スペインの陰謀に加担してしまったことになる。さらに悪いことに、スペイン側が和平交渉を進める気で要求してきた「大蔵卿の書簡」もまた、ペレス暗殺陰謀と結びつけられかねない。エセックスはここを突いてセシル派の失脚を画策するだろう。まさに、セシル派、危うし。そこで、ペレスの焦点化を防ぐために、ロペスが女王毒殺を請け負ったというエセックスの空想物語に相乗りしてエセックスの自尊心をくすぐりつつ、自派の破滅を回避する策に出たのだった。

このような工作の証拠はいくつかあるが、二つだけ挙げれば十分であろう。一五九四年二月四日、「コレンはあるスペイン人を殺害するという大きな任務を果たすために、イングランドへやって来た」という供述文書には、次のような注解的な書き入れがある、「これは女王陛下を手にかけようとしたということだ、この「スペイン人」は女王陛下を意味している」(81)。この書き入れをした人物は、エセックス伯をライバル視して、ロバート・セシルのもっとも信頼する盟友になる海軍卿チャールズ・ハワードである(82)。

同じく二月九日、「コレンは女王を殺害するために雇われた。アントニオ・ペレス殺害を隠れ蓑にすることになっていた」という供述書がある(83)。ジョン・アニアスからこの自白を取った人物は、法務次官のエドワード・クックである。エセックスの推挙したフランシス・ベイコン(ウィリアム・セシルの甥、一五六一―一六二六)を蹴落として、同年四月に法務長官に就任する直前の行動であった。セシル父子の強力な後押しあってこその栄進であったことは、断わるまでもなかろう。

このように見てくれば、二月八日に枢密院書記官ワードがティノコから取った自白が、セシル派総がかりで動いた隠蔽工作の重要な一手であったことは明白である。「和平」は「女王陛下の死」の暗号であり、「大蔵卿の書簡」はロペスの暗殺実行確約の書簡を意味する暗号であるというティノコの自白書は、ワードの筆跡で書かれ、ワードの署名入りである（ポルトガル語原文は現存していない）。ロペス博士がセシル派のでっち上げによって切り捨てられたという証拠は以上である。

神の敵ロペス

さて、時計の針を少しだけ戻すことにしよう。ロペスがロンドン塔に移された三日後の二月一日、テムズ川の南岸にあるローズ座でマーロウの演劇『マルタ島のユダヤ人』（一五九〇年頃初演）が再上演されて人気を呼び、この二月から九月にかけて一四回も上演された（シェイクスピアの『リア王』は二回だけである）[84]。マルタ島のユダヤ人バラバスは、儀式殺人はするわ、井戸に毒を投げ込むわ、というユダヤ人である。つまり、中世以来言い古された、紋切り型のユダヤ人らしい悪行の限りを尽くして、キリスト教徒への復讐をとげる札付きとして描かれている。毒殺者であり、陰謀家であり、神の敵である。ロペスとバラバスを同一視したロンドンっ子の反ユダヤ感情が、一気に噴出したことは言うまでもあるまい。

この噴出した感情の源泉は、リンカンのヒュー少年を扱った「サー・ヒュー、またはユダヤ人の娘」といった民謡《バラッド》などを通じて、したたかな生命を保ってきた反ユダヤ感情の底流であろう。ドイツから波及した宗教改革の波は、中世の民衆信仰の中心であった聖遺物崇拝をなくしたから、聖人に祭り上げられていた少年たちの祠堂は、当然ながら撤去されたが、彼らがユダヤ人に殺されたという恐怖物語は、ユダヤ人のいない社会でまことしやかに語り継がれて民衆感情に養分を補給し続けたようだ。例えば、十九世紀末にチャイルドが広範な地域から収集した「サー・ヒュー、またはユダヤ人の娘」という民謡は、ボール遊びの最中にボールをユダヤ人の家か庭かに蹴込んだために、その家の娘に殺されるという主題で、さまざまに語り継がれて実に二〇種類もの変種を数える。(85)

民衆が、神の敵バラバスとロペスに興奮するさなかの二月二十八日、ロペス裁判が開かれ、三月十四日に持ち越された。初日にはエセックス伯、ロバート・セシルの政敵同士のほかに、一三名の判事が出席したことがわかっているが、詳細な内容は発見されていない。ロペスは無罪を主張し、「確かに、この一件について話したし、約束もしたが、ただひとえにスペイン国王から金をだまし取るためであった」と弁明し、その弁明が有効でないと見て取ると、「その自白は、拷問にかけると脅迫されてしたものだ(86)」と言い訳した。検察官を務めた法務次官のクックは、次のように論告した――ロペスはひそかにユダヤ教を信仰する偽キリスト教徒として宮廷内に入り込み、陛下に仕える振りをして実はフェリペに仕え、陛下の命を狙った裏切り者である。「偽証者、殺人者、裏切り者、ユダよりも悪質なユダヤ人医師」、「全能の神の敵であり、女王の敵である」。(87)

死刑宣告が言い渡された。ところが、それからおよそ三カ月にわたって、死刑は執行されなかった。遅延の火の元は、女王陛下その人である。女王は処刑に必要な死刑執行令状《デス・ウォラント》の署名をながながと書き渋ったのだ。ロペスの有罪を納得していなかったと見るべきであろう。同時代のグッドマン主教（一五八三―一六五六）が残した『ジェイムズ一世の宮廷』によれば、ロンドン塔の獄中から介入を請うロペスの嘆願書が送られてくると、「おまえの髪の毛一本たりとも朽ち果てることはない。安んじて辛抱することを望む。国家の名誉のために、あらゆる手立てを尽くさねばならぬ。ほんの少しの獄中生活でしかない……」との返書をしたためたという。(88) しかし、やがてエリザベスは令状に署名する。理詰めで納得し

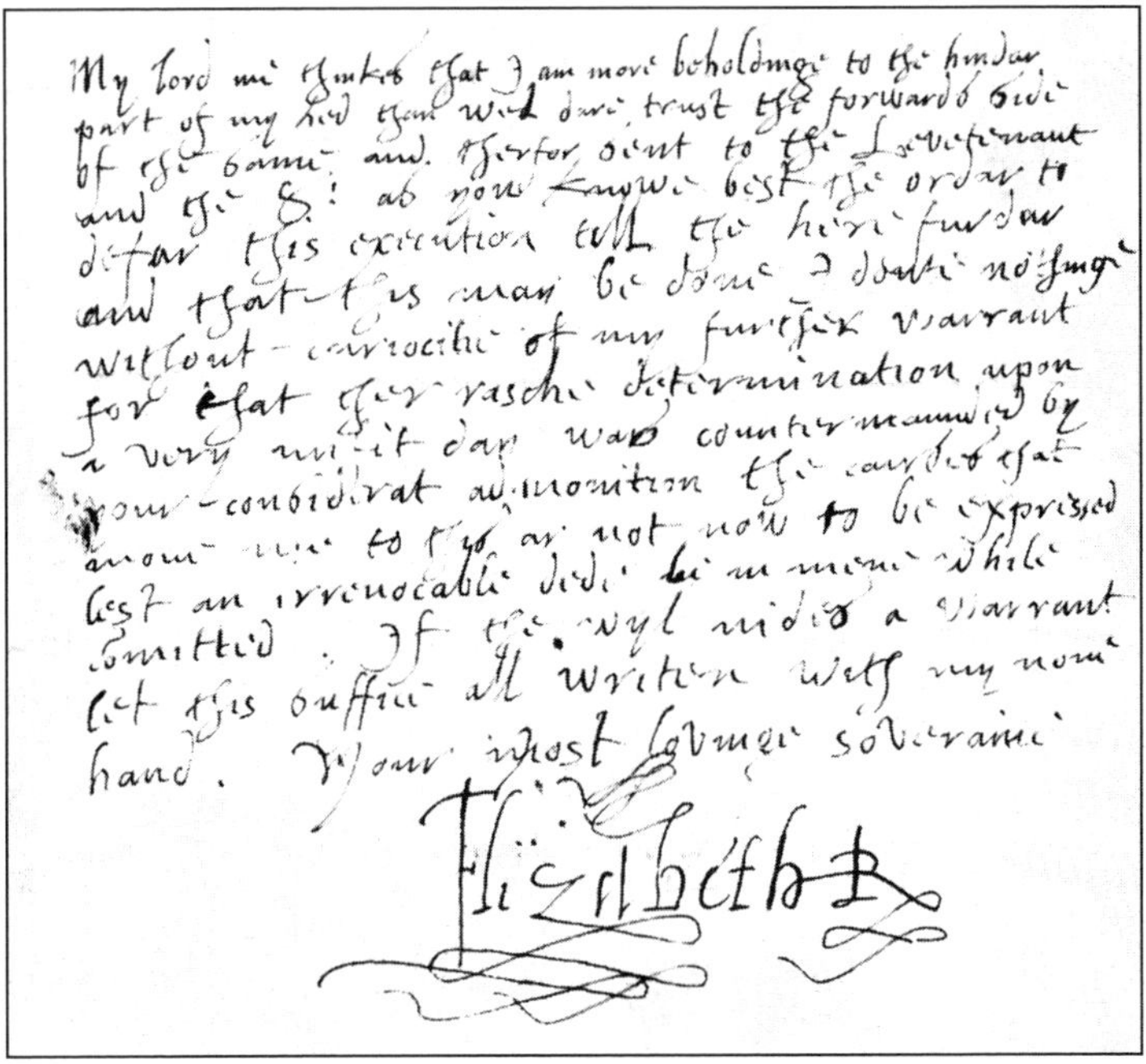
My lord me thinks that I am more beholdinge to the hinder
part of my hed than wel dare trust the forwarde side
of the same and therfor sent to the Levetenant
and the S. as you knowe best the order to
defar this execution till the here furder
and that this may be done I doute nothinge
without curiositie of my further warrant
for that ther rasche determination upon
a very unfit day was countermanded by
your considerat admonition the causes that
move me to this ar not now to be expressed
lest an irrevocable dede be in meane while
committed. If the wyl nides a warrant
let this suffice all written with my none
hand. Your most lovinge soverain
Elizabeth R

図30 セシル宛エリザベスの書簡（1572年）
このときも女王は処刑を延期した.

たというより、宮廷内で権力闘争をくりひろげるセシル派とエセックス派の双方から、矢のような催促を受けてあきらめたのであろう（図30を参照）。

ロペスを処刑した、悪夢のような六月が過ぎ去り、美しく短い夏が終わってから、女王はオーストリア大公に対して暗殺計画の非をなじる使者を派遣したが、使者は「イングランド女王へ」という呼び捨ての返書を手渡されて戻ってきた。女王は「貴下はスペイン国王の与える危害について、耳を傾けようとなさらぬご様子である。ここで貴下をわずらわせることはせず、この事件を世に公表する所存である」という書簡をしたためた[89]（一五九四年十月二十日頃）。この書簡はセシルが差し出した下書きを敷き写しただけだったかもしれない。世に公表する一文を草したのは、女王ではなく忠臣ウィリアム・セシルである。十一月になって出版された『最近発見された数々の恐るべき陰謀に関する真実の報告』（一五九四）という匿名のパンフレットが、それだ。いわば政府の公式見解と言うべき一書であり、セシルの白鳥の歌でもあるのだが、「真実の報告」からは程遠い。実証性、合法性を誇るかのように実名が次々と出てくるけれども、例のスペインの裏切り者アントニオ・ペレスの名前だけは、決して登場しないという「真実の報告」なのだ。しかし、『マルタ島のユダヤ人』や、「偽証者、殺人者、裏切り者、ユダよりも悪質なユダヤ人医師」という言葉を連ねたクックの論告とは、だいぶ趣が違っていることも事実である。「ユダヤ人」ロペスを袋叩きにしたパンフレットかと思って読み始めると、予想は見事に外れる。ロペスがスペイン国王の道具に使われたポルトガル人であることを強調し、イングランド市民権を持っていたことには触れていないが、ユダヤ人だとか表裏のある偽キリスト教徒・隠れユダヤ教徒だとかといった非難は見当たらず、被告たちの自白を整然と並べたうえで、武人としての名誉を競う戦によらずに卑劣な暗殺手段を弄したスペイン国王の非君主的、非キリスト教的な陰謀をもっぱら非難しているのだ――「イングランド女王に対するスペイン国王とその大臣らの行動が、いかに不法で、いかに卑劣であるか。武人としての、君主としての、男児としての、キリスト教徒としての模範に、いかに反していることか。イングランド女王の生命を武技その他の競争によるのでなく、闇に紛れたさまざまなやり方で暗殺しようというのである[90]」。

このセシルの『真実の報告』については、「女王や法律的な精神を持った女王の顧問官に好印象を与える書き方だった」と、すぐれた歴史学者だったリードが評している。[91] 筆者もまったく同感である。いや、これはまだ納得しかねていたかもしれないエリザベスを納得させるために、老セシルが鵞ペンを走らせたものではないかとさえ思える。セシルは去る一四八七年、国内カトリック勢力の希望の星メアリ・スチュアート（スコットランド王ジェイムズ四世に嫁した、ヘンリー八世の姉マーガレットの孫。一五四二—一五八七）をエリザベス政権の不倶戴天の敵と見なして女王陛下に処刑を強要し、不興を買った前科があり、そのときのことを忘れなかったのかもしれない。

女王の友ロペス

一方のロペス側の発言については、同時代の歴史家ウィリアム・カムデン（一五五一—一六二三）が記録している言葉があるので、それを取り上げてみよう。刑場に押し寄せた群衆が騒がしくて、何も聞き取れなかったというグッドマン主教の証言もあるのだが[92]、「イエス・キリストと同じくらいに、女王さまをお慕いしていた」——これが、現在のハイドパークの北東門のあたりにあったタイバーン刑場に引き出されたロペスの最後の言葉だったという。[93]「女王を慕っていた」という言葉が、口から出まかせであると断定できる証拠は見当たらない。だが、「イエス・キリスト」については、どうだろうか。現代のユダヤ人学者の中には、これを誠実な言葉だったと考える人がいる。ただし、そうするためには、ロペスが口にした実際の言葉は、「イエス・キリスト」ではなく「わが主」であったと仮定しなければならない。「わが主」は、キリスト教ではイエス・キリストを意味するが、ユダヤ教では神を意味する。死を目前にしたロペスは、ユダヤ教徒として「わが主」と叫んだのに、居合わせたキリスト教徒たちは、

それを「キリスト」と早合点したというのだ。(94)

それは大いにありうることだが、そうだとしても、「わが主」というロペスの言葉が誠実だったとは、筆者は思わない。表裏のあるマラーノらしい、偽装の言葉だったと見る。「わが主」は、キリストを信仰しているように見せかけながら、心の奥底ではユダヤ教の神に対する良心の疼きをなだめることのできる、両義的な言葉である。その曖昧さをいいことに、ロペスは正体をくらますために、これを日常的に使い続けていたのではないだろうか。

ポルトガルの異端審問が始まったのは一五三六年、ロペスがまだ一九歳の青年の頃であった。この異端審問制度の導入によって、誠実なカトリック教徒になった新キリスト教徒もいたが、キリスト教徒を装った仮面の緒をいっそう引き締めながら、ユダヤ教への心理的な傾斜を深めたマラーノも多かったのである。日曜日の礼拝に足しげく出席して懺悔をしたり、堅信式を受けたりしながら、帰宅するなり塗られた聖油を拭き取る、あるいは、ユダヤ教の祭日に二通りの料理を用意しておくのを忘れない……こうした二重生活の末に、キリスト教徒の墓地に埋葬されるというマラーノさえ、ロペスの近辺にいた時代である。ロペスは年老いても秘密シナゴーグへの献金を怠らなかった。彼が若い頃からマラーノの二重性を身につけたのは当然のことであろう。

さて、スペイン側はロペス事件に関して沈黙を守っているが、ガリシア出身のゴンドマル伯（一五六七—一六二六）が十年後にしたためた書簡が、貴重な視座を提供してくれる——フェリペ陛下は、そのような手段を思い描いたこともなければ、肯定したこともなく、フエンテス伯も女王毒殺の命を受けなかったし、出そうと考えたこともなかった、「なぜなら、ロペスは女王の友であり、悪しきキリスト教徒だったからである」というのだ。(95) 後年ゴンドマルは、駐英大使（一六一三―一六二二）としてジェイムズ一世の宮廷に乗り込み、カリブ海におけるイングランド私掠船《プライヴァティア》の抑制を条件に、多額の持参金付きのスペインの姫君をジェイムズの息子チャールズ（在位一六二五―一六四九）に娶わせるという縁談を持ち掛けたイングランド通であり、その当人が残したこの書簡の方が、セシルの残した白鳥の歌『真実の報告』より遥かに真実に近いことは、すでに読者が納得してくださったことではないだろうか。

フェリペがロペスに与えたダイアと紅玉の宝石は、女王が身につけて終生手放すことがなかった。どのような思いを、女王はこの行為に託したのであろうか。ロペスが処刑されてしばらくたった一五九四年の夏、困窮したロペス未亡人サラがウィリアム・セシルに援助を求めて拒否され、女王陛下にすがるように、没収された財産の返還を求める嘆願書を提出したことがある。女王はその願いを聞き入れて、ロペスの屋敷を返還した。謀反人の財産が遺族に返還されるのは、慣行であって、特別扱いではない。だから、ここに女王の心のなんらかの動きを読み取ろうとするのは、行き過ぎである。

第五章　リベラリズムと植民主義の友

――オランダ共和国のマラーノとユダヤ人

かくてアムステルダムは、トルコ人、キリスト教徒、異教徒、ユダヤ人各宗派の集散地となり、分派の造幣局となった。
いかなる新奇な意見も信用されて、両替されずにはいない良心の銀行(1)。

アンドルー・マーヴェル

あらゆる民族、あらゆる宗教を信じる人々が、実に調和して共存している。人々は自分の財産を預けようというとき、預かり主が金持ちか貧乏人か、誠実に行動する人か否かという点以外は何も問題にしない。宗教や宗派は、重要ではないと思われているのだ(2)。

バルーフ・スピノザ

第一節　ユダヤ人社会から神の敵の烙印を押されたマラーノ

イングランドとオランダのカルヴァン主義

一六〇三年三月二十四日は当時のイングランド暦の大晦日である。テムズ河畔の風光明媚なリッチモンドがまだ夢から覚めやらず、ほの暗い闇と静寂《しじま》がエドワード一世時代からの王宮リッチモンド・パレスを優しく包むなか、老いたエリザベスは眠るように息を引き取った。親しい友に先立たれてふさぎ込み、とみに衰えた気力を取り戻す暇もなく、六十九年にわたる波瀾の生涯を閉じた。

女王を補佐していたロバート・セシルがひそかにお膳立てしたとおり、元スコットランド女王メアリ・スチュアートの忘れ形見であるスコットランド王ジェイムズ六世（一五六六―一六二五）が、とどこおりなく王位を継承して、スチュアート朝初代のジェイムズ一世となり、セシルは一六〇四年にスペインとの和平交渉をまとめ上げて、宰相の座を不動のものにした。セシルはピューリタンの中の過激なグループを危険視していたが、じっさい歴史はそのとおりに動いた。カルヴァン主義者の一部のピューリ

図31　スペインとの和平交渉をまとめたロバート・セシル（右側手前）と盟友のハワード卿（右側奥）

タンは、過激化して内戦（一六四二―一六四九）を引き起こし、父親譲りの王権神授説に固執するチャールズ一世の首をはねて、共和国を実現するまでになる（図31を参照）。

それに対して、一五七九年にユトレヒト同盟を結成、一五八一年に独立を宣言、一五八八年には連合州共和国を宣言して、産声を上げたばかりのオランダ共和国（ヘルダーラント、ホラント、ゼーラント、ユトレヒト、フリースラント、オーファーアイセル、ラローニンゲンの北部七州と連邦直轄のブラバント公国の連合体）は、厳格なカルヴァン主義に異を唱えた抗議派（アルミニウス主義者）をドルトレヒト宗教会議（一六一八―一六一九）から排除することによってカルヴァン主義を守り抜くという決着のつけ方をしながら、内戦に突入することはなかった。十七世紀ヨーロッパでカルヴアン主義が大きな勢力を張った二つのプロテスタント国家が、対照的な歴史を歩んだことは注目すべきである。

この対照的な歩みの要因は複雑だが、文化・社会的な要因を二つほど挙げられるだろう。一つには、オランダの碩学ヨーハン・ホイジンハ（一八七二―一九四五）の指摘するように、オランダはエラスムス以来の人文主義（中世の終わりに始まり十六世紀前半に成熟したユマニスム）の寛容の伝統が太い根をしっかと下ろしていたことである(3)。

二つには、イングランドのピューリタンと騎士派のような、鋭く対立する社会的集団を持たなかったことである。つまり、旧約聖書の神の言葉に心酔し、禁欲的な生活の理想を日常的に実践しようとした行動主義的なピューリタン（市民層）と、スポーツや武芸に打ち興じ、宮廷風礼儀や騎士道を復活しようとした騎士派（ナイト・貴族層）との間に横たわる対立のような、大きな社会的・文化的な対立を知らずに済んだのである。そのうえ、連合州共和国は抗議派との対立をはやばやと解いて、一六二〇年代初めから抗議派（アルミニウス主義者）の活動を自由化していた。

このように、宗教的、思想的な寛容の文化ということになれば、十七世紀のオランダはイングランドより一歩も二歩も先んじていた。イングランドがユダヤ人の入国を黙認したのは一六五六年だが、オランダのアムステルダムは、一五九〇年代から彼らの入国を黙認していた。連合州共和国の独立を宣言してシュタートホーダー（ふつう「総督」と訳される。事実上の国家元首）の座についたオラニエ公ヴィレム一世が、「いかなる者も信仰と良心のために、責任を問われ、虐待され、あるいは傷つけられてはならない」と宣言したのは、一五八一年にさかのぼる（第四章に書いたとおり、この前年にスペイン王フェリペ二世は総督の首に懸賞金をかけて一五八四年の暗殺を誘発し、暗殺はさらにエリザベス女王の軍事行動を誘発した）。もちろんオランダといえども、「ユダヤ人を信用してはならない。彼らはキリスト教徒を人間とは思っておらず、キリスト教徒に一杯食わせることが何よりも好きなのだ」と公言してはばからないカルヴァン派牧師がいたし、ユダヤ人に寛容なオランダ諸都市を批判して「個人的な利益と所得の増大だけをおもんぱかり、神の栄光と公共の善を忘れている」(4)と決めつけたフーゴ・グロティウス（一五八三―一六四五）のような、高名な法学者も存在したので、「オランダの寛容」を褒めそやすばかりが能ではない。

オランダの寛容

しかし、この宗教家、この法学者と並べて取り上げたいと思うのは、一五八八年から一六一〇年の間に、一二度にわたってアムステルダム市長を務めたコルネリス・フーフト（一五四七―一六二六）である。フーフトは法学者でも神学者でもなく、オランダ商人の一典型であったという事実を念頭に読むなら、次の一文は驚嘆すべき思想ではないだろうか――「われわれが武器を取ったのは、圧政のくびきを振り切るためであって、他人の良心を支配しようという意図からではなかった。……だから今、いかなる人であろうと、その良心を踏みにじられてよいとは、どうしてもわたしには思えないのである」(5)。このような良心の自由の思想は、スペインへの叛乱を良心の自由を守るための叛乱と意味づけて、たびかさなる亡命生活をくぐり抜けてきた、かけがえのない個人的体験から生まれたものであるゆえに価値がある。

フーフトもキリスト教信仰の上ではカルヴァン派に属した。属しはしたが、カルヴァンのお膝元であるジュネーヴの硬直した神政政治を笑い、イエスの時代のユダヤ教を見よ、互いに教義の違うファリサイ派、サドカイ派、エッセネ派などがありながら、ユダヤ人の宗教的一体性は保たれていたではないか、とも言ってのけた。(6) 彼はユダヤ人の信仰の自由について特に発言しなかった。それと同じように、アムステルダム市も公式にユダヤ教の信仰・礼拝の自由を宣言したことはない。一五九八年に「当地に住むポルトガル商人が誠実なキリスト教徒であることを信頼して」、彼らが市民の権利を買うことを許したあと、一六〇三年に秘密シナゴーグが発覚したり、正体を明かすマラーノがあらわれたりして、「ポルトガル商人」が、実は、隠れユダヤ教徒であることがあからさまになると、内密の礼拝を許可し、ついでユダヤ人社会が発生した事実を黙認し、シナゴーグが建った事実を黙認したままでだ（建ってしまったシナゴーグをキリスト教徒の所有とし、それをユダヤ人に貸したという形式を取って、うるさいカルヴァン派牧師団をなだめすかした格好である）。

こうして一六一四年に、ユダヤ人がシナゴーグなどで公に礼拝することを黙認し、居住地域の制限や特別税の徴収などは、絶えて実施しなかった。規制措置としてはわずか三項目の市条例を作成しただけである（一六一九年から一七九五年まで存続）。(1)口答もしくは文書でキリスト教を侮辱しないこと。(2)キリスト教徒を改宗させようと試みないこと。(3)芳しくない評判の女性が相手であろうと、既婚、未婚のキリスト教徒の女性とは性的な関係を持たないこと(7)（「芳しくない評判の女性」とは娼婦を指す）。この三項目に抵触しない限り、ユダヤ人の宗教活動に干渉しなかった。このアムステルダム市の規制を知ったオランダ国会は、ユダヤ人にバッジの着用を強制することを早々と禁止した（一六一九）。このオランダ人の示したポルトガル系ユダヤ人への寛容は、「ポルトガル商人」の植民地貿易における実力にもよるが、本質的には良心の自由という思想によるところ大であって、もっぱら功利主義的な動機からユダヤ人をゲットーに隔離して、外国人としての自治を認めるという、同時代のイタリアやドイツの寛容の精神とは大きな開きがある。(8)

こういう次第だから、ピューリタンと騎士派の美質を併せ持っていたイングランドの知識人マーヴェル(一六二一—一六七八)のように、「いかなる新奇な意見も信用されて、両替されずにはいない良心の銀行」というような、羨望と敵意と揶揄とをないまぜた複雑な感情をアムステルダムにいだいた同時代人がいたのも不思議ではない。「良心の銀行《バンク》」は「良心の防波堤《バンク》」という意味がかけてある。マーヴェルが鋭敏に見て取ったように、この寛容の文化は「新奇な」分派や混血文化を発生させやすかった。本節はユダヤ人社会の中に発生した、そのような分派の物語である。「新奇な」分派の中にヨーロッパ近代の誕生を垣間見ようという試みである。

マラーノの心と文化

新奇な分派や混血文化ということになれば、まず、イベリア半島やその他の地域で二重生活を送らざるをえなかったマラーノの心と文化に触れなくてはなるまい。世代差や地域差を無視して一般論的に言えば、昼は教会に通うキリスト教徒、夜はユダヤ教徒という秘密の二重生活、いや昼でさえ表裏のある生活をしなくてはならないという二重性と、それが精神におよぼす影響とが、まず心に浮かぶ。

例えば、労働を休む安息日の当日でさえ、いつなんどき訪れるかもしれないキリスト教徒の友人に備えて、織機の前に座って仕事中の振りをしなければならない。そうかと思うと、死期の近いことを悟ったときは、まずキリスト教会の儀式を受けてから、死んだら不浄な死体を清めてくれと息子に言い含めなければならない[9]。また、「新キリスト教徒としてロンドンに在住するシモン・ルイスとかいう男は、酵母を入れないパンを食べる過越祭や、あがないの日が何日であるか、必ず叔父に手紙で知らせていた」という記録があるが[10]、こうして過越祭が何日であるかを知っても、過越祭と同時にキリスト教の復活祭も祝わなくてはならない。しかも、ラビに接してラビ的ユダヤ教を教え込まれることもなく、日に三度の祈りの言葉さえ知らないという制約が加わる。キリスト教との混血文化が生まれるのも必然の成り行きであろう。こうして生まれた混血現象に、祈るときにひざまずいたり、断食をしなくてはならない特定の日（例えば、あがないの日）以外に死者と生者のために断食したり、イエスが使徒たちに教えたとされる「主の祈り」（マタイ福音書六章九―一三節）を日常多用したりする習慣のあったことが知られている。さらに大きな混血現象として、救済を民族全体に関わるものではなく、個々人の問題と考えるキリスト教に深く影響されたことを挙げることもできる[11]。

第二に、生後八日目の男児に割礼を施すなどは、墓穴を掘るようなものである、だから当然、男性の多くは割礼を受けていないユダヤ教徒であった（アメリカ大陸では割礼したマラーノがかなり見つかっているが、ヨーロッパでも皆無ではない[12]）。神がユダヤ教徒に与えた神の民の印を身に帯びていない、異教徒風のユダヤ人ということになる。自由なアムステルダムへ逃れて割礼を受けたマラーノの例については、折に触れて書いていくが、彼らは割礼を受けてようやくユダヤ人になったという思いに、武者震いしたことだろう。しかし、肉体に割礼を受けただけでは、心の中までユダヤ人になれなかった人も存在した。この悲劇については、ウリエル・ダ・コスタを例にとって後述する。

また、律法が食べてはならないと命じている豚肉も、キリスト教徒同士の会食となれば口にせざるをえないから、できるだけ食べないようにするといった、なまくら原則に甘んじる他はなかった。そのために、律法をきちんと守るユダヤ教徒同士という同宗信徒意識よりも、先祖を共にするという同胞意識、感情的な一体感を互いに感じていたと考えられる。

第三に、マラーノ特有の煩悶として、いつ子供たちに秘密の信仰を打ち明けるべきかという悩みを挙げるべきだろう。他人に何をしゃべるかわからない幼児期では危険すぎるし、成人してからでは遅すぎる、キリスト教徒になりきってしまう。そこで、一三歳のときに行われるバル・ミツヴァ（成人式）の機会が、利用されたのではないかと考える学者がいる。(13) もっと年端が行ってから告知した例もあるが、一三歳頃の実例がかなり見つかることは確かだ（例えば、第三章第二節で見た小ルイス・デ・カルバハルの場合）。おまえが守っている主キリストの法は、実は悪しきものであり、正しいのはモーセの律法である、と伝えるのが普通である。(14) こういう次第だから、彼らの間に伝わった教義も単純にならざるをえず、「救済はモーセの律法による」という一行だったとしてもなんら不思議ではあるまい。

要約すると、改宗者にしても隠れユダヤ教徒にしても、キリスト教とユダヤ教という二つの宗教の境界領域にあって、どちらともつかない独特の文化、独特の精神構造をつくりあげていたと考えられる。ヨヴェルは「宗教的な二重性はもっとも熱心なユダヤ教転向者の意識（と潜在意識）にも入り込んでいた。マラーノの殉教者や英雄たちも、型どおりの意味でのユダヤ人であることは滅多になかった。秘密に礼拝を行うこと、カトリック教徒から教育を受け、ユダヤ人から教育を受けないこと、複数の教義が精神の中で混合すること、イベリア半島の外でユダヤ人社会から孤立したこと、こうしたことが重なったために、宗教史と社会学上特殊な現象が生まれた。つまり、キリスト教でもなければ、ユダヤ教でもない信仰の一形式が生まれたのである」[15]と要約しているが、マラーノの最大公約数的な全体像と見なしてよいと思う。

セファラディとアシュケナジ

このようなポルトガル系マラーノがアムステルダムに定住し始めたのは、一五九二年か一五九三年である。初期の彼らは、到着するやいなやキリスト教徒の仮面を脱ぎ捨てたわけではなかったようだ。彼らがアムステルダムに来たのは、異端審問に追い回されない、平和な生活を営むためであり、富を追求するためでもあって、必ずしもユダヤ教に戻るためではなかった。しかし、遅くとも一六〇八年までには、ユダヤ教徒に戻った人々によるユダヤ人社会が誕生していたと見てよかろう。この一六〇八年に、ヴェネツィアからサロニカ（テッサロニキ）生まれのラビが到着しているのだ。やがてユダヤ人社会は三つに増え、それぞれ別個のシナゴーグを持つまでになったが、一六三九年に一本化して単一のセファラディ社会を形成し、「タルムード・トーラーの聖なる会衆」と名乗った。

彼らは主としてポルトガル語を話し、スペイン語を日常的に使う者や、スペイン語で著作活動をしたメナセ・ベン・イスラエル（一六〇四―一六五七）のような者は、少数派に属した。ヘブライ語とスペイン語の要素が混じったラディィノ語も使わなかった。ヘブライ語は日常言語ではなく、シナゴーグ内での使用に限られていたので、一六六二年にアムステルダムに移住した篤学の神学者イシャック・オロビオ・デ・カストロ（一六一七頃―一六八七）でさえ、ヘブライ語の原典を自由に読みこなすことは、至難

表3　アムステルダムのユダヤ人社会(18)(推定)

	セファラディ	アシュケナジ	全市人口比％
1610	350	0	0.40
1630	900	60	0.75
1650	1,400	1,000	1.40
1675	2,230	1,830	2.00
1700	3,000	3,200	3.00
1725	3,000	9,000	6.00
1750	2,800	14,000	8.50

のわざであったと見なされている。(16) オランダ語で自己表現をするようなエリートの出現は、十八世紀後半に入るまで見ることができない。

言い換えると、ポルトガルの異端審問に対する、激しい憎しみは憎しみとして持ち続けながら、彼らはポルトガル人らしさを失わず、快楽の追求にも情熱的で、ポルトガルの演劇に熱中し、コーヒー・ハウスに通い、娼婦の館にさえ通ったのである。主要言語はポルトガル語であるとはいいながら、オランダ語をあやつる二カ国語使用者も少なくなかった。このバイリンガル性が、ユダヤ人街に閉じこもって、イディッシュ語だけで用の足りたアシュケナジとの大きな差異である。(17) また、十八世紀に入ってますます肥大化していくアシュケナジ社会と違って、キリスト教アムステルダム社会から分離してしまうほど、大きな社会を形成しなかったことも、セファラディの特徴である（表3を参照）。

「確かに多くのユダヤ人がドイツやその他からオランダ東部に流れ込み、アムステルダムに押し寄せてきたが、彼らはポルトガル系の同胞たちが得たような繁栄も尊敬も手にすることはできなかった。オランダ人もオランダ国家も、彼らを欺瞞的で多分に犯罪的であると見なしたので、昔からイスラエルに浴びせられた汚名を着せられたのである。しかし、それはあまり過酷ではなかった。彼らは迫害もされず、他の住民から切り離されることもなかった」[19]。

このホイジンハの要約のとおり、オランダ人は一五九〇年代に定住したセファラディと、一六三〇年代から定住し始めたアシュケナジとを区別した。それと同じように、アムステルダムのセファラディ社会も、自分たちとアシュケナジを判然と区別し、アムステルダムを目指しながら旅の空で朽ち果てたセファラディの新キリスト教徒なら、たとえ割礼を受けていようといまいと、埋葬やその他に関してユダヤ教徒としての権利を与えたのに、アシュケナジに対しては堅く門を閉ざし、セファラディと結婚したアシュケナジの男女や、アシュケナジ女性と結婚したセファラディ男性を、社会に受け入れようとしなかった[20]。セファラディとアシュケナジの間の結婚が進むのは、ようやく十八世紀後半に入ってからである。

破門者が相次いだユダヤ人社会

一六三九年に一本化したアムステルダムのセファラディ社会は、「タルムード・トーラーの聖なる会衆」と名乗った。トーラー（律法）を学ぶ聖なる集団という意味である。ユダヤ思想に詳しいラビ長のサウロ・レヴィ・モルテイラ（一五九六頃―一六六〇）、タルムード学に秀でたイサアク・アボアブ（一六〇五―一六九三）、キリスト教徒の友人にも恵まれ、多くの著作をあらわした聖書学者のメナセ・ベン・イスラエルといったラビたちが、宗教生活の指導者であった。モルテイラはヴェネツィア出身のアシュケナジであったと見られるが[21]、メナセとアボアブはキリスト教の幼児洗礼を受け、ポルトガルで育ち、

図32　マラーノからラビになった男メナセ・ベン・イスラエル

アムステルダムに来てから初めてラビとしての訓練を受けるという、数奇な半生を歩んだ元マラーノである（図32を参照）。

この社会を統括したのは、マーマドと呼ばれる世俗の七人委員会である。委員会は六人のパルナス（世俗の長老）と一人のガッバイ（収入役）で構成され、その多くは国際貿易で財を成した大商人であった。彼らは前任者によって指名され、それを拒絶すれば、罰金を科された。ラビを雇ったり解雇したりするのも、この七人委員会の権限なら、社会の一員に破門宣告を下す権限も彼らの手中にあった。破門の執行にあたっては、ラビたちと相談してその同意を得たという[22]。

このセファラディ社会は、十七世紀を通じて二八〇名を超える同宗信徒を異端者として処分している[23]。とりわけ眼を引くのは、一六四〇年代から一六六〇年代にかけてで、一六五六年に起きた有名なバルーフ・スピノザ（一六三二―一六七七）の破門をはじめとして、ファン・デ・プラード博士やダニエル・デ・リベラ博士などの破門・追放も、この前後に起きている。スピノザが「毎日のように実践しかつ教えている忌まわしい異端」を理由に破門された一六五六年七月二十七日、スピノザを教えたことがあるかもしれないラビのメナセ・ベン・イスラエルは、ちょうどロンドンに滞在中で、イングランド共和国護国卿クロムウェル（一五九九―一六五八）と談判中であった。公式の再入国の願いは、ロンドン商人を中心とする反対派の強い抵抗にあって、すでに絶望的になっていたが、自宅での礼拝の自由などを求めていたのだ。アムステルダムのユダヤ人社会が異端的なスピノザを破門したのは、イングランドのピューリタンの不安をなだめるためであって、メナセへの援護射撃であるという、うがった説があるが[24]、これには史料的な裏づけがない。

これよりも一般的な説は、アムステルダムに来てユダヤ人になったばかりの「新しいユダヤ人」を、ラビ的ユダヤ教の教えに沿ったユダヤ教徒に鍛え直そうとしたラビたちが、スピノザの異端的傾向を危険と見なしたからだと説く[25]。そのような宗教的な要素は確かにあるが、それだけに眼を奪われると、歴史を読み違えることになるだろう。破門宣告はラビではなく、マーマド（世俗長老委員会）が発したこと、経済的理由からユダヤ教に改宗したらしい大商人（例えば第二節で触れるアントニオ・ロペス・スアッソ）さえ混じるマーマドは、正統的な教義にこだわったわけではないことに注意しなければならない。彼らは、スピノザやプラードに金を握らせて黙らせようとし、分裂の表面化を避けたかった気配が濃厚なのだ[26]。一六五三年には、メナセ・ベン・イスラエルとラビ長のモルテイラの不和が表面化して、マーマドから両成敗の譴責《けんせき》を受けたという記録も残されている[27]。

一六四〇年代半ばから一六六〇年代半ばは、アムステルダムのセファラディ社会の激動期にあたっている。多くのポルトガル系マラーノが移住してきたうえに、オランダ領ブラジルが崩壊した一六五四年を頂点として、一〇〇〇人以上のユダヤ人入植者がブラジルから帰国した時期である。またさらに一六六五年、メシアを自称したシャバタイ・ツヴィ（一六二六―一六七六）がヨーロッパのユダヤ人社会に熱狂を巻き起こし、このメシアニズムの嵐に巻き込まれたシャバタイ派と反対派の摩擦が、アムステルダムでも表面化している。このように、利害も文化も異なる雑多な元マラーノ・元新キリスト教徒から成る混成集団でありながら、単一の社会的、文化的、宗教的な統一体を目指したために、集団としての性格を決定するのに、内部摩擦が生じたと考えなければならない[28]。

いささか俗っぽい破門の実例を挙げておこう。一六四〇年にラビのメナセ・ベン・イスラエルが、一日間とはいえ破門された事件がある。この破門事件を調べてみると、宗教的な理由よりも経済的理由が顕著である。義弟のヨナ・アブラヴァネルが、ブラジル貿易を独占するユダヤ人社会長老を非難するパンフレットを書いて破門されたとき、シナゴーグ説教壇からこの破門を激しく非難し、信徒の賛同を求めたために、ラビもまた破門されたのである（オランダ領ブラジルとユダヤ人の関わりについては、第二節で詳述する）。ラビが罰金を支払ったので、破門処分は一晩で解除された。この例に顕著なように、破門は寡占体制にあるマーマド（世俗長老委員会）やその周辺の大商人の経済的思惑から発動されることもあった。それほど雑多なユダヤ人がアムステルダムに押し寄せ、経済的利害も対立することがあったということだ（ラビは霊魂の指導者であっても、給料は安く、ラビ長のモルテイラは両替業、メナセは出版業に手を出していた。大商人のマーマドたちは、娘をラビに嫁がせるなど思いもつかなかったらしい）（図33を参照）。

図33　ユダヤ教の祈禱書（1666年，アムステルダム）
描かれているのは，偽メシアとして有名なシャバタイ・ツヴィ．

さまよえるユダヤ人ウリエル・ダ・コスタ

このような種々雑多なユダヤ人の中でも、筆者がことのほか心惹かれた人物は、スピノザの破門よりも四十年も早い一六一八年に、ハンブルクのユダヤ人社会から破門されたウリエル・ダ・コスタ（一五八三／五一一六四五）である。彼の遍歴は、アムステルダムに定住した第一世代のポルトガル系マラーノの一典型として、また最初の近代的ヨーロッパ人として、筆者の心を強く捕らえて離さないものがある。死後に発見された自伝風の「人間の一生の一例」に依拠しながら、その生涯を略述することから始めよう。

ウリエルは新キリスト教徒を父母に、ポートワインの輸出港として栄えたポルトに誕生して洗礼を授けられ、ガブリエルと命名された（ウリエルの名は、アムステルダムに移住して割礼を受けてからのものである）。「両親は貴族の出身……父は正真正銘のキリスト教徒であった」と、ウリエルは断言する。(29) 事実、父なる人は熱心なカトリック教徒であり、ブラジルにまで足を伸ばした商人・徴税請負人であり、騎士・貴族《カバレイル・フィダルグ》の称号さえ得ていたが、彼が黙して語ろうとしない母やその家系は、隠れユダヤ教徒であったことが判明している。

ウリエルは若くしてラテン語を修め、官吏の登竜門であるコインブラ大学に入学して教会法を専攻し、一六〇八年の父の死去とともに道半ばで退学して、その翌年に共住聖職者聖堂の収入役となった。収入と名声のともなうこの地位を手にした彼は、剃髪を受けてカトリック聖職者への道を歩み始めた。その彼がユダヤ教への回帰に目覚めて隠れユダヤ教徒化したのは、いつのことなのか定かでない。だがとにかく、一六一五年になると、母を含む一家を引き連れてポルトガルを後にし、翌年の春にアムステルダムにたどり着いて早々と割礼を受けたのである。二人の弟はアムステルダムで生活を始め、ウリエルは妻、母、兄夫婦とともにハンブルクに落ち着いた（ハンブルクは、一五九〇年代にドイツ系ユダヤ人を従前どおり排除しながらポルトガル系マラーノの居住と交易を許したうえ、彼らのユダヤ教信仰にも眼をつぶった都市である。一六一〇年当時、二〇家族のポルトガル系ユダヤ人が定住していた(30)）。

当時のポルトガルの新キリスト教徒は、一六一〇年に国王の許可なくして出国することを禁じられていたので、彼らの移動は異端審問所の探知するところとなったが、旧キリスト教徒の隣人たちが一家のカトリック信仰の正統性を保証したこともあって、ポルトガルに残留した妹夫婦には何の咎めの沙汰もないまま事は済んだ。(31) 亡父がリスボンの有力な貴族に貸し付けていた融資が焦げついたために、一家は財政難に陥っていたので、出国はもっぱら経済的な理由によると当局が理解したことも幸いしたかもしれない。

　ウリエルの人生の不幸は、皮肉なことに、イベリア半島を脱出して晴れてユダヤ人になってまもなく、はっきりとしたかたちになってあらわれる。そのきっかけは、ディアスポラ・ユダヤ人を支配していたラビ的ユダヤ教にあった。ラビ的ユダヤ教の主張によれば、バビロニア・タルムードとして成文化された口伝律法は、書伝律法とともにシナイ山上でモーセが神から授かった神の言葉であるが、問題はこの「神の言葉」にあった。ラビ的ユダヤ教に関する知識は、ユダヤ人追放後のイベリア半島にも、わずかながら入り込んでいた（例えば、この十七世紀初め、ヴェネツィアで印刷されたスペイン語の祈禱書が入り込んでいた）[32]が、ウリエルはラビ的ユダヤ教について多くを知らず、ユダヤ教とは何か、モーセの律法とは何かについては、主として旧約聖書から独学で学んだのである。そのために、ラビ的ユダヤ教が聖書と違って、死者の復活と魂の不滅の教理を持っていることに大きな衝撃を受けた。いやこの教理だけでなく、巨大なまでに肥大化してユダヤ人を細かく縛りつけるタルムードの慣習や法が、旧約聖書のモーセの命じる律法と違うことに衝撃を受けたのである[33]。

　例えば、タルムードに従えば、割礼を完全に行うには、生後八日目の赤子のペニスの包皮を切除するだけでは事足りず、包皮の裏地をはぎ取って亀頭を完全に露出させること、ペニスを口に含んで血を吸い取ること、この三つを行わなくてはならないが、包皮の切除以外の規定は書伝のレビ記のどこにも見えない[34]。キリスト教的な感性の残るウリエルにとっては、特に三番目の処置は、身の毛のよだつほどおぞましかったらしく、「ペニスを口にして血を吸うことは、恥ずべき、汚らしい悪習である」と、嫌悪感を隠さなかった（後世になってからのことだが、血を吸われた乳児の中には梅毒や結核をうつされた例が報告されている）。

そのような法や教理は、旧約聖書のどこにも書かれていない以上、それは神の言葉でなく、人間の解釈でしかないとウリエルは考え、聖書と矛盾しているラビ的ユダヤ教の儀式や刑罰の一覧表をつくって、これをヴェネツィアのユダヤ人社会に送ったのである。当時のヴェネツィアは、ハンブルク、リヴォルノと同じように、ポルトガル系ユダヤ人の拠点であり、しかも知的な中心地と目されていた。一六一八年、ハンブルクのユダヤ人社会のパルナス（世俗長老）たちは、ヴェネツィアに住むアシュケナジのラビ・モデナの指示に従って、ウリエルを破門に処した。これは一六五六年七月二十七日に哲学者スピノザに下された破門宣告よりも、四十年も早い。

ユダヤ人から神の敵の烙印を押されたユダヤ人

破門されたウリエルは、一六二三年の五月までには、ハンブルクからアムステルダムに居を移していたものと見える。次のような記録が残されているからである――

……ウリエルと面談して、彼を真理に連れ戻そうと、寛大で穏やかな説得を行った。しかし、まったく改悛の情がなく、傲慢で悪意と誤った意見を改めようとしないことが判明したので（傍点引用者）……すでに破門され、神に呪われたという前科にかんがみ、社会から追放することに決定した。(35)

一六二三年五月、アムステルダムのポルトガル系ユダヤ人社会は、このようなポルトガルの異端審問を思わせる言葉を連ねて、ハンブルクの破門宣告をあらためて確認し、ウリエルをアムステルダム・ユダヤ人社会から追放した（当時のアムステルダムはユダヤ人社会が鼎立《ていりつ》しており、いずれの社会なのか不明である）。キリスト教徒からではなくユダヤ人から、「神に呪われた人物」（＝神の敵）の烙印を押されたわけだ。ついでウリエルが『ファリサイ派の伝承の検討――書伝律法と比較して』（一六二四）をアムステルダムの一書肆から出版すると、「ユダヤ人の長老やお偉方らは……わたしがユダヤ教だけでなくキリスト教をひっくり返すために魂の不滅説を論破した本を出版したと主張して、治安判事に訴え出た。この密告によって、わたしは逮捕され投獄された」[36]。弟たちが保釈金を支払った証拠があるので、彼が投獄されたことは事実である。またこの本が公開で焼かれたこともわかっているが、焼いたのがアムステルダム市当局なのかユダヤ人社会なのかは定かでない。しかしおそらく、その前例を持つユダヤ人社会の仕業であろう[37]。焚書を免れた現物が二冊現存することが確認されており、しかもその一冊はスペインの大審問官が手に入れ、マドリードで出版された「禁書目録」（一六三二）にその名が見えるという[38]。

こうしてユダヤ人社会を追われた彼は、ユダヤ人社会の存在しないユトレヒトに落ちて行くが、一六二八年までにふたたびアムステルダムに戻り、破門の許しを得たらしい。「郷に入っては郷に従え」を実践したまでと、ウリエルは言う。自己が帰属すべき社会としてはユダヤ人社会しかないとあきらめて、仮面をかぶってでもユダヤ人社会にとどまろうとしたということだろう。かつてキリスト教社会にあって仮面をかぶらざるをえなかったマラーノのウリエルは、ユダヤ人社会でも仮面生活と縁が切れなかったわけだ。

ところが、ユダヤ教に改宗しようとするキリスト教徒に相談されたとき、彼らに翻意をうながしたことがユダヤ人社会長老の知るところとなり、ふたたび破門の処分を受けた(39)。こうして破門されると、ウリエルはまたしてもユダヤ人社会との和解を求め、公開の懺悔と三九回の鞭打ちを甘受し、シナゴーグの入り口で全会衆から足蹴にされるという屈辱的な和解の儀式さえ受けた。しかし、この恥辱に耐えかねて、「復讐のための権力が欲しい」、「ユダヤ人のもとに来なければよかった」という、後世の加筆とも思われる呪詛の言葉を書き連ね(40)、拳銃でみずからの脳髄をぶち抜いてこの世を去った。一六四〇年四月のことである。

ここであらためて、彼が破門された原因はなんだったのか、それを問題にしてみたい。破門の決定的な要因は、ずばり言うなら、『ファリサイ派の伝承の検討』の冒頭に「口伝律法と呼ばれる伝承は、真実の伝承ではなく、また律法に起源を持つものでもない。……律法が真実であるなら、律法と矛盾する伝承は虚偽であるに違いない、そして律法は真実なのである(41)」と明言した彼の思想にある。この思想に立脚して、彼は口伝律法を神の言葉とするラビたちの虚偽・いんちきをあげつらってその権威を認めず、ラビ的ユダヤ教がタルムードとして発達させた口伝律法を、価値のないものとして否定し去ったのである。これがラビたちの怒りを招き、彼の破門につながったことは疑う余地がない。例えば、ウリエルの破門を事実上決定した、ヴェネツィアのラビ、レオン・モデナ*は、次のような言葉を残している――「この者がサドカイ派なのか、ボエティウス派なのか、カライ派なのか、予のあずかり知らぬことである。しかしながら、この者は、われらの敬慕するラビたちの言葉に挑戦したという点で異端者であり、完全なエピクロス主義者である。そのことだけで十分だ」(42)。

「ラビたちはごく些細な問題についてもわたしが彼らと違っていることに我慢がならず、同じ道を歩めと主張する」とウリエルは言うが[43]、彼はラビ的ユダヤ教の存立の基盤であるタルムードをあからさまに否定したのだ。ラビたちの立場からすれば、破門を措いてほかになかったであろう。

＊ カライ派は、八世紀にラビ的ユダヤ教の中心地であったバグダードか北アフリカに発生した、反ラビ的ユダヤ教の運動。口伝律法は人間の解釈したもの、人間のつくったものでしかないと見なして、聖書のテクストだけを信条と律法の源泉とし、聖書の言葉の文字どおりの意味、慣用的な用法、文脈を尊重する聖書主義者である。ウリエルはカライ派と共通するものがあるが、自分をカライ派だと自己規定したことはない。エピクロス主義は、万物の現象を原子の偶然の結合によると考え、神々や死後の運命についての迷信から脱して、心の平静を得ようとしたエピクロスに発する思想。ボエティウス（四八〇頃—五二六頃）は、プラトンとエピクロス派に影響を受けた、ローマの哲学者として知られるが、プラトン流の哲人政治を実践した執政官でもあった。叛逆罪の汚名を着せられて獄中で書いた『哲学の慰め』には、「永遠とは、限りない生命を、一度に全体として完全に、所有すること」という有名な定義がある。

マラーノが拓いた近代

「ウリエル・ダ・コスタの事例は、正統的な信仰と思想の自由との葛藤の単純なあらわれと見るべきではなく、マラーノの経験そのものに内在する、特有の内的な分裂のあらわれと見るべきものである」[44]。このようにヨヴェルは書いているが、その意味は、ラビやラビ的ユダヤ教と接触することのない、イベリア半島のマラーノとして、理想化せざるをえなかったユダヤ教と、歴史的現実としてのユダヤ教（ラビ的ユダヤ教）との間のギャップに引き裂かれたということであろう。マラーノの存在が矛盾にみちているることについては、この道の先駆者だったゲプハルトもよく知られた名句を残している、「マラーノとはカトリック信仰を持たないカトリック教徒であり、ユダヤ教の知識を持たないユダヤ人である。しかし、意思だけはユダヤ人だ」(45)と。マラーノは確かに、そのような分裂した存在に見えるが、多くのマラーノは、それを矛盾とも分裂とも感じることなく、生きていたことも確かなのである(46)。

だがしかし、ウリエルは違った。マラーノであるがゆえに、夢に見たユダヤ教と歴史的現実としてのユダヤ教の乖離《かいり》に引き裂かれた男であった。どうしてそう言えるか。死後に残されていた「人間の一生の一例」の中の、啓示的なエピソードをよすがとして、その理由を解きほぐしてみたい。「一例」によれば、カトリック教徒時代のウリエルは、永遠の生命の教理ゆえに不幸であったという。永遠の生命という教理は、未来の希望と歓喜に向かわせてくれるよりは、永遠の堕地獄という未来の絶望に直面させたからだ――「まだ若い頃、永遠の堕地獄が恐ろしいあまりに、カトリック教会のすべての教義をきちんと守りたいと思った」と、ウリエルは述懐する(47)。しかし、そのように思い定めて心血を注いでも、悩みは執拗につきまとった。カトリック教会に罪を告白し赦しを受ける告解《こっかい》を行ったぐらいでは、とうてい完全な罪の赦しを得られるはずはないと思われ、自分は地獄に落とされると思って憂愁にとらわれ、胸がふさいだという。このような言葉から想像できるウリエルの人となりは、敬虔かつ真面目で、罪悪感の強い自罰的な性格と規定できそうだ。また、ポルトガルを去ろうと決心すると、他人に道を譲るため、名声と富のともなうカトリック聖職禄を手放したと告白しているところを見れば、責任感もまた強かったであろう。この種の人間は、誰もがいだく邪念をことさらのように罪深いものと見なし、それゆえに堕地獄に値するとして自己を責め、悶々として鬱《うつ》状態になりやすい性質である。

さて、このように悩んだあげくに、ウリエルはどうしたか。旧約聖書と新約聖書のテクストを丹念に読んでみたのである。新約聖書は、周知のように、死後に訪れる永遠の報いと罰の言説にあふれている。「わたしのゆえに……家、兄弟、姉妹、母、父を棄てた者で……永遠の生命を受けないものは一人もいない」（マルコ福音書一〇章二九）をはじめ、マタイ福音書五章一二節、コリント人への第二の手紙五章一節、ガラテア人への手紙五章二一節、ヨハネの黙示録二一章七—八節その他。死者の復活の言説となれば、これは新約聖書のさらに中心的な思想である——「死者から起き上がるときは、娶らず、嫁がない」（マルコ福音書一二章二五節）をはじめ、マタイ福音書二二章三一—三三節、ルカ福音書二〇章三七—三八節、使徒行伝一七章三二節、コリント人への第一の手紙一五章一二—二二節を見るがいい。

ところが、旧約聖書の多くの記述では、人は動物と同じように死に、肉体の死とともに霊魂もまた滅びて塵に帰るとされている。

> 人はけものに勝るところがない。すべての者は空だからである。皆一つのところに行く。みな塵から出て塵に帰る。誰が知るか、人の子らの霊は上にのぼり、獣の霊は地の下に下ると。
>
> 伝道の書三章一九節
>
> 神が神自身に心を向け、その霊と息とを自身に取り戻したときには、すべて肉なる者は共に息絶え、人は塵に帰る。
>
> ヨブ記三四章一四—一五節

つまり、永遠の生命もなければ、永遠の堕地獄もない。この思想に、罪悪感の強いウリエルはどんなにか慰められたことだろう。ユダヤ教に帰りたいという願望が、その心中に芽生えたことは想像に難くない。もちろん、「地の塵の中に眠る者の多くが目を覚ますであろう。ある者は永遠の生命に至り、ある者は恥と永遠の恥辱を受けるであろう」（ダニエル書一二章二節）というような対立的な言説のあることに、彼が気づかなかったはずはなく、「ダニエル書の内容は、この書が律法の思想に反するファリサイ派の思想でしかないことを暴露している。ダニエル書は預言の仮面をかぶっているけれども、それは著者たちの誤った教えに権威を持たせることによって、まんまと人々をたぶらかそうという魂胆からだ」と、舌鋒鋭く批判している。(48) このようなウリエルにとって、ユダヤ教は霊魂の不滅について複数の異なる教義を持つ、包容力のある宗教に見えていただろう。

ところが、イベリア半島を脱出して初めて触れた、歴史的現実としてのユダヤ教は、まことに煩瑣な行動細則を成文化した「口伝律法」を神聖視するだけでなく、霊魂不滅を信じるファリサイ派の独占したユダヤ教だったのだ。「眼の見えないファリサイ派よ……他の人々は、あなたたちがまったく無視している自然法の真実の基準である正しい理性によって……判断するのである。モーセの律法やその他の制度においてすぐれている部分は、完全に自然法に含まれているのだ」と書き、霊魂の不滅説は、ユダヤ教ファリサイ派と「うぬぼれた異邦人のある者たちが夢見た愚かしい考え」にすぎないと断定して、ラビ的ユダヤ教とキリスト教の双方に、けんかを売ったのも自然の成り行きであった。(49)*

そのためにユダヤ人社会から破門され、ついには自殺したという意味で、「夢」と「現実」のギャップに引き裂かれたと言えるだろう。ただし、それがすべてではない。さらに言えることは、彼が引き裂かれたと同時に、ユダヤ・キリスト教の伝統を引き裂いてもいるということ、そして、彼が引き裂いた裂け目からは、ヨーロッパの近代が顔をのぞかせているという点である。ウリエルの聖書中心主義（ときに字義どおりを越えて、表面的になることもある）が、カトリック側の対抗宗教改革運動から学んだものか、それとも、聖書以外に頼る資料がなくて、やむなく聖書中心主義になったのかどうかはともかく、聖書をひたすら読むという彼の態度は、口伝律法を神から授かった神の言葉であるとするラビ的ユダヤ教の足場を崩したのだ。

いや、その態度はさらに一歩進んで、神の言葉としての聖書の地位さえ突き崩した――「モーセの律法も、この世にある多くの他の制度と同じように、人間のつくったものでしかなく、モーセが神の啓示に従って書いたものではない。自然の法則に反する多くのものを含んでいるからだ(50)」。つまり、自然の法則の創造主である神が、それと大きく違う啓示の神でもあるということはあるはずがない、と。ウリエルはまた「この人たちは常日頃、やれ自分はユダヤ人だ、やれキリスト教徒だといって得意がっている。……自分はユダヤ人でもキリスト教徒でもない、人間だという人の方が、遥かに好ましい(51)」とも語った。この意味でウリエル・ダ・コスタは、控えめに言っても、「ユダヤ・キリスト教の伝統から踏み出した最初の近代人(52)」であった（ウリエルの聖書中心主義は、ルターから始まった聖書中心主義の宗教改革に通じるだけでなく、それを超えてもいるだろう）。

＊　この論議が大きな波紋を呼び、メナセ・ベン・イスラエルやセムエル・ダ・シルヴァ等のラビたちが反論を書いた。メナセやダ・シルヴァは元マラーノのユダヤ人であり、ポルトガル語で最初に「魂の不滅性」について論じた、十六世紀ポルトガルの重要な神学者コインブラ大学教授アルヴァロ・ゴメス（一五

一〇―没年不詳）も、一四九七年のマノエル一世による強制改宗に巻き込まれて改宗したユダヤ人を両親に持つ新キリスト教徒であった。(53)

対照的な二人のマラーノ

スピノザが精神上の父のような、このウリエル・ダ・コスタの存在を知らなかったはずはないと思うが、この点については史料らしい史料がないので、スピノザ圏内にいたと思われる別のユダヤ人について書いておこう。

一六三五年から一六三六年にかけてカスティーリャのアルカラ大学で、二人の若者が一期一会とも言うべき出会いに恵まれて親友になった（以前から知り合いだった可能性も捨てきれていない）。一人はファアン（ダニエル）・デ・プラード（一六一四頃―一六七〇頃）、もう一人はバルタザール・デ・オロビオ（後のイシャック・オロビオ・デ・カストロ）といった。二人揃ってポルトガル系マラーノの息子として誕生し、家族とともにスペインに移住してスペインで育った知識人である。第三章第二節に書いたように、スペインがポルトガルを併合した一五八〇年以後に多くのポルトガル・マラーノがスペインへ逆流したが、その時代に生まれ育った時代の児であった。二人の若者は「リンピエサ・デ・サングレ（＝純血）」の基準によって差別を受けたユダヤ人の子孫のご多分に漏れず、将来性のある医学を選ぶとともに神学の研究にもいそしみ、そしてやがて対照的な人生を歩んだ。オロビオがラビ的ユダヤ教の熱心な弁護者となって、スピノザ哲学を批判したのに対して、プラードはスピノザの近辺にあってユダヤ教から離脱し、同じように破門処分を受けることになる。

プラードに関する重要な情報は異端審問所の記録にある。一六五四年に異端審問を受けて、異端審問につきものの拷問を受けたフランシスコ・ゴメスの次のような自白である。

プラード博士の言葉にわたしは感動しました。特に博士がアルカラでもっとも学識のある人間であると前置きしてから、自分はモーセの律法を実践している、おまえにもできると言ったからです。博士が言うには、誰かにそそのかされてモーセの律法に改宗したのでもなければ、モーセの律法について誰かに教わったのでもないそうです。自分の持っている書物や大学での教育から独力で学んだということです。(54)

この証言のように、プラードが手探りするようにモーセの律法について独学し、そのユダヤ教信仰を実践しただけでなく、周囲の新キリスト教徒を説得してユダヤ教徒に戻るよう運動していたことは、疑いのない事実である。

一方のオロビオは、一六五四年八月に母や姉妹と一緒にセビーリャの異端審問所の網にかかって、長々しい取り調べを受けた。素裸にされて割礼の証拠が隠せなくなっても、知らぬ、存ぜぬ、の一点張りで通したが、ついに一六五六年、拷問にかけられ、一時的に隠れユダヤ教徒であったことがあると自供し、プラードなど数人の隠れユダヤ教徒の名前を口にした。しかし、まことに巧妙なことに、有名な「ブルゴスのパウロ」の著作を読んでから自分の誤りを悟ったので、現在はイエス・キリストの教えに戻っているという嘘をついて、ようやく虎口を脱したのだった。ブルゴスのパウロ(一三五一頃―一四三五）は、タルムードに精通したラビの身でありながら、一転してキリスト教に転向して、大司教にまでなった有名人であり、パブロ・デ・サンタ・マリアという洗礼名でも知られる新キリスト教徒である。マルティン・ルターの『ユダヤ人と彼らの嘘』の基礎的な資料となった、この元ラビのキリスト教弁護論を、オロビオは呆れるほど丹念に読んでおり、そのために彼の弁明は、いかにも真実らしく聞こえる説得力を持ったようだ。このとき、一六五六年六月、セビーリャで行われたアウト・デ・フェで有罪判決を受けた四一名のうち、誰一人として火刑を宣告されなかったことも付記しておこう(55)。

オロビオは、プラードがすでにスペインを脱出したものと思って、友人の名を口にしたのだろうが、プラードが、いつ、いかなる方法で、スペインを脱出したかは不明である。一六五五年十月の記録に、アムステルダムのシナゴーグに献金したことが記されているから、遅くともこの頃までには、アムステルダムの住人になっていたらしい。ところが一六五七年二月、彼もまたユダヤ人であることを隠す必要のない、この「オランダのエルサレム」で、ユダヤ人社会から破門宣告されるという事件に巻き込まれる。旧友のオロビオは、その皮肉な運命をいみじくも表現した――「ユダヤ人でいることが不可能な場所にあっては、偽キリスト教徒、正真正銘のユダヤ人だったのに、正真正銘のユダヤ人になれる場所にやって来たら偽ユダヤ人になる、こんな事態が発生したのは、君の場合だけだ(56)」と。

プラードが破門された理由については、いくつかの史料がある。一つは、「われらの聖なる律法に反する、きわめて悪しき見解によって、さまざまな人々を誘惑しようとする邪道にふたたび陥った」という罪状である(57)。この記録は、プラード博士に資金援助をして国外退去させようとしたが、それに失敗したとも記している（つまり、ユダヤ人社会世俗長老たちは、買収して事を穏便に収めようとしたのだ）。

もう一つは、プラードにラテン語を習っている学生を密告者として使ったラビ・モルテイラが入手した情報である。自由なアムステルダムに形成されたユダヤ人社会の宗教的、精神的な指導者が、スペイン・ポルトガルの異端審問所まがいの密告者を使ったとは、驚き入った話だが、とにかくその密告によれば——

ムハンマドを信じなければならない理由がないように、モーセを信じなければならない理由もないと、彼は言った。そのうえ応報や罰はあると思うかと聞くので、わたしは答えた、そのことを疑うのですか、それは十三カ条の信仰箇条*の一つであることをご存知ではないのですか。彼は答えた、これまでのところあの世から戻ってきて助けを求めた者は一人もいない……。彼はとりわけ死者の復活に関する聖者たちの知恵を愚弄した。死者の復活などありえず、常識に反する。だから、死者の復活について言われていることは、まったくのたわごとである。世界は神が創造したのではなく、つねに変わらぬかたちで存在してきたし、永久に存在し続ける、とも語った(58)。

この密告を信じるなら、このときすでにプラードは、隠れユダヤ教徒時代の信条を捨て去っている。ユダヤ教、キリスト教双方の基本的な教理である霊魂不滅の説や、人格神がこの天地を創造したとする教理を信じていないし、さらに進んでユダヤ教もイスラム教も信じるに値しない迷信と見なすまでになっている。

しかしプラードはこの破門処分に納得せず、執拗な抵抗運動をした。彼もまたウリエル・ダ・コスタと同じように、アブラハムの神への信仰を失ったにもかかわらず、ユダヤ人社会から離れようとしなかったという点が興味深い。この点に関する限り、スピノザは颯爽としていた。彼はあわてず騒がず、悠然とユダヤ人社会を後にすると、キリスト教徒の友人たちの間で独自の生活を営み、ユダヤ人の思い上がった選民意識を批判しつつ、多くの哲学的な仕事を残すことになる。とは言いながら、キリスト教徒になろうとしたことなど一度もない。

＊ ユダヤ教はあらゆるユダヤ人が認める信条を持たないが、十二世紀のラビ・マイモニデス（第三章第一節を参照）が定式化した十三カ条の信仰箇条が、広く受け入れられていた。第一条で神が万物の創造主であることを謳い、ついで神は唯一であり、非肉体的な存在であること、神に対してのみ祈るべきこと、預言者の言葉はすべて正しいこと、モーセが預言者の最たる者であり、トーラー（モーセ五書）は神がモーセに授けたものであることを述べたあと、第十二条でメシアが来臨することへの期待と信仰、第十三条で死者の復活への信仰が語られる。創造主が戒律を守る者には報いを、破るものには罰を与えるという信仰は、第十一条にある。

新たなる光

このような破門者たちが相次いだにもかかわらず、ユダヤ教の内部から改革の動きが出てくるのは、十八世紀の初頭である。一七一二年の早春、アムステルダムのユダヤ人社会は、「われらの聖なる律法の根幹である口伝律法をまったく認めないカライ派」の異端者として、三人のユダヤ人を破門処分にしたが、この三人がその改革者であったらしい。三人をなぜ破門に処したのか、ユダヤ人社会はそれが公になるのを好まず、証拠隠滅を謀った気配だが、当時の思想的な状況は、カプランの研究によって、ほぼ復元されている。それによれば、十七世紀末にヨーロッパのキリスト教とユダヤ教双方の知識人の間に「カライ派」を理想化する動きが見られた。この動きに触発されて、周辺キリスト教社会との文化的、社会的な融合を求める、アムステルダムのセファラディたちの一部は、口伝律法・タルムードの煩瑣な掟に縛られない「純化された」ユダヤ教をつくりだし、それによって文化的社会的な融合を容易にしようとしたのだと解される[59]。

言うまでもなく、「純化された」キリスト教を求めて聖書主義に傾いたプロテスタントと、伝統・伝承を重んじたカトリックとの対照は、聖書主義に徹するカライ派と口伝律法の伝承・伝統を重んじるラビ的ユダヤ教との対照に相通じるものがある。案の定、ユダヤ人社会を追放された三人のうちの二人は、カルヴァン派キリスト教に改宗し、ユグノーの子孫らしきフランス女性や、カルヴァン派オランダ女性と結婚したという事実が突き止められている[60]。

二人の改宗者にとっては、「純化されたキリスト教」と「純化されたユダヤ教」は、きわめて近い宗教に見えたに違いないが、ユダヤ教とキリスト教は多くの共通点を持ちながらも別個の宗教として生き続けた。しかし、二つの宗教の「差異」を「差別」に転化しない友情と理解が芽生えていたことを見逃してはならないであろう。オランダの人文主義者・神学者カスパル・バルラエウス（一五八四―一六四八）は、メナセ・ベン・イスラエルに対して、こう言ったことがある、「これがぼくの信念だ、メナセよ、信じてくれたまえ。ぼくはキリストの息子のまま、君はアブラハムの息子のままでいるだろう[61]」。すべての宗教は「差異」にもかかわらず互いに同等であり、それぞれ異なる宗教を信じる者は、それぞれ固有の仕方で救済される。このような多文化的な思考が神学レベルでも芽生えてきたのである。

第二節　世界貿易におけるオランダの覇権とポルトガル系ユダヤ人

世界貿易におけるオランダの覇権

前節では、ユダヤ人に宗教的寛容の態度を示した近代初期のオランダと、その寛容の文化の中にあってマラーノが切り拓いた近代精神の地平を素描したが、本節で描くのは、ユダヤ人に寛容でありながらインディオやアフリカ人に過酷であった近代オランダと、その尖兵となったユダヤ人の群像である。

クリストーバル・コロンが西インド諸島に到達した一四九二年以前から、ヨーロッパの膨張は始まっていた。早くも一三五〇年頃から、ジェノア人はカスティーリャ人に混じって、カナリア諸島で奴隷貿易に関わっていたし[62]、ポルトガル人は一四四〇年代にアゾレス諸島、一四六〇年代にカーボ・ヴェルデ諸島の植民を開始し、一四七九年の条約でカナリア諸島の権利をカスティーリャに譲る代わりに、これらの島々への権利を認めさせていた。ヴェネツィア共和国は、一四七〇年代に地中海のキプロスを影響下に置き、やがて首都のニコシアなどの拠点を要塞化してオスマン帝国の侵攻に抗しながら、近東地域の通商を独占していた。いずれも一四九二年以前である。

しかし、一四九二年以後のヨーロッパの膨張は、まことに驚異的な、容赦のない大規模なものであった。南北アメリカ大陸にそれまで存在した全文明が、ヨーロッパの軍事的、技術的、経済的優越性と宗教的熱狂の前にあっけなく滅び去った。そのほんの一端を第三章で垣間見たが、ここではオランダが世界的な地位を確立した近代初期に、ユダヤ人がオランダの躍進に果たした重要な役割を見ておきたい。

一五九〇年以後、新興国オランダの商業が急成長したために、ヨーロッパ内部、西インド諸島、東インド、アフリカなどで緊張が高まってきた。特に、スペイン・ポルトガル帝国（一五八〇―一六四〇）、イングランド、ハンザ同盟との軋轢が生じたが、オランダに正面切って立ちはだかったのは、スペイン・ポルトガル帝国である。

ところが一六〇九年、独立を求めてスペインと戦っていたオランダ共和国とスペインの間に「十二年休戦」（一六〇九―一六二一）が成立して、オランダが事実上の独立を果たし、オランダはこれによって多くの商業的利益を手にすることになる。世界帝国の貿易と金融の中心であったアントウェルペンが、その地位から転落し、アントウェルペンを見限ったユダヤ人がアムステルダムに拠点を移したことなど、その好例である（アントウェルペンの没落傾向は以前から見られた。二万人のプロテスタントが追放された一五八五年以後、毛織物産業の職人がアムステルダムへ逃れ、それから二十年間で人口が一五万から八万に減ったのに対して、アムステルダムの人口は七万から一〇万に増えていた）。

さらに一六四〇年になると、カタルーニャでフェリペ四世（在位一六二一―一六六五）に対する叛乱が起きたことを好機と見たポルトガルは、六十年にもおよぶスペイン支配の足かせを脱するための戦争を開始し、即座に自国の海港をスペインの敵国に開放したので、オランダ・ポルトガル貿易が息を吹き返し、オランダのユダヤ人はリスボンやポルトガル経由で砂糖、タバコなどをポルトガル植民地から輸入できるようになった[63]。次いで一六四七年、スペインはオランダへの禁輸を解き、一六四八年にウェストファリア平和条約を結んだ。その直後にアムステルダムのユダヤ人社会は、市議会に請願を出してオランダ国会を動かし、そのオランダの働きかけに応じたフェリペ四世は、ユダヤ人のスペイン本土とスペイン領アメリカとの商取引を合法化したのである[64]（ただし航路については、本土に上陸することなくカディス港かグアダルキビル河畔のセビーリャを経由せよ、という条件を忘れなかった）。

こうしてオランダは、一六四七年から一六七二年にかけて絶頂期を迎え、その後に衰えたとはいえ一七二〇年代に至るまで、アジアとアフリカに広大な植民地を持つヨーロッパ最大の植民主義大国として君臨し続けた[65]。徳川幕藩体制の日本から独占的に大量の銀を積み出したのも、成長期にあったオランダの東インド会社（一六〇二年設立）である。東インド会社の銀の積み出しは、幕府が鎖国令を発した一六三五年から飛躍的な増大を見せた。一六三四年には八四万九五七〇ギルダーの実績であったのに、一六三五年一四〇万三一〇〇ギルダー、一六三六年三〇一万二四五〇ギルダー、一六三七年四〇二万四二〇〇ギルダー、一六三八年四七五万三八〇〇ギルダー、そして一六三九年に至ると、驚くなかれ、七四九万五六〇〇ギルダーにも達した[66]。

この植民地大国オランダとユダヤ人との関係がこの節の重要な関心事であるが、その関係を一言で要約しておくと、片やオランダは、セファラディ系ユダヤ人の財力を利用してオランダ植民地の膨張を図り、片やユダヤ人は、富と新たな居住地、新たな拠点とを求めてオランダ植民主義の尖兵の役割を果たしたと言える。一六四七年から一六七二年までがオランダの世界貿易支配の最盛期だと考えられるが、この時代はオランダのポルトガル系ユダヤ人の絶頂期でもあった。

オランダ西インド会社の野望とユダヤ人

アメリカ大陸、西インド諸島へのオランダの進出は、一六二一年にオランダ共和国政府から二十四年間にわたる貿易の独占権を与えられた西インド会社を抜きにして語ることはできない。西インド会社は、アフリカの赤道から喜望峰までの地域、アメリカ大陸と西インド諸島、オーストラリア・南海諸島の地域について、平和的な植民を行う特権を与えられただけでなく、「強力で持続的な妨害」のある場合には、武力を行使するも自由という特権さえ得ていた。彼らは植民地総督を任命し、自前の軍隊を持ち、拠点に要塞を築いて攻撃的な交易政策を遂行することができた。(67) そしてアムステルダムのユダヤ人は、この西インド会社に多額の資本を投資した有力な株主であった。

西インド会社が植民・貿易特権を与えられた地域は、言うまでもなく、一五八〇年のポルトガル併合とともに出現したスペイン・ポルトガル帝国の縄張りと重なっている。したがって、西インド会社の取るべき道としては、三つの選択肢があった。(68)

(1) スペイン・ポルトガル帝国の経済的大動脈から生き血を吸うやり方。すなわち、ハバナから出航する「銀船団」あるいは「財宝船団」(メキシコとペルーで採掘した金、銀、その他の財宝をスペインへ運ぶ護送船団)に群がったイングランド、北ヨーロッパの海賊船や私掠船のように、海賊行為による分捕りを行う。

(2) スペイン・ポルトガルが領有していない地域で貿易と植民を行う。

(3) スペイン・ポルトガル植民地の重要拠点を征服する。

西インド会社は一六二八年に財宝船団を襲撃して大戦果を上げ、出資額の七五パーセントという高額の配当金を出したが、このような海賊行為に頼るのは、元も子もなくなりかねない危険な賭けである。

そこで、(2)と(3)の道も模索しながら実行していった。現在のニュー・ヨークやニュー・ジャージーの地域に新ネーデルラントを建設するとともに、南アメリカの最初の征服地としてブラジルに白羽の矢を立てた。ブラジル征服の報に接したリマのスペイン植民地高官は、ブラジルの砂糖ではなくて、ペルーの銀を狙っているのだと本国に報告したが[69]、これは正確な情報分析だったろうか。確かに西インド会社は、西アフリカ、ブラジル、ペルー、メキシコをスペインの富の四本柱と見ていたが、ペルーの防備は堅く、この堅陣を抜くのは並大抵ではないとも判断していたのだ[70]（図34を参照）。

西インド会社がポルトガル領ブラジルに狙いを定めたのは、防備が手薄なことを見透かしたからである。それはまず疑いないことだが、それとともに背景にあったマラーノの大いなる影を見過ごしてはなるまい。すでに書いたように、ポルトガルは一五〇〇年にブラジルを発見して植民地化した。しかし、スペインの植民地政策とは反対に、新キリスト教徒の渡航を禁止しなかった。そのために多くの新キリスト教徒がブラジルへ渡り、そのブラジルのポルトガル系マラーノとアムステルダムのユダヤ人やポルトガル系マラーノとの間には、砂糖貿易を通じた結びつきができていたのである。

この結びつきのいきさつを簡単に説明すると、一五八〇年代から始まっていたオランダ船舶のブラジル入港が、一五九四年のスペインの禁輸措置によって絶たれようとしたとき、ポルトガル系マラーノがアムステルダムのユダヤ人に助け舟を出したことがきっかけである。この秘密貿易は十二年休戦中に大いに発展して、一六二二年頃にはアムステルダムは二〇を超える砂糖精錬所を抱え、ここで精錬した砂糖をイングランド、フランス、バルチック諸国に輸出していた。ユダヤ人を含むアムステルダムの商人たちは、ブラジルの砂糖の二分の一か三分の一を自分たちが握っていると自負していた（二分の一以上

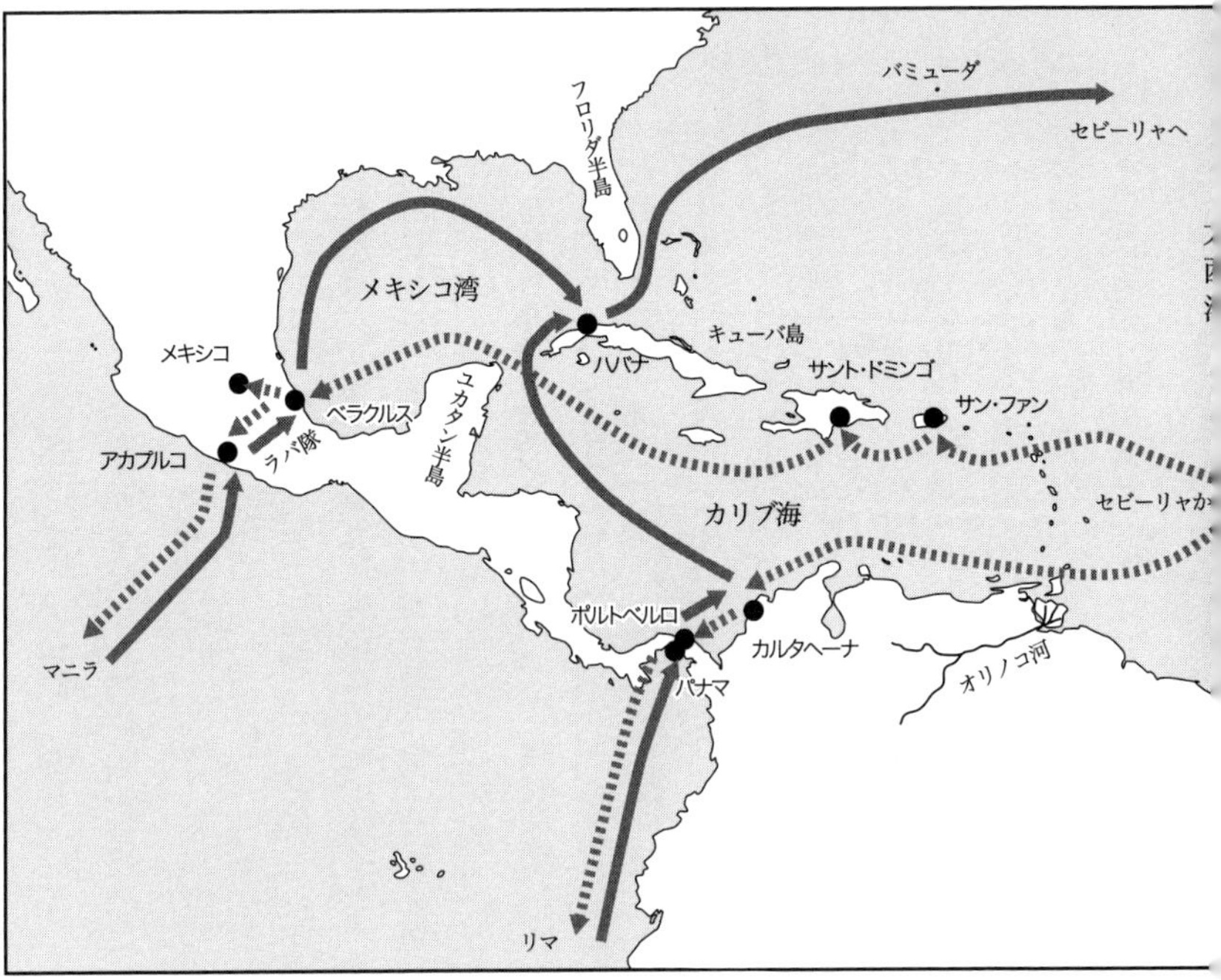

図 34　財宝船団の航路
パナマからリマの外港カヤオまでは南風と潮流に逆らうため，四，五カ月を要する難航路であった．大西洋沿岸のカディス湾と内陸のセビーリャの間はグアダルキビル河を航行した．

は確かだが、それにアントウエルペンとハンブルクを合わせて七五パーセントの独占率であった[71]。砂糖産業の盛んな北ブラジルの征服が予定表に上ったのは、このような背景があったからである。

西インド会社は、一六二四年五月にバイア（サルバドル）をいともたやすく攻め落として、念願の植民地を手に入れたものの、ほぼ一年後にポルトガルの逆襲にあって、これを放棄した。ポルトガル軍が数においてまさっていただけでなく、ローマ・カトリック教会の敵から黄金の植民地を奪回しようと意気盛んだったのに対して、三年契約でかき集められた二〇〇〇名足らずの傭兵から成るオランダ軍は、規律も士気も低かったからだと言われる[72]。それはとにかく、一六二四年の攻略に際して、ユダヤ人がオランダ軍に参加したか随伴したこと、一五九二、三年にバイアに秘密シナゴーグを持っていたマラーノたちが、ユダヤ教に寛容なオランダの支配を歓迎したこと、この二つは歴史的な事実である。バイア奪回を果したポルトガル軍が、親オランダを理由に五人のユダヤ人を処刑したという事実さえ確認できるのだ。オランダ人に混じって数十名規模のユダヤ人やマラーノが、植民地社会を構成していたものと見られる[73]。

ポルトガルから北部ブラジルを奪取

一六三〇年、西インド会社は一一〇〇門を超える大砲を装備した五〇数隻の艦船を派遣して、北部のオリンダ・デ・ペルナンブコを占領した。先導役を果たしたのは、アントニオ・ディアス・パパロバロスという名のユダヤ人だったと言われる。この男はかつてレシフェに住むマラーノであったが、オランダに移住して公然とユダヤ教徒に戻り、ユダヤ人としてペルナンブコに戻ってきたのだった[74]。

ペルナンブコの人口構成は多種多様で、インディオ、アフリカ人奴隷、ポルトガル人カトリック教徒、ポルトガル人ユダヤ教徒、スペイン人ユダヤ教徒、マラーノを含む新キリスト教徒、オランダ人カルヴァン派プロテスタント教徒などであった。占領と同時にカルヴァン主義が公式の宗教となり、西インド会社はイエズス会士を追放して修道院を閉鎖したが、ユダヤ人については、「カトリック教徒であろうとユダヤ教徒であろうと、スペイン人、ポルトガル人、原住民の自由を尊重する。いかなる者も、彼らの良心あるいは私的な家庭内の問題について邪魔立てしたり、尋問したりしてはならない」という原則をつらぬいた。これを歓迎したマラーノたちが、キリスト教徒の仮面をかなぐり捨てたことは言うまでもない[75]。さらに、スペインやポルトガルからも多くのマラーノがブラジルに移動したため、一六四五年にはユダヤ人はおよそ一四五〇人に達し、白人人口の三分の一か半分に迫りそうな勢いであったという[76]。しかし、これ見よがしにユダヤ教徒に戻るマラーノの態度といい、その数の増加といい、カトリック教徒の反感の種とならないものはなく、これが眼と鼻の先に互いに砦を築いて陣地を取り合うという植民地戦争特有の状況とともに、オランダ植民地の不安定要素になったことも否めない。

一六三四年から一六三六年にかけて、オランダ西インド会社はポルトガルを追い出し、砂糖、タバコ、ブラジル木の輸出を手がけるようになる。ということは、オランダが初めて国際的な砂糖貿易を支配するようになったということだ。そして、砂糖の輸出とプランテーション経営と奴隷の労働力は、互いになくてはならない関係にあったから、オランダは大西洋における奴隷貿易も同時に支配することになる。一六三六年から一六四五年の十年間に、西インド会社は実に二万三一六三人におよぶアフリカ人奴隷をブラジルに運搬し、これを現金競売に付した[77]。この競りに欠かせなかった主役は、資金力のあるユダヤ人たちである。たまたまユダヤ教の祭日と重なった競りの日は延期になるほど、彼らは奴隷市場を意のままに左右し、こうして安く買い叩いた奴隷を、砂糖の収穫期まで集金しないという掛け売りで農場主などに売りさばいては、荒稼ぎしていたのである[78]。

一六三八年、西インド会社は奴隷貿易、会社の軍需品などの貿易は自社の権利として確保しつつ、砂糖とタバコの貿易を一般に開放したため、これらの貿易はほとんどアムステルダムのセファラディ系ユダヤ人の手に入った[79]。アムステルダムのユダヤ人は、ブラジルにおける西インド会社の植民化と植民地経営の戦略の要となり、西インド会社はアムステルダムのユダヤ人の生活の要となった。まさにジョナサン・イスラエルの言うように、アムステルダムのユダヤ人は、オランダの世界貿易支配のメカニズムの不可欠の一部になりおおせたのである[80]。

それを象徴するような出来事は、一六四一年から一六四二年にかけてアムステルダムのラビのイサアク・アボアブがおよそ二〇〇名のユダヤ人を引き連れてブラジルに入植し、シナゴーグを建設してシナゴーグ中心の生活を積極的に指導したことだろう。実は去る一六三八年に、総督府はカルヴァン派牧師団の要望に応えて、ユダヤ人の信仰の権利を確認しつつも、大っぴらな礼拝や市中行列を禁じ、二つのシナゴーグを閉鎖させたばかりであった[81]。それにもかかわらず、新たにシナゴーグが建てられたのだ。この事実が意味するものは、ブラジルのユダヤ人が貿易商、砂糖産業の融資家、奴隷売買の仲買人、徴税請負人として、ますます必要度や重きを増したために、総督府も黙認せざるをえなかったということに他なるまい[82]。

同じく一六四一年に、六六名のキリスト教徒が名を連ねて総督府に提出した報告書が、見ものである。ユダヤ人は砂糖取引をほぼ独占しており、もっぱら同宗信徒に最大の便宜を図っている、彼らを小売業界から排除せよ、という内容である[83]。しかしそれにもかかわらず、西インド会社の理事会が、ユダヤ人の移民を奨励し続けたことも注目に値する。ユダヤ人の勇気や忠誠心が褒めそやされたのも、この頃である。

ブラジルにおけるユダヤ人の経済活動は実に多岐にわたっている。十七世紀初頭のバイアでは、内科医といえばご多分に漏れずポルトガル系マラーノであったし、植民地政府から砂糖税などの徴税権を買い取った徴税権保有者の大半は、ユダヤ人が占めていた。プランテーション所有者、大アフリカ人奴隷保有者、大奴隷商人なども いたが、ユダヤ人の本領は、なんと言っても、本国との貿易であった。

このオランダ領ブラジルの膨張・繁栄の時期は、ナッサウ・ジーゲン伯爵ヨハン・マウリッツが総督として活動した一六三七年からおよそ五年間で、最盛期は一六四二年である。一六四二年から三年続きのサトウキビ不作に見舞われて多くの破産者を出したあと、一六四五年から始まったポルトガル人カトリック教徒の叛乱によってサトウキビ農場や砂糖圧搾所を焼き払われ、一六四八年と一六四九年には高地グアララペスの争奪戦でポルトガル軍に大敗を喫して、劣勢がいよいよ明らかになった。一六四八年までには内陸部をほとんど失い、残る領土はわずか首都のレシフェ、リオ・グランデ・デ・ノルテ、パライーバなどの沿岸部だけになっていた（図35を参照）。

オランダ植民地はユダヤ人の民兵に与えていた土曜日の安息日特権を廃止し、ユダヤ人はユダヤ人で志願兵となって戦列に加わったが、劣勢を覆すことはできなかった。オランダ軍は、無事に年期を終えてヨーロッパ帰還を果たしたい一心の傭兵が主体で、士気が低かったのに対して、ポルトガル軍はローマ・カトリック教会の敵であるユダヤ人とカルヴァン主義者から、ポルトガル固有の、豊かな植民地を奪回したいという宗教的、経済的情熱に動かされていた点で対照的であった。一六五四年一月末、包囲されて慢性的な食糧難に悩まされていた首都のレシフェはついに降伏し、オランダはブラジル撤退に追い込まれた。

図 35　17 世紀ポルトガルとオランダの植民地争奪戦

ブラジル撤退と第一次英蘭戦争（一六五二―一六五四）

撤退の原因は、旱魃が続いたこと、ポルトガル人カトリック教徒がプロテスタントの支配を嫌うとともに、ユダヤ人に与えられた権利や眼の前でユダヤ教に戻った元マラーノたちを憎んだこと、叛乱ゲリラがサトウキビ畑を焼き討ちしたため砂糖産業が打撃を受けたこと、それにつれて奴隷の需要が激減したことなど、複数の要因が絡み合っているが、直接的な要因はオランダが十分な兵力を投入できなかったことにある。最初は資金不足のため、次いでイングランドと戦争状態に入ったために、遠くブラジルからも艦船を引き揚げて、本土沿岸の防備にあてざるをえなかったのだ。

ユダヤ人植民者は、すでに一六四八年におよそ七〇〇名に減っていたが、この一六五四年のブラジル撤退によって、約六〇〇名がアムステルダムに引き揚げた。その副産物としてアムステルダムのユダヤ人社会が肥大したために、彼らは新たな拠点を求めることになる。その拠点の一つがイングランドであり、もう一つがブラジル以外のアメリカ大陸であるが、そこに筆を進める前に、エリザベス時代に反フェリペ、反スペインで結ばれていたイングランドとオランダの間に突如として起きた戦争について触れておこう。

チャールズ一世を処刑してイングランド共和国（一六四九―一六六〇）を誕生させたばかりのクロムウエルたちは、共和国の安全をおもんぱかって、同じカルヴァン主義を奉じるオランダ共和国と一戦を交えることに乗り気ではなかった。イングランド議会は一六五一年三月、ハーグに使節を送って両共和国の合同を提案したばかりであった。しかし、この交渉が失敗に終わると、彼らのオランダへの「友情」や「善意」は急速に冷え込んでしまう（オランダのカルヴァン派は、イングランドの独立派に似たセクトを持たず、クロムウェルらの国王処刑や長老派追放に批判的であった)。そのうえ、内戦、凶作、疫病、外国貿易不振などからくる深刻な経済不況を早急に克服するために、航海法(一六五一年十月)を実施せざるをえなかった。航海法は名指しこそしていないものの、オランダの中継貿易を標的としている。「イングランド船舶による輸送」を求めた航海法の狙いは、スペイン、カナリア諸島、西インド諸島、オスマン帝国などの商品がオランダを中継点として入って来るのを阻止することにあった(84)。

一年前の一六五〇年から、イングランド共和国の私掠船や海軍は、スコットランドやアイルランドにいる共和国の敵に武器を運び込んでいるなどの理由をつけては、オランダ船舶を拿捕していたが、航海法が成立すると、この攻撃的な行動をいっそう活発に行うようになり、カリブ海(西インド諸島)から北海までの海域で、およそ一四〇隻のオランダ船舶を拿捕して、イングランドの港へ連行し、一六五二年夏の開戦に至った。緒戦はオランダが有利に進め、英仏海峡から北海までの制海権を握っていた。

一六五三年の夏、イングランド海軍はハリッジ沖とスヘーヴェニンゲン沖の二つの海戦で、相次いで大きな勝利を収めた。特に八月八日から十日にかけて行われたスヘーヴェニンゲン海戦は、オランダから一一隻の軍艦、四〇〇〇人の兵力と司令官の生命さえ奪って、オランダに大きな打撃を与えた(85)。北海の制海権をイングランド海軍が握ったことは確かである。イングランドは一〇〇〇隻から一七〇〇隻にもおよぶオランダ船舶を拿捕して、これを自国商船隊に組み込んだと言われる。通商にも大きな打撃を受けたオランダは、一六五四年四月にウェストミンスター条約に調印して航海法を呑まざるをえなかったが、これはオランダ領ブラジルがポルトガルに降伏したわずか数カ月後のことである。

こうして一六五四年のオランダは、ブラジル放棄と敗戦という手痛い打撃をこうむったが、それでもなお、オランダの世界貿易体制における覇権は揺るがなかった。その後王政に復古したイングランドはチャールズ二世（在位一六六〇―一六八五）の下で、二次（一六六五―一六六七）、三次（一六七二―一六七四）と対オランダ戦争を仕掛けるが、オランダの海上貿易大国としての地位は崩れなかった。オランダは一七二〇年頃から後れを取るようになったが[86]、世界貿易体制から大きく後退するのは、第四次戦争（一七八〇―一七八四）をしのいだ後の一八〇六年である。皮肉にもナポレオン・ボナパルト（一七六九―一八二一）が、イギリス帝国の息の根を止めようとして敷いた大陸封鎖体制のとばっちりを受けたためである。

カリブ海とユダヤ人、あるユダヤ人の遍歴

さて、西インド諸島を含むカリブ海域は、南アメリカ大陸と違って異端審問の手がおよばなかったので、ユダヤ人が触手を伸ばして、その植民地化に大きな役割を演じた地域である。十七世紀のイングランドはバルバドス島やジャマイカ島を植民地化したが、新興のオランダが開発した植民地は、南米のスリナムとカリブ海に浮かぶ小アンチル群島の一つキュラソー（クラサオ）である。バルバドスやジャマイカに植民したイングランドのユダヤ人たちは、念願の富を手中にすると、キリスト教徒の植民者と同じようにそそくさと帰国して、ロンドン周辺に邸宅を構えるのが常であった。十七、八世紀にロンドンに住んだユダヤ人の多くは、カリブ海から大きな利益と名声を手中にした人々である。それに対して、オランダから植民したユダヤ人たちは、シナゴーグを中心にした生活にこだわり、植民地を離れようともしなかった。例えば、キュラソーのユダヤ人は一六五四年にシナゴーグを建て、一六七四年にはラビを迎えている[87]。

ダヴィド・ナッシことヨセフ・ヌニェス・デ・フォンセカ（一六一二―一六八五）は、もともとブラジル植民地にいた冒険商人である。この商人を指導者とするユダヤ人の植民史を追跡しながら、カリブ海とその沿岸の南アメリカにおけるユダヤ人の植民の一端を見てみよう。

ナッシは第一次英蘭戦争の前夜の一六五二年に、キュラソーに五〇家族のユダヤ人を入植させる許可を受けた。十年間の税金を免除され、宗教の自由も認められたが、西インド会社が土地を開墾する農業植民者を求めていたのに対して、ナッシらは貿易によって利益を追求しようとしたので、結局は成功しなかった。この地の植民が本格的になるのは、ブラジル植民地が崩壊する一六五四年以後で、一六六〇年代に入ると西インド会社の奴隷貿易の一大拠点となった（首都ヴィレムシュタートを訪れたなら、今でもありし日の奴隷たちのアフリカ風の家屋を目の当たりにできる）。

一六五四年、最後までレシフェに残留していたおよそ六五〇名のユダヤ人の大多数は、アステルダムに帰還し(88)、一部はキュラソーやニュー・アムステルダムに新天地を求めた。キュラソーは先述のとおり、一六七四年にラビを呼び寄せるほどのユダヤ人社会が成長していた。一方のニュー・アムステルダムは、一六五四年に子供を含む二〇数名のユダヤ人が到着した(89)。当時のニューアムステルダムの総督は、この新参者を歓迎せず、西インド会社本部にユダヤ人排除を訴えたが、理事会から返ってきた指示は、西インド会社とユダヤ人の深い関係をはしなくも物語る内容である――「貴下の要望に同意したいのは山々であるが、……ブラジルが奪取されたときにユダヤ人は大きな損害をこうむっているし、彼らは西インド会社の株式に多額の資本を投資しているので、ユダヤ人排除は道理に反し、不公平である(90)」。

さて、ナッシは一六五七年、オランダ共和国のゼーラント州政府から現フランス領ギアナに近いエセキボに入植する許可を受けて入植するが、この地を一六六五年にイングランド人に荒らされて放棄する。次に彼はギアナのカイエンヌに入植するが、この地は一六六四年にフランスに奪われてフランス領ギアナとなる。そこでナッシは、イングランドが支配するスリナムに入植した。イングランドとの争奪戦の末に、このスリナムがブレダ条約によってニュー・アムステルダムと交換されてオランダ領となったのは、一六六七年である。このときスリナムを訪れた人なら、合わせて一五に上るサトウキビ・プランテーションが四〇〇名を超える奴隷を抱え、プランテーションのことごとくがポルトガル系ユダヤ人の所有に帰するというユダヤ人王国であることに目を見張ったことだろう[91]。ちなみに、スリナムは一九四八年までオランダが領有した植民地である（図36を参照）。

こうしたナッシの植民活動は、イングランドへの再入国を果たそうとしたメナセ・ベン・イスラエルの活動と動機を同じくするものである。すなわち、ブラジル撤退によって生じたアムステルダムのセファラディ社会の肥大化と摩擦を解消しようとして、イングランドに新天地を求めたのがメナセの活動である。これはメナセの単独行動であるかのように言われたことがあったが、現在の研究ではアムステルダムのユダヤ人社会のひそかな支持があったことが突き止められている（ユダヤ人社会の長老たちは、オランダへの忠誠心を疑われることを恐れて、大っぴらな支援を差し控えたのだ）。メナセと共同歩調を取ってイングランドへの再入国を計画して失敗しながら、クロムウェル政権の黙認の下にロンドンにユダヤ人社会をつくったマルティネス・ドルミド（生年不詳―一六六七）も、一六四〇年にボルドーからアムステルダムに移り大規模なブラジル貿易を手がけていたが、新天地を求めて一六五四年にロンドンに移り住んだブラジル帰還者であった。

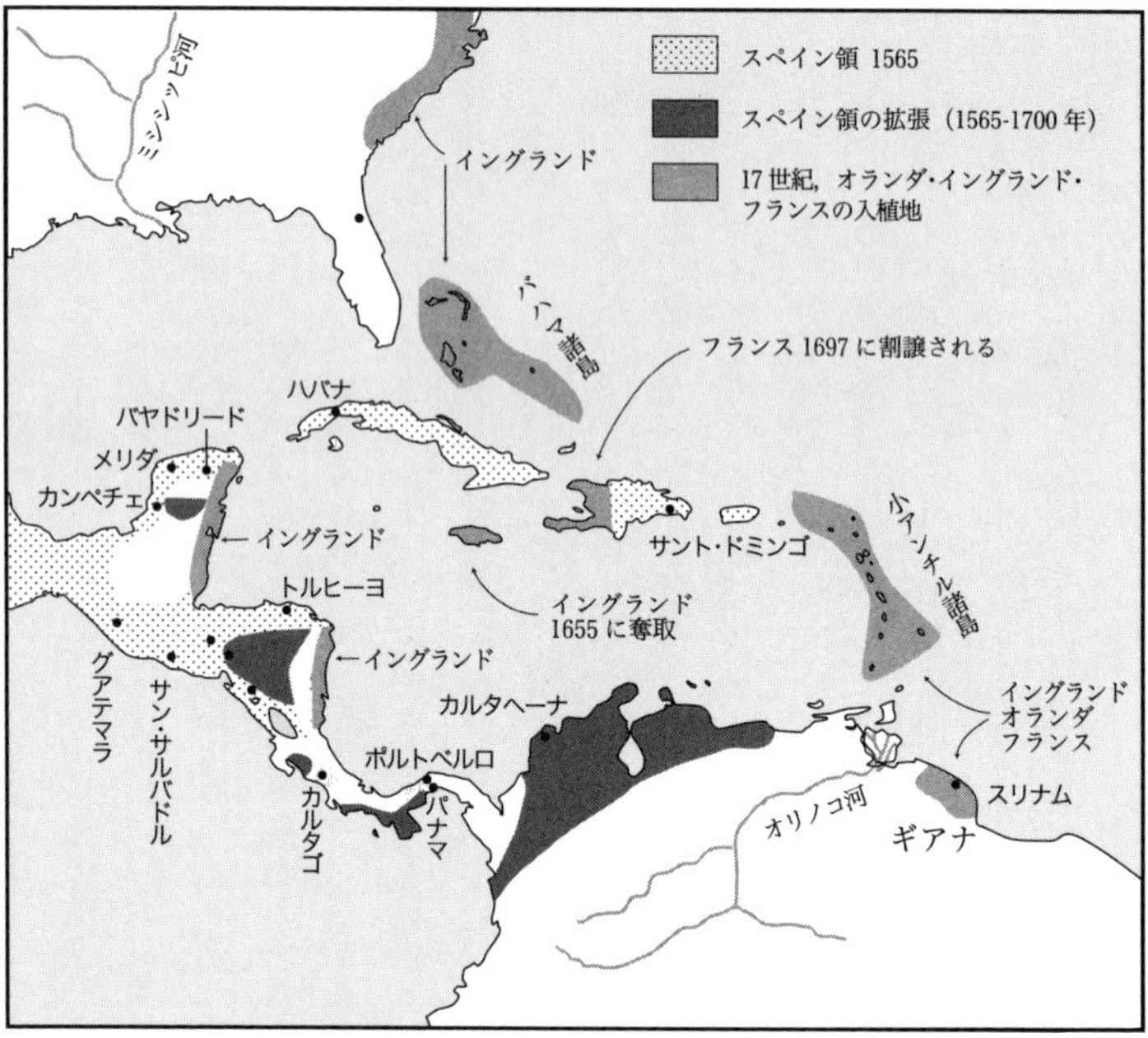

図36　カリブ海とギアナにおける争奪戦

ロンドンの台頭とユダヤ人

ドルミドとともにロンドンのユダヤ人社会の創始者となったアントニオ・カルバハル（一五九八頃―一六五九）についても、少し触れておきたい。カルバハルは一六四三年までにカナリア諸島からロンドンに居を移していたマラーノ商人で、議会軍の食料を調達する御用商人を勤め上げたあと、一六五五年に市民権を与えられたほどの実力者になった。第一次英蘭戦争が終わったこの一六五五年、クロムウェルがカリブ海に軍隊を派遣したとき、軍隊は主要任務であるサント・ドミンゴ（イスパニオラ、現ドミニカ）の攻略に失敗したが、ジャマイカを攻め落としてイングランド領とし、スペイン財宝船団を脅かす基地とした。現地スペイン方の代表が白旗を掲げて交渉に来たとき、イングランド側との間に次のような言葉が交わされたという。

「貴下はいかなる権利によってジャマイカ島の領有を主張するのか。スペインはアレクサンデル教皇から与えられたこの島を百四十年の間領有しているのだ」。

「力という権利によってだ。スペインが力ずくでインディオから奪ったのと同じように、イングランドはスペインから奪うだけだ。島々を所有してもいない教皇が、それを誰かに与えることなどできるはずがない」(92)。

ポルトガルとスペインが先行した植民地体制の一角に割り込もうとする、攻撃的な新興国の姿勢が象徴的にあらわれた一場面であろう。この舞台裏にいたのが、カルバハルである。カルバハルは地球上のめぼしい港々に代理人を置いて手広い商売をしていたが、なかでも得意の商品は銀であった。ハバナを出港する財宝船団がセビーリャに運んでくる銀をその地のマラーノから買い付ける、太いパイプを持っていた。いやそれだけでなく、豊富な情報網を生かしてクロムウェルの有力なスパイ、助言者になっていた。ジャマイカの利用価値、手薄な防備、同地のユダヤ人の支持の可能性などを進言したのもカルバハルである。

クロムウェルはジャマイカを占領するやいなや、「あらゆる植民者や冒険家」に宗教を不問に付すこと、十年間ジャマイカに運び込む商品や必需品に関税をかけないこと、などを宣言した。これはユダヤ人に対する呼びかけの合図であったといってよい。というのも、クロムウェルは信仰心の厚いピューリタンであっただけでなく、世界経済の動きにも通じた実際家だったからで、アムステルダムを経済的に台頭させたのは、アムステルダムに移動したユダヤ人商人であることを見抜いていたからである。

イングランドは一六五六年、財宝船団の二隻を捕獲して二〇〇万ダカットの銀を奪い、翌年四月、カナリア諸島のテネリフに停泊中の残存艦船に大打撃を与え、そのために二年間アメリカ植民地の銀塊はスペインに届かなかった。クロムウェル政権が倒れて王政が復古した一六六〇年代に、イングランドの海外貿易は飛躍的に増大し、西インド諸島の貿易をイングランドとイングランド臣民だけで独占しようとする、攻撃的な政策を実施していったが、その基礎はクロムウェル時代につくられたと言っても決して過言ではない。王政が復古したあとも、チャールズ二世はユダヤ人にイングランド居住とユダヤ教信仰を許し、そのためにイングランド国籍を取得するユダヤ人商人が少数ながら確実に数を増し、大中継地ロンドンの成長に貢献したものと考えられる。世界最強の軍事力を誇ったスペインがその座からすべり落ちるのは、一六六〇年代の半ばである。

以上、アントウェルペンからアムステルダムへ、アムステルダムからロンドンへ、世界貿易の中心が大きく動いていった時代を先取りするかのように、アントウェルペンからアムステルダムへ、さらにアムステルダムからロンドンへと移動していったポルトガル系マラーノたちの、アメリカ大陸における活動を中心に据えて、ヨーロッパ膨張の時代を描いてみた。仕上げに「カエサルの友」と言うにふさわしいユダヤ人の群像を描き込んで、筆をおくこととしよう。

三十年戦争とユダヤ人

大変面白いことにと言うべきか、それとも皮肉なことにと言うべきか、ヨーロッパ社会とユダヤ人の関係が大きな変化を見せたのは、三十年戦争（一六一八—一六四八）のさなかである。三十年戦争は、周知のように、キリスト教徒が神聖ローマ（ドイツ）帝国領を舞台にカトリックとプロテスタントに別れて血で血を洗った抗争である。熱烈なカトリック教徒であった神聖ローマ帝国皇帝フェルディナント二世（在位一六一九―一六三七）がボヘミア王に選出されてまもなく、ボヘミアのプロテスタントに対する弾圧を始め、これにプロテスタントのボヘミア諸侯が反発して、三十年におよぶ長期戦に発展した。

フェルディナントは、個人としては対抗宗教改革運動に影響を受けた熱烈なカトリック教徒であり、ユダヤ人を弾圧してもおかしくない立場にあったが、ユダヤ人の保護者としての立場をつらぬいた。どういうわけだろうか。この「カエサル」は即位以来、現金不足に悩み、プロテスタントの叛乱軍や外国勢と戦うために必要な軍隊を維持することが難しかった。カトリックやプロテスタントの銀行家は無利息の融資の要請に色よい返事をしなかったが、ユダヤ人たちは無利息の融資に応じたのである。彼らは利息を取らなくても、保護や特権や利権を与えられるだけで満足した。こうしてユダヤ人は、戦争遂行のために必要な現金、弾薬、糧食の調達係となって、ヨーロッパ社会に深く入り込んでいった。[93] もちろん、一般社会の反ユダヤ感情は根強く、「カエサルの保護」を必要としたことは断るまでもない。

面白いのは、「北方のライオン」と呼ばれて畏怖された敵方スウェーデン王グスタフ＝アドルフ（一五九四―一六三二）の採用した政策も、これと大差がなかったことだ。スウェーデンは、本土からもポーランド国境に近いバルト海沿岸からも、つねにユダヤ人を排除してきたルター派国家である。ところが、熱烈なルター派プロテスタントであったグスタフ＝アドルフが、プロテスタント教徒の保護を叫んで神聖ローマ帝国（ドイツ）領内に侵攻した一六三〇年以降、スウェーデン軍が駐留する各地で、ユダヤ人はドイツ人の生活、ドイツの商業に深く関わるようになった。というのも、スウェーデン軍もご多分に漏れず現金不足に悩んだので、国王や将軍たちは実際的、現実的な政策を採用し、現金を使わずに保護や特権や利権を与えることによって、ユダヤ人に武器や馬匹《ばひつ》を調達させたからである。このようなスウェーデン軍とユダヤ人の関係ができあがったあとでも、フェルディナント二世や後継者はユダヤ人への態度を変えなかったという(94)。

「宮廷ユダヤ人」と呼ばれる有力ユダヤ人が出現するのは、この三十年戦争後の一六五〇年から十七世紀の初頭にかけてのことである。彼らは後世のユダヤ人銀行家と違って、金融業者であるばかりでなく国王・国家の代理人であり、まさに「カエサルの友」と呼ぶにふさわしいユダヤ人であった。数例を挙げて本書の締め括りとしたい。

カエサルの友となったユダヤ人たち

最初に取り上げたい「カエサルの友」は、ヌニェス・ダ・コスタ父子である。父のデュアルテ・ヌニェス・ダ・コスタは、ポルトガル独立のために尽くした愛国者で、スペインの桎梏からポルトガルを解放した元ブラガンサ公爵・ジョアン四世（在位一六四〇―一六五六）からポルトガル王家の騎士の称号を授けられ、一六四四年にハンブルクにおける国王の代理人となり、一六四九年には数隻の軍艦を購入してポルトガルのブラジル会社設立にも貢献した（スペインに挑んだ独立戦争が終わるのは、一六六八年である）。

その長男のジェロニモ（一六二〇―一六九七）は、一六四二年にアムステルダムに居を移し、一六四五年にオランダにおけるポルトガル国王の代理人となって、ハーグにポルトガル大使が置かれていない時代の外交をまかされるほど厚い信任を得ていた(95)。

もう一組の「カエサルの友」は、スアッソ父子である。アントニオ・ロペス・スアッソ（一六五七頃―一六八五）は、ボルドーにあったポルトガル系新キリスト教徒社会の生まれ。一六三五年にオランダのロッテルダムへ移り、富豪のアブラハム・デ・ピントの娘で未亡人だった女性を一三万ギルダーにのぼる持参金とともに娶ると、アムステルダムに居を移した(96)。アムステルダムではカトリック教徒という身分は商売に差し支えるので、ユダヤ教に改宗したのだという(97)。こうして貿易業を始め、スペインからの羊毛の輸入やダイアモンド・貴金属の取り引きによって巨万の富を築き上げた人物である。一六七四年にスペイン王の代理業者となって、一六七六年には病弱なカルロス二世（在位一六六五―一七〇〇）からスペイン貴族の列に加えられた（カルロスは心身ともに脆弱な性質が容貌にもあらわだったことから、「魔法にかけられた王《エル・エチサード》」と呼ばれた人物。ハプスブルク家の近親結婚がもたらした純血の必然的結末であろう）。一六五六年にクロムウェルからイングランド居住とユダヤ教信仰を黙認されたマルティネス・ドルミドもボルドー出身のマラーノで、アントニオの従兄弟にあたる。

時節は変わり、スペイン、イングランド、オランダなどの仇敵同士が連衡して、太陽王ルイ一四世（在位一六四三―一七一五）のフランスに対抗したプファルツ継承戦争（一六八八―一六九七）のときのことになるが、ベルギー、オランダ、ルクセンブルグなどに展開しているスペイン軍の給与支給と糧食の調達に苦しむスペインの苦境を救ったのが、息子の第二代男爵フランシスコ・ロペス・スアッソである。この二代目はオランダのオラニエ家（オレンジ家）と特別な関係を持っていたことでも知られる。一六八八年、オラニエ家のオランダ共和国総督ヴィレム三世（後のイングランド王ウィリアム三世、在位一六八九―一七〇二）が、イングランドのトーリー、ウィッグ両党連携による招聘状を受けて、一万か二万のオランダ軍を率いてイングランドのトーベイに上陸したとき、舅でも叔父でもあるジェイムズ二世（在位一六八五―一六八八）の軍勢は、たちまち離脱者を出したと言われるが、このとき二〇〇万グルデンの資金を用意し、利息も領収書も請求せずに、「成功なさったら、お返しいただけることでしょう。成功なさらない場合の損失は覚悟のうえでございます」と申し出たという伝承がある。男爵がいくらオラニエ公贔屓であっても、そこまで損得を超越していたとは考えにくく、この伝承の火元は、即位後のウィリアム三世に一五〇〇万グルデンの融資をしたことにありそうだが、とにかくスアッソがウィリアムに援助を惜しまない「カエサルの友」であったことは疑えない(98)。

この名誉革命とウィリアム三世については、触れておきたい因縁話がある。クロムウェルがオランダとの戦争を収めたウェストミンスター条約（一六五四）には、このオラニエ公をオランダ総督にしないという秘密条項があった。ヴィレム三世の父ヴィレム二世（一六二六―一六五〇）は、義兄弟のイングランド王チャールズ一世に肩入れしただけでなく、オランダ国王の座につこうという野心から、若輩ながらクーデターによるアムステルダム奪取を図ったことさえある総督だったので、イングランド、オランダ双方の共和国の指導者たちは、オラニエ家が専制的な「カエサル」になることを警戒していたのだと考えてよいだろう。ところが、息子のヴィレムは一六七二年、第三次英蘭戦争勃発の年に、オランダ共和国総督に選ばれたあと、一六八八年スチュアート朝最後の王をイングランドから駆逐し、一六八九年にはイングランド議会によって国王に選ばれてこれを受諾し、専制的な「カエサル」の支配の芽を摘む、輝ける名誉革命の「カエサル」となり、それ以後のイングランドの政治的安定に寄与した。イングラン

図 37　イングランドに向けて出帆するヴィレム三世の大船団（1688 年）

ドは一七〇七年にスコットランドと合同してイギリス連合王国となり、やがて一七六〇年代に帝国を形成してゆく（図37を参照）。

結論

1　元をただせばアジアの民であるユダヤ人が、ヨーロッパ化してゆく歴史は、キリスト教の歴史よりも古い。まずアレクサンドロス大王の東方遠征（前三三四―前三二三）の副産物として、シリアとエジプトに二つのヘレニズム国家が出現して以来、アレクサンドリアやローマ在住のディアスポラ・ユダヤ人とパレスチナのユダヤ人は、ヘレニズムの大波に洗われた。ローマの都の街角にもギリシャ語が飛び交うという文化状況の中で、ユダヤ教の大祭司がエルサレムにギュムナシオンを建設して、ユダヤの若者にギリシャ的教育を施す一方、アレクサンドリアでは、ギリシャ化してヘブライ語の読めなくなったユダヤ人のために、ギリシャ語訳聖書『七十人訳』が誕生したほどである。

ついで前二世紀から前一世紀にかけて、国際政治の場でヘレニズム諸国を圧倒しつつあったローマの権力者ユリウス・カエサルはユダヤ人を「われらの友、同盟者」と呼び、ローマ在住のユダヤ人にユダヤ教の信仰その他の特権を与え、初代皇帝アウグストゥスは大伯父カエサルの路線を帝国の基本政策に据えてユダヤ人を保護し、三世紀初めカラカラ帝の下で多くのユダヤ人が市民権を得た。三一三年にローマ帝国はキリスト教を公認し、やがてみずからキリスト教化してゆき、帝国の首都にあるローマ教会の司教の首位権の誕生（＝ローマ教皇の誕生）を見るが、ユダヤ人は比較的平穏にローマに住み続け、ゲルマン民族の侵入にあって世界帝国ローマの覇権が大きく揺らいでいた五世紀の初頭には、ローマ人社会に深く溶け込んでいた。ユダヤ教信仰を棄てないという一点を除けば、ローマ人に成りきっていたと言っていいだろう。

2 ローマ帝国の属領に成り下がったエジプトのヘレニズム都市アレクサンドリアで、西暦三八年に発生したユダヤ人虐殺事件は、ヨーロッパ文明圏内の最初の反ユダヤ暴動であるが、反セム主義という人種主義的イデオロギーとは無関係である（反セム主義という言葉自体が十九世紀のドイツに誕生したものでしかない）。事件の要因は、前三〇年まではプトレマイオス朝エジプトの支配者であったギリシャ人が評議会を許されなかったのに対して、ユダヤ人には引き続き外国人特権としての準自治権が与えられたことにある。そのうえ、富裕ユダヤ人がアレクサンドリア市民団にもぐり込み市民権を得ていながら、アレクサンドリアの宗教行事に参加しようとしない独善的な態度もギリシャ人の神経を逆なでしていた。折しもローマ宮廷で養育されてギリシャ・ローマ化したヘロデ・アグリッパが、パレスチナの北方領土の王に取り立てられ、寄港地のアレクサンドリアで派手なパレードをくりひろげたことが、直接の引き金となった。

このアグリッパは、首尾よく全ユダヤの王の座を射止めると、臆面もなく「カエサルの友、偉大なる王」という自画自賛を貨幣に刻ませ、ローマの傀儡としてパレスチナを支配した。四四年にアグリッパが他界すると、ローマはその息子を王に立てず、ローマ人ユダヤ総督を送り込んで支配し、やがて六六年を迎える。ユダヤ人はゼロタイ党を中心に大叛乱を起こして鎮圧され、亡国の民となった。バビロニア捕囚以後続いていたディアスポラは最終局面を迎えたのである。

3　西暦七〇年に首都エルサレムが陥落してヤハウェ神殿が破壊されたあと、ナザレのイエスをメシアと信じるユダヤ教ナザレ派の人々が、それを認めないユダヤ教から枝分かれした。決定的な分離が起きたのは、二世紀の初頭だと言われているが、もう少し時間がかかったに違いない。二つの宗教は共通点の多い同根の宗教でありながら、いや共通点が多かったからこそ、差異化に腐心した。そのような差異化の理論の中で後々までも大きな影響力を持ったのは、「ユダヤ人証人理論」である。世界帝国ローマの落日の兆候を目の当たりにした聖アウグスティヌス（三五四―四三〇）の思想に成熟したかたちであらわれ、中世のローマ・カトリック教会に受け継がれたこの「ユダヤ人証人理論」は、「ユダヤ人は盲目の眼で聖書を読んだから、イエスがメシアであるという真理が見えなかった」、「ユダヤ人はイエスを殺害したために、神に罰せられ世界中に散らされて隷属状態の中に生きている。キリスト教の正しさと神の罰との生き証人になるためだ」という二項目を骨子とする。この基本的な観念を継承しつつ、ユダヤ人は悪魔や反キリストの利益に奉仕する仇敵であるという観念を付け加えたのが、中世ヨーロッパの教皇制の基礎を築いた大グレゴリウスである。こうしてユダヤ人は、「キリスト教の敵」、「神の敵」として憎まれながら、キリスト教化した中世ヨーロッパ内に「生き証人」として生かされ、改宗の圧力にさらされることになった。「ヨーロッパの内なる異人」の誕生である。ユダヤ人虐殺が起きると、教皇は勅書を発して生き証人を殺すなと呼びかけたものである。その意味で、ユダヤ人が絶滅を免れたのは証人理論のおかげだが、迫害されたのもこの理論の影響が大きい。

4　ではあるが、中世ヨーロッパに頻発したユダヤ人虐殺事件は、必ずしもこのような教会理論や教会指導で行われたものではない。一一九〇年にイングランドで起きた虐殺事件をつぶさに見れば、別の要素が抽出できるだろう。この事件は、イングランドが武勇の誉れも高いリチャード一世の下に初めて十字軍に参加した権力の空白期に起きた。ヨークでユダヤ人を虐殺した暴徒たちは、借金証書を強奪して焼き払っている。首謀者は高名なユダヤ人金融業者アーロンから多額の借金をしていたバロン（直臣）である。経済的理由が介在していることを示す証拠だろう。加えて、十字軍遠征の資金調達のために、「サラディン一〇分の一税」を課された国民の不満が「懐の肥えたユダヤ人」に向けられたことも大きい。

そもそも中世イングランドのユダヤ人は、イングランドを征服したノルマン人とともに北フランスはノルマンディーから乗り込んできた外国人である。彼らの生業の筆頭に来るのは金融業で、年利四割三分三厘という高利によって巨利を得たので、巨万の富を誇る財産家は確かに存在した。しかし、歴代の国王はこの巨利を特別税によって吸い上げたために、吸い上げられっぱなしのユダヤ人はしだいに疲弊した。彼らは国王に対してなんの権利も持たず、イングランドの国家活動に必要な資金を吐き出す「カエサルの奴隷」だったのだ。一二九〇年、ユダヤ人をエドワード一世が追放したのは、たびかさなる重税でユダヤ人の資金力が低下したこと、広範な国民が徴税に応じたこと、国王が熱心に主導したユダヤ人改宗運動にユダヤ人が応じなかったことなど、経済的、宗教的理由が重なっている。

5　歴史上初めて「キリストの代理人」と名乗った、教皇権絶頂期の教皇インノケンティウス三世の下に開かれたラテラノ公会議（一二一五）が、「ユダヤ人とサラセン人は特色ある服装によって容易に識別されるべきこと」を決定したとき、イングランドとフランスはこれを忠実に履行したが、スペインは従わなかった。時の国王フェルナンド三世は、差別するならイスラム圏に移住するというユダヤ人の圧力に屈したと言われるが、むしろキリスト教、イスラム教、ユダヤ教の三者が共生していた多文化的なスペインらしい政治的な配慮をした、と解すべきであろう。多文化的なスペインの全盛時代はおよそ西暦一〇〇〇年から一二五〇年までの間である。

この多文化的スペインの崩壊の震源地は、アンダルシアのセビーリャであった。先述のフェルナンド三世は一二四八年にイスラム勢力からこの地を奪回すると、他の再征服地と同じように、ユダヤ人に土地を与えたので、多くのユダヤ人が入植して繁栄した。一三九一年に反ユダヤ暴動が起きて、多くのユダヤ人が殺されたり、強制的に改宗させられた。改宗した新キリスト教徒が各界に華々しく進出すると、一四六七年から一四七四年にかけて今度はマラーノ虐殺事件が頻発した。新キリスト教徒を出世目当ての便宜主義者と見なして、彼らのカトリック信仰の誠実性を疑ったのである。そこで政府が導入したのが、王立異端審問所という制度である（一四八〇）。隠れユダヤ教徒への不満を口実に、アンダルシアの反抗的な貴族たちが叛乱をたくらんだり、暴動をそそのかしたりしないためにも、新キリスト教徒の実態を国家規模で把握し、うわべだけの新キリスト教徒があれば、これを摘発摘果する必要があったのだ。スペインの王権は弱かったうえに、フェルナンドとイサベルはユダヤ人や新キリスト教徒の支持者に助けられて王位につき、彼らを側近に配していた「ユダヤ人の友」、「新キリスト教徒の友」であったという、お家の事情もからんでいる。

6　スペインがユダヤ人・マラーノと新キリスト教徒との接触を断とうとするユダヤ人追放令によって大量改宗者を生み出した一四九二年、コロンはスペイン王室の援助の下に西インド諸島に到達した。その後スペインがメキシコ、ペルー、コロンビアを征服して黄金時代を築いてゆくなか、マラーノは安全な土地と富とを求めてアメリカに渡り、スペイン植民主義の尖兵となった。メキシコを征服した悪辣なコンキスタドールの片腕だったアロンソや、新レオン王国を築いたカルバハル一族（総督自身は誠実な新キリスト教徒、実母、妻、妹、甥、姪らが隠れユダヤ教徒という複雑な構成である）などの有名人をはじめ無名の人々も多かった。カルバハルの植民地がインディオの村を襲撃して奴隷として売りさばく以外に見るべき経済基盤を持たなかったという事実は、特筆に値する。構造的に原住民の絶滅をもたらさずにはいない代物だったのだ。

7　一四九二年、ポルトガルのマノエル一世は、改宗を嫌ってスペインを脱出したユダヤ人を受け入れながら、スペインの圧力に屈して一四九六年に追放令を出した。しかし、出国のためリスボンに集結したユダヤ人を教会に引きずり込み、強制的に洗礼を受けさせたかと思うと、彼らに宗教活動の自由を許すという奇怪な行動に出た。彼らの経済力、航海技術、地理学的知識がポルトガルの海外膨張のために不可欠と見た末の苦肉の策であった。このために、ポルトガルはキリスト教徒の仮面の下でユダヤ教を実践するマラーノを多く抱えることになる。しかし、マノエルの目論見どおり、ポルトガルのマラーノは、遠く極東まで通商線を伸ばす商人になるとともに、ブラジルの植民地化、サトウキビ農園化に貢献した。

8　エリザベス朝ロンドンに一〇〇人ほどのコロニーを形成していた「ユダヤ人」の大部分は、ポルトガルから流れてきたマラーノである。一五九四年、女王毒殺を謀った大逆罪のかどで処刑された侍医ロペスは、コインブラ生まれのマラーノ、いや秘密シナゴーグに献金を怠らない隠れユダヤ教徒であった。罪状にある「女王毒殺」はでっち上げだが、女王とスペイン・ポルトガル帝国のフェリペ二世が展開した覇権争いの只中で起きた事件であることに注目したい。すなわち、一五八〇年、フェリペはポルトガル王家の嫡出男系が途絶えた好機を見逃さず、兵を進めてポルトガルを占領して併合。こうしてハプスブルク家が支配する世界帝国が出現した。このとき、庶出ながら王家の血筋をひくドン・アントニオは、ポルトガル王を名乗って兵を挙げたが敗れ、ロンドンに亡命する。ロペスはこの亡命政権の事実上の外務大臣としてドン・アントニオを支えるポルトガル愛国者の端くれであり、無敵艦隊に対するイングランドの報復作戦であるポルトガル遠征（一五八九）の立案にも深く関わった、「女王の友」、「カエサルの友」であった。だが、無敵艦隊の残存艦船を壊滅するという、この作戦の最重要使命を指揮官が果たさなかったために無敵艦隊が息を吹き返して、スペインの覇権はエリザベスの手に渡らなかった。

ロペスはこの遠征に多額の金を投資して大損をしたため、主君のアントニオを亡き者にするという条件で、スペインに和平交渉を働きかけ仲介料を取ろうとしたのである。えげつない男であるとはいえ、女王の身体に危害を加えようとする大逆罪をたくらんだ事実はない。

9　スペイン領ネーデルラント北部のカルヴァン主義たちがスペインに反旗をひるがえしたのは、一五七二年。その後エリザベスの本格的な援助を得て、無敵艦隊が敗北した一五八八年には連邦州共和国を宣言した。アムステルダムは一五九〇年代からユダヤ人を受け入れたので、多くのマラーノが移住して公然とユダヤ教徒に戻った。オランダは彼らの財力を利用して海外膨張を図り、ユダヤ人は富と新たな拠点を求めてオランダ植民主義の尖兵となった。ユダヤ人が多く出資したオランダ西インド会社（一六二一）は、はじめスペインの財宝船団を襲撃する海賊行為によって利益を得ていたが、一六三〇年に至るとポルトガルのブラジル植民地の一部を武力によって切り取り、ユダヤ人は資金力にまかせてアフリカ人奴隷市場を牛耳った。その一方、イベリア半島からアムステルダムに脱出してユダヤ教徒に戻ったウリエル・ダ・コスタは、ラビ的ユダヤ教の教理に失望し、やがてユダヤ＝キリスト教の伝統とも訣別する精神の遍歴を経て、神から離れた世俗的・近代的な最初のヨーロッパ人になった。

10　ユダヤ人は、「ヨーロッパの内なる異人」として疎外され迫害されながら、「ヨーロッパの内なる異人」であるためにヨーロッパ文化を身につけ、ヨーロッパ文化の一翼を形成し、ヨーロッパの海外膨張に深く関わってきた。だが、近代に入っても、「内なる異人」を厄介視するヨーロッパの内なる動きが止まることはなかった。そこにドイツ・ナショナリズムの影響を受けた世俗的、近代的なユダヤ人、テオドール・ヘルツル（一八六〇―一九〇四）が登場して、「ユダヤ人はヨーロッパから出てゆく」というシオニズム・植民主義運動を始めた。ユダヤ人が文明人・ヨーロッパ人であるという意識を露骨に出して、自己宣伝したことは付言するまでもない――「パレスチナは忘れがたい、われらの歴史的郷土である。……ヨーロッパのために、われわれはアジアに対する防壁の一部をなすことになるだろう、それは野蛮に対する文明の前哨基地となる」（一八九六）。やがてシオニズムはイギリス帝国という「カエサル」を「友」に選んで成長し、一九四八年パレスチナの一角に建国することに成功した。こうして誕生した現代イスラエルはアメリカという「カエサル」の「友」となり、アメリカはアメリカでイスラエルの友としての態度を一貫して崩していない。そこが、「アジアに対する防壁」だからである。

著者略歴

度会好一（わたらい よしいち）

1938年東京生まれ．東京外国語大学卒業．東京大学大学院修士課程修了．イギリス文学・思想史専攻．成蹊大学教授，法政大学教授，日本英文学会大会準備委員長・編集委員を歴任．現在，法政大学名誉教授，The Jewish Historical Society of England 会員．著書に，『世紀末の知の風景――ダーウィンからロレンスまで』（南雲堂），『ヴィクトリア朝の性と結婚』『魔女幻想――呪術から読み解くヨーロッパ』（以上，中公新書），『明治の精神異説――神経病・神経衰弱・神がかり』『ユダヤ人とイギリス帝国』（以上，岩波書店）などがある．

ヨーロッパの覇権とユダヤ人

2010年 5 月17日　　初版第 1 刷発行

著　者　度会好一 © Yoshiichi WATARAI

発行所　財団法人 法政大学出版局
〒102-0073 東京都千代田区九段北3-2-7
電話03（5214）5540／振替00160-6-95814

組版・印刷：平文社，製本：誠製本

ISBN 978-4-588-35228-7
Printed in Japan

用語解説

アウト・デ・フェ／アウト・ダ・フェ

スペイン・ポルトガルの異端審問所が，都市の中心広場で行った公式の判決の儀式．ポルトガルではアウト・ダ・フェという．火刑を宣告される者や教会と和解した者（改悛して教会の懲罰を受け，その規律に服した者）をはじめ，逃亡した有罪者の人形さえ引き回した末に判決を下し，その日のうちに町外れで火刑を実施した．ふつう，キリスト教の祝祭日を選び，聖俗両界のお偉方を招待し，多くの観衆を集めて行われた．社会の階層秩序がはっきりとわかるように演出された，芝居がかった催しであると同時に，罪人と信者が共に参加する信仰の儀式・行為でもあった．文字どおりの意味は「信仰の行為」である．

タルムード

四世紀末のパレスチナと六世紀末のバビロニアに成立した，ラビ的ユダヤ教の文献．書伝律法（モーセ五書）の戒律を守りかつ実践するための行動細則を言い伝える口伝律法を成文化した「ミシュナー」（二世紀末のパレスチナに成立）の部分と，「ミシュナー」について論争したラビたちの解釈を記録している「ゲマラ」の部分から成る．バビロニア・タルムードは，パレスチナ・タルムードより洗練され，完成された形態を持っている．

マラーノ

セファラディ（スペイン人）と呼ばれるスペイン系，ポルトガル系のユダヤ人は，おびただしい数のキリスト教改宗者を出した．改宗者はコンベルソ（改宗者）とかクリスティアノ・ヌエボ（新キリスト教徒）とか呼ばれたが，彼らの社会的な進出が目立ってくるにつれて世間の反発を招き，うわべだけの改宗者，隠れユダヤ教徒ではないかと疑われてマラーノと蔑称されるようになった．この言葉は「豚」を意味する軽蔑語であったが，時の流れとともに記述的な言葉に変化してきたので，これを隠れユダヤ教徒を意味する学術用語として使う学者がいる．本書では隠れユダヤ教徒ではないかと疑われたセファラディ系改宗者の意味で使う．

索　引

カタカナ，漢字と併記したアラビア語，ギリシャ語，ヘブライ語などの人名・事項はローマ字で転写してある．

ア　行

アーロン，リンカンの Aaron〔Lincoln〕 61, 72, 284.
アウグスティヌス（聖）Augustinus 15, 75-77, 82, 283.
アウグスティヌス（ベネディクト会士） 53-54.
アウグストゥス Augustus 22-23, 28, 35, 281. ↔ オクタウィアヌス
アウト・ダ・フェ auto da fe 142.
アウト・デ・フェ auto de fe 132, 134, 149, 150, 157, 158, 252.
アキバ Akiba/Akiva 43.
アグリッピナ（小）Julia Agrippina 23, 24.
アクレ（アッコー）Acre 101, 112.
アシュケナジ Ashkenazim 55, 179, 233-235, 242.
アゾレス諸島 Açores 159, 162, 194, 256.
アニェス，ウィリアム William Añez 187.
アニェス，ダンスタン Dunstan 187-189, 200.
アニェス，ホルヘ Jorge 184.
アピオン Apiōn 33, 83.
アブラヴァネル（オランダ商人）Jonah Abravanel 238.
アブラバネル（スペイン高官）Isaac Abravanel 129, 139-140.
アボアブ Isaac Aboab 235, 264.
アミダー（十八祈禱）amidah 40.
アムステルダム Amsterdam 189, 223, 227-230, 231, 233-240, 242-243, 254-255, 257, 259, 260, 263-264, 267, 270, 271, 274, 277, 278, 287.
『アリステアスの書簡』 7.
アリストブロス 1 世 Aristobulos 42.
アルカ（金庫）arca 66, 69.
アルフォンソ 6 世 Alfonso 113-116.
アルフォンソ 10 世 118-120.
アルミニウス Jacobus Arminius 226.
アレイオス（アリウス）Areios/Arius 45, 46, 110.
アレクサンデル 6 世 Alexander 159-160, 273.
アレクサンドリア Alexandreia 7, 9, 10, 12, 16, 281, 282.
　ユダヤ人虐殺 24-37, 282.
アレクサンドロス大王 Alexandros III 6, 25, 281.
アロンソ Hernán Alonso 148-150, 286.
安息日（シャバット）šabbāṯ/Sabbath 16-18, 41, 265.
アンティオコス 4 世 Antiochos 5, 8, 83.
アントウェルペン Antwerpen 181-182, 184, 185, 187, 257, 274.

アントニオ → ドン・アントニオ
アンドラーダ Manuel de Andrada
192, 202-203, 209, 211.
アンリ2世 Henri　143.
アンリ4世　207.
イースター Easter　61, 85. ↔ 復活祭
イェホアキン y^{e}konyah/Jehoiachin　4.
イエス Iēsous　6, 10-11, 20, 27, 42, 40, 44, 85, 179, 229, 231, 283.
イエズス会 Societas Jesu　137, 143, 166, 212, 262.
イサベル1世 Isabel　130-132, 138-139, 141, 145, 146, 285.
イシドロス Isidōros　30.
イスタンブール Istanbul　140, 185, 188, 200, 210. ↔ コンスタンティノポリス
イスラム al-Islām　55, 70, 74, 107, 110, 111-112, 113-117, 120-121, 131, 138, 284-285.
異端・異端者 heretic
ユダヤ教 min　40-41, 42, 236-237, 244.
キリスト教 hairetikos　63-64, 78-79, 130, 155.
異端審問 inquisitio/Inquisition
スペインの　130-137, 147, 149, 156-158, 170, 195, 251, 253, 285.
ポルトガルの　142-143, 165-166, 188, 193, 220, 233, 240.
教皇の　63, 78, 132-133.
異邦人 gōyim/ethnos　8, 10, 42, 51, 65-66, 129, 248.
インノケンティウス3世 Innocentius 78, 80, 284.
インノケンティウス4世　78-79, 81.
ヴァリニャーノ Alessandro Valignano 166.
ヴァロア家 Valois　170.
ウィリアム3世 William　277-278.
ウィリアム征服王 William the Conqueror　55, 57.
ウィリアム，ニューバラの William〔Newburgh〕　70.
ウィリアム，ノリッジの William〔Norwich〕　83, 85-91.
ヴィレム1世 Willem　198, 227.
ヴィレム2世　278.
ヴィレム3世 → ウィリアム3世
ウェストファリア条約 Treaty of Westphalia/Westfalen　257.
ウェストミンスター条約 Treaty of Westminster　268, 278.
ウェスパシアヌス Vespasianus　11-12.
『ヴェニスの商人』　172, 173, 174.
ヴェネツィア Venezia　174-178, 189, 233, 242, 244, 256.
ウォルシンガム Francis Walsingham 187, 188, 201, 202-203.
ウルガタ聖書 Vulgata　58.
英蘭戦争 Anglo-Dutch Wars　267-269, 270-271, 272, 278.
エヴェラード Everard　88, 90, 91.
エウセビオス，ニコメディアの Eusebios〔Nikomédia〕　46.
エセックス伯爵 Earl of Essex　171, 207, 208, 209, 210, 213, 214, 216.
エッセネ派 Essēnoi　38, 229.
エドワード1世 Edward　98-105, 178, 195, 225, 284.
エドワード Edward the Black Prince 123.

エピクロス Epikouros　244-245.
エラスムス Desiderius Erasmus　136, 137, 227.
エリザベス Elizabeth I　169-171, 178, 179, 182, 186, 191, 195, 198, 200, 204, 206, 208, 209, 213, 216-219, 221, 225, 287.
エルサレム y^e^rûšālayim/Jerusalem　5, 8, 10, 11, 12, 19-20, 24, 41, 58-59, 112, 145, 281, 283.
エルサレム陥落　5, 11, 12-13, 283.
エル・シッド el Cid　114-115.
エンコミエンダ encomienda　148.
エンリケ（ポルトガル王）Henrique 193-194.
エンリケ2世（カスティーリャ王）Enrique　123-124.
エンリケ3世　124-125.
エンリケ4世　131.
オクタウィアヌス Octavianus　22, 26. ↔ アウグストゥス
オニアス3世 ḥōniyyō/Onias　8.
オラニエ家 Oranje/Orange　277-278.
オランダ（連合州）共和国 Republiek der Verenigde Nederlanden/Provinciën　198, 226, 287. ↔ スペイン領ネーデルラント
オルティス A. D. Ortiz　135.
オロビオ・デ・カストロ Ishak Orobio de Castro　233, 250-252.

カ　行

カーボ・ヴェルデ諸島 Capo Verde 159, 160, 162, 256.
カーメン Henry Kamen　140.
カール5世 Karl　181-182. ↔ カルロス1世
ガイウス Gaius → カリグラ
『ガイウスへの使節』　10, 11, 21, 22, 24, 31.
改宗者 → コンベルソ，モリスコ
改宗者の家　104, 105, 180.
カエサル，ユリウス Julius Caesar 21-22, 281.
カシウス Cassius Longinus　21.
カタリ派 Cathari　133.
カッツ Steven Katz　40.
カッツ David Katz　192, 213.
割礼 mûlāh　16-17, 42, 45, 157, 231, 240, 241.
カトリック教会 → ローマ・カトリック教会
カブラル Pedro Cabral　164.
カプラン Yosef Kaplan　255.
カペー家 Capet　59.
ガマ，ヴァスコ・ダ Vasco da Gama 142, 145, 163.
ガマ，ガスパール・ダ Gaspar　163, 164.
ガマリエル Gamaliel II　40.
神の敵　74, 76-78, 215-216, 283.
カムデン William Camden　219.
カライ派 qārā'im /Karaites　244-245, 254.
カラカラ Caracalla　46-47, 281.
カリクストゥス2世 Calixtus　82.
カリグラ Gaius Caligula　26, 29, 30, 33, 34, 37.
カルヴァン派 Calvinists　191, 225-227, 228, 229, 255, 262, 264, 265, 267-268, 287.

カルバハル，アントニオ Antonio Carvajar　272-273.
カルバハル，イサベル Isabel de Carvajar　152-154.
カルバハル，ガスパール Gaspar　152, 153, 154.
カルバハル，ルイス Luis　150-156, 191, 195, 232, 286.
カルバハル，ルイス（小）　153-155.
カルロス 1 世 Carlos　162. ↔ カール 5 世
カルロス 2 世　277.
ガンス Joachim Gaunse/Gans　179.
カンタベリー Canterbury　54, 66, 67, 69, 102, 103.
『カンタベリー物語』 94, 123.
儀式殺人 ritual murder　91-93.
ギボン Edward Gibbon　36.
キャサリン，アラゴンの Catherine〔Aragon〕　169-170, 178, 180.
旧キリスト教徒 cristiano viejo　240.
　と新キリスト教徒　128, 129-130.
　に対する異端審問　135-137.
キュロス大王 kūruš/Cyrus　5-6.
教会会議　concilium/synod
　エクセター Exeter　103.
　ドルトレヒト Dordrecht　226.
　トレード　111.
『教会史』 84, 86.
教皇 papa　45, 78-82, 281, 283.
教皇勅書 bull　158-162.
ギヨーム（ノルマンディー公）Guillaume → ウィリアム征服王
キリスト Christos/Christus　15, 23, 51, 75, 90, 118, 130, 153, 172, 219-220. ↔ メシア
キリスト教とユダヤ教の分離　38-43.
銀　258, 259, 260, 273, 274.
キング Edmund King　68.
銀船団 → 財宝船団
グスタフ・アドルフ Gustav-Adolf　275.
クセルクセス xšyāršā/Xerxes　15.
クック Edward Coke　205, 214, 216.
グッドマン G. Goodman　216, 219.
口伝律法　33, 39, 241, 244-245, 248, 249, 255.
クラウディウス Claudius　1, 23, 28, 30, 32, 34-37, 53.
グラナーダ Granada　117, 139.
グラナーダ征服　107, 131, 138-139.
クランマー Thomas Cranmer　186.
グリーン Dominic Green　207.
グリーンリーフ Richard Greenleaf　149.
クレオパトラ 7 世 Kleopátra　9, 21, 30.
グレヴズエンド Richard de Gravesend　96.
グレゴリウス（大）Gregorius　51, 76-78, 283.
グレゴリウス 9 世　78-79, 81.
グレゴリウス 10 世　81, 101, 103.
グローステスト Robert Grosseteste　64-65.
グロティウス Hugo Grotius　228, 229.
クロムウェル Oliver Cromwell　178, 237, 267-268, 273, 274, 277, 278.
ゲットー ghetto　26, 62, 127, 175, 177, 230.
ゲプハルト Carl Gebhardt　246.
コインブラ Coimbra　142-143, 188,

240, 286.
公会議（全教会会議）concilium oecumenicum
ヴィエンヌ Vienne　63.
トリエント Trient　137.
ニカイア Nicaea　46.
ラテラノ Laterano　63, 64, 66, 284.
リヨン Lyons　63, 101.
航海法 Navigation Act　268.
『皇帝列伝』　23.
高利貸
キリスト教徒の　63-65.
ユダヤ人の　64, 67, 284.
キリスト教の態度　63-65.
金利　67, 172, 178, 284.
ユダヤ教の態度　65-66.
コスタ，ウリエル・ダ Uriel da Costa　231, 239-250, 253, 288.
コシェル（清浄な食物）kāšr/kosher　18-19, 129, 185.
コピン Copin　96-97.
ゴメス，アルヴァロ Alvaro Gomez　249-250.
ゴメス，フランシスコ Francisco　251.
コルテス Hernán Cortés　147, 148, 149.
コレン　Patrick Collen　213-214.
コロン Cristobal Colón　107, 115, 122, 127, 143, 144-146, 158, 159, 160, 256, 285.
コロンブス → コロン
『コロンブス航海日誌』　107, 143.
コンスタンティウス 2 世 Constantius　46.
コンスタンティヌス大帝 Constantinus I　44-46.
コンスタンティノポリス Constantinopolis　45. ↔ イスタンブール
ゴンドマル伯爵 Conte de Gondomar　220-221.
コンビベンシア（共生）convivencia　120.
コンベルソ converso
急増　126-127.
コンベルソ問題の複雑さ　128-30.
↔ 新キリスト教徒

サ　行

財宝船団　259, 261, 274.
サクート Abraham Zacuto　145, 163.
砂糖・砂糖産業　165, 257, 258, 260-261, 263-264, 286.
サドカイ派 Saddūkaioi　38, 229.
サムエル（小）Semuel　40.
サラーフ・アッディーン Salāh ad-Din　58, 112.
サラゴーサ条約 Tratado de Zaragoza　162.
サラディン → サラーフ・アッディーン
サラディン十分の一税 Saladin tithe　60, 74, 284.
サロメ Salōmē　27.
サロメ（ヘロデ大王の妹）10.
三九回の鞭打ち刑　39, 244.
三十年戦争 Dreißigjähriger Krieg　198, 275-276.
サンタンヘル Luis de Santángel　127, 135, 144.

サンチェス Gabriel Sánchez　135.
サンチョ 2 世 Sancho　114.
サンティアーゴ Santiago de Compostela　55, 109.
サンティアーゴ騎士団 Orden de Santiago　115.
三位一体 Trinitas　44-46.
サン・ロマン教会 Iglesia de San Román　113.
シェイクスピア，ジョン John Shakespeare　173.
シェイクスピア，ウィリアム William　173, 174, 180.
ジェイムズ 1 世 James　221, 225.
『ジェイムズ 1 世の宮廷』　216.
ジェイムズ 2 世　278.
『シエテ・パルティダス』 las Siete Partidas　118-120.
シオニズム Zionism　288.
シクストゥス 4 世 Sixtus　131-132, 134, 160.
ジズヤ jizya　111.
シナゴーグ synagōgē　5, 18, 21, 23, 28, 32, 38-41, 45, 46, 118, 229, 233, 239, 244, 264, 269.
シャイロック Shylock　172-174.
シャルル 2 世 Charles　99, 100.
十三カ条信仰箇条　253-254.
十字軍 Crusade　55, 58, 60, 65, 70, 73, 74, 78-80, 82, 87, 93, 101, 284.
十二年休戦 Twelve Years' Truce　198, 257, 260.
受肉 incarnation　51, 75.
ジョアン 2 世 João　162.
ジョアン 3 世　182, 193.
ジョアン 4 世　276.
私掠船 privateer　150, 187, 195, 197, 221, 259, 268.
シルヴァ Semuel da Silva　249.
新キリスト教徒 cristiano nuevo　143, 164, 165, 182, 240, 250, 252, 285.
　実態　131, 135.
　と旧キリスト教徒　128, 129-30.
　↔ コンベルソ
『真実の報告』　218-219.
神聖ローマ帝国 Sacrum Romanium Imperium　181, 275.
神殿 hêkāl/Temple　19-21, 38, 41, 47.
スアッソ Antonio Lopes Suasso　237, 277.
スアッソ Francisco Lopes　277-278.
スエトニウス Gaius Suetonius　23.
過越祭 pesaḥ/Passover　19-20, 85, 92, 231.
スタート，ゴドウィン Godwin Sturt　88-90.
スチュアート家 Stuart　225.
ステーシー Robert Stacey　99, 104.
ストア派 Stōikoi　14, 17.
スピノザ Baruch Spinoza　223, 236-237, 239, 242, 250, 254.
スペイン領ネーデルラント Spaanse Nederlanden　196, 198, 286. ↔ オランダ共和国
スモールウッド Mary Smallwood　23, 34.
『聖ウィリアムの生涯と奇蹟』　85-91.
聖書（ヘブライ語・旧約）
　イザヤ書　42.
　エステル記　1, 14, 84.
　エレミヤ書　5.
　詩篇　6, 76.

出エジプト記　18, 20.
申命記　19.
創世記　3, 4, 17.
ダニエル書　248.
伝道の書　247.
民数記　14.
ヨブ記　247.
列王記　5.
聖書（新約）
ガラテア人への手紙　247.
コリント人への手紙　38, 247.
使徒行伝　11, 247.
マタイ福音書　231.
マルコ福音書　247.
ヨハネ福音書　38-39, 41-42.
ヨハネ黙示録　247.
ルカ福音書　28.
ローマ人への手紙　15.
聖体 eucharistia　137, 172.
聖母 Virgin Mary　90, 137, 153.
セシル，ウィリアム William Cecil　167, 187, 200, 201, 204, 206, 208, 209, 211-212, 218-219, 221.
セシル，ロバート Robert Cecil　204, 208, 209, 210, 213-214, 216, 225.
ゼデキア ṣidqîyyāh/Zedekiah　5.
セネオル Abraham Senior　139-140.
セネカ Lucius Annaeus Seneca　17.
セバスティアン（ポルトガル王） Sebastião　193.
セビーリャ Sevilla　111, 116, 126, 134, 251, 252, 261, 258, 273, 285.
ユダヤ人虐殺　122-126.
セファラディ Sephardim　180, 233-237, 258, 263-264, 271.
セラピス神 Serapis　18.
セレウコス朝 Seleukos　5, 6, 8, 9, 14.
ゼロタイ党 Zēlōtai　11-12, 38, 282.
ソール神 Sol　44, 45.
ソクラテス Sōkratēs　84, 86.

タ　行

ターブ William Turbe　91.
ダヴィラ Gomez d'Avila　206, 208.
タキトゥス　Cornelius Tacitus　16.
タリッジ（特別税）tallage　68.
タルムード talmûd/Talmud　40, 66, 78-79, 81, 103, 104, 241, 244-245, 255.
チャールズ Charles I　221, 226, 267, 278.
チャールズ2世　269, 274.
チャイルド Francis Child　215-216.
チューダー家 Tudor　169, 170, 184.
チェリコヴァー Victor Tcherikover　32, 36.
チャンカ Diego Chanca　146.
チョーサー Geoffrey Chaucer　94, 123.
ツヴィ Shabbetai Zevi　238.
ディアス Bernal Diaz　156.
ディアスポラ（離散・離散ユダヤ人） Diaspora　9-10, 14, 16, 17, 20, 37, 55, 281, 282.
ディエス・ニエト，ディエゴ Diego Díez Nieto　154-155.
ディオ Cassius Dio　23.
ディオクレティアヌス Diocletianus　44.
ティトゥス Titus　12.
ティノコ Emanuel Tinoco　191, 202, 207, 208, 209, 210, 211.

ティベリウス Tiberius　22-23.
ティベリウス・ユリウス・アレクサンデル Tiberius Julius Alexander　12, 15-16.
テオドシウス大帝 Theodosius I　44-46, 53.
デキウス Decius　44.
テンプル騎士団 Fratres Militiae Templi　63-65.
トーラー（律法）tôrāh/Torah　7, 9, 15, 17, 18, 33, 39, 43, 58, 153, 232, 248, 249, 251, 254.
トーレス Luis de Torres　146.
徳川幕藩体制　258.
ドブソン R. B. Dobson　73.
トマス，モンマスの Thomas〔Monmouth〕　85-87, 89-90.
ドミニコ会 Ordo Fratrum Praedicatorum　97-98, 104, 105, 119, 126, 132, 152, 153, 154.
ドムス・コンウェルソルム Domus Conversorum → 改宗者の家
豊臣秀吉　166, 169.
トラスターマラ家 Trastámara　123-124.
トルデシーリャス条約 Tratado de Tordesillas　160-161.
ドルトレヒト会議 →教会会議
トルケマーダ Tomás de Torquemada　132.
ドルミド M. Dormido　271-272, 277.
ドレイク Francis Drake　196, 199.
奴隷・奴隷商人　5, 11, 37, 55, 152, 154, 156, 158, 263-264, 286, 288.
トレード Toledo　110, 113, 130.
ドン・アントニオ Dom António　192, 194-195, 199-204, 206, 207, 209, 287.
『ドン・ヴァスコ・ダ・ガマのインド航海記』　163.
ドン・ソロモン Solomo Abenyaex　200, 204, 210.
ドン・マノエル　202, 205, 207, 208.

ナ　行

ナザレ派 Nazôraioi　38, 40, 43, 283.
ナッシ David Nassi　270-271.
七十人訳聖書 Septuaginta　7-8, 281.
ナボポラッサル nabû-apal-uṣur/Nabopolassar　4.
ナポレオン Napoléon Bonaparte　269.
ナルバエス Pánfilo de Narváez　148.
ニコラウス5世 Nicolaus　130.
西インド会社（オランダ）Westindische Compagnie　259-264, 270, 287.
西カリフ王国　111.
西ゴート族 Visigothus　110, 111.
『日本巡察記』　166.
ニュー・アムステルダム Nieuw-Amsterdam　270-271.
ヌニェス，エンリケ Henrique Nuñez　185-186, 188.
ヌニェス，ヘクトル Hector　187-188, 203.
ヌニェス・ダ・コスタ，デュアルテ Duarte Nunes da Costa　276.
ヌニェス・ダ・コスタ，ジェロニモ Jeronimo　276-277.
ネタニヤフ Benzion Netanyahu　135.
ネブカドネツァル nabû-kudurri-uṣur/Nebuchadnezzar　4-6.

ネロ Nero　16.
ノリス John Norris　199.
ノリッジ Norwich　62, 87, 91, 93.
ノルマンディー Normandie　55, 57-58.

ハ　行

ハーヴィー Gabriel Harvey　189.
パーシー William de Percy　73.
バーチ Thomas Birch　210.
『バートン年代記』94-95, 97.
バーリー卿 → セシル，ウィリアム
バイナルト Haim Beinart　135, 139, 140.
パウロ Paulos　10-11, 15, 38, 75.
パウロ，ブルゴスの Pablo〔Burgos〕 251-252.
パクス・ロマーナ Pax Romana　9, 12, 53.
バグダード Baghdad　3, 245.
ハスモン家 Hasmōnaioi → マカベヤ家
ハドリアヌス Hadrianus　43.
パパロバロス A. Dias Paparrobalos 262.
バビロニア捕囚 gôlāh/Babylonian captivity　4-6, 282.
バビロン bābel/Babylon　3-6.
ハプスブルク家 Habsburg　170, 194, 277.
破門
　ユダヤ人社会による ḥērem　236-237, 238, 242-245.
　教皇による excommunicatio　170.
ハラハー hªlākāh/Halakah　33-34.
パリ Paris　109, 143.
パリス Matthew Paris　94, 96.
バル・コクバ Simon Bar Kokhba　43.
パルマ公爵 Duque de Parma　199.
バルラエウス Caspar Barlaeus　255.
バロン Salo Baron　101.
ハワード Charles Howard　196, 214.
反セム主義 anti-Semitism　25, 282.
ハンブルク Hamburg　189, 240, 242, 276.
ハンムラビ王 Hammurabi　3.
ピウス 5 世 Pius　170.
東インド会社（イングランド）East India Company　191.
東インド会社（オランダ）Verenigde Oostindische Compagnie　191, 258.
『ヒストリア・レルム・アングリカルム』 70.
ヒトラー Adolf Hitler　5.
百年戦争 Hundred Years' War　123.
ヒュー少年，リンカンの Little Hugh〔Lincoln〕 93-97, 215.
ヒューム Martin Hume　192.
ピューリタン Puritan　172, 225, 227, 230, 237.
ヒュルカノス 2 世 Hyrcanos　21.
ヒラビー Joe Hillaby　93.
ピント Abraham Pinto　277.
『ファウスト博士の悲劇』 188-189.
ファリサイ派 Pharisaioi/Pharisees　11, 15, 38-39, 229, 248.
『ファリサイ派の伝承の検証』 243, 244, 248.
フアン 1 世 Juan　124.
フィリップ 4 世 Philip　98, 100.
フィロン Philōn　9-10, 12-15, 18, 19,

28, 29-31, 33-34, 37.
フーフト Pieter Cornelisz Hooft 228-229.
フェス Fās/Fez 112, 141.
フェリペ2世 Felipe 151, 155, 170, 192, 194, 196, 200, 203, 204, 205, 207, 208, 209, 210, 212, 213, 220, 221, 287.
フェリペ4世 257, 258.
フェルディナント2世 Ferdinand 275.
フェルナンド2世（アラゴン王） Fernando → フェルナンド5世
フェルナンド3世 116-117, 118, 122-123, 284-285.
フェルナンド5世（カスティーリャ王） 130-134, 138-139, 141.
フェレイラ・ダ・ガマ Estevan Ferreira da Gama 191, 202, 205, 206, 207, 208, 210-212.
フェレール Vicente Ferrer 126-127.
フエンテス伯爵 Conde de Fuentes 207, 210-211, 213, 220.
フォックス John Foxe 180.
復活祭 87, 90, 92, 231. ↔ イースター
プトレマイオス朝 Ptolemaîos 6, 7, 9, 14, 282.
プトレマイオス1世 7.
プトレマイオス2世 7.
プラード Juan de Prado 236-237, 250-253.
ブラガンサ家 Braganza 204, 274.
フラックス Flaccus 29, 31, 34.
『フラックス論』 10, 24, 28, 29, 30, 32.
プラトン Platōn 245.
フランシスコ会 Ordo Fratrum Minorum 97-98, 136, 150.
プランタジネット家 Plantagenet/Angevin 80.
ブリン，アン Anne Boleyn 169.
ブルージュ Brugge 181.
プレモントレ会 Ordo Praemonstratensis 71, 73.
ペカム John Pecham 102, 103.
ベイコン，フランシス Francis Bacon 214.
ベイコン，アントニー Anthony 210.
ペドロ1世 Pedro 123.
ベネディクト，ヨークの Benedict〔York〕 70-71.
ベネディクト会 Ordo Sancti Benedicti 53-54, 93.
ベラブ Jacob Berav 128.
ヘルツル Theodor Herzl 288.
ベルナル Maestro Bernal 146-147.
ベルナルデス A. Bernardez 134.
ベルナルドゥス，クレルボーの Bernardus〔Clairvaux〕 65.
ペルナンブコ Pernambuco 165, 262-263.
ペレス，アントニオ Antonio Perez 207, 213-214, 218.
ペレス，マノエル Manuel Bautista Perez 157.
ヘレニズム・ギリシャ化 hellēnismos/hellēnizein 7-10, 13, 14, 24, 26, 44, 83, 281-282.
『ヘレニズム文明とユダヤ人』 32.
ヘロデ・アグリッパ Hērōdēs Agrippas 26-28, 282.
ヘロデ・アンティパス Antipas 28,

マ　行

ヤ　行

ラ　行

General Inquisición　132, 136.
ラス・カサス Bartolomé Las Casas　146, 147.
ラティマー Hugh Latimer　186.
ラビ rabbi　39, 128-129, 236, 244-245.
ラビ的ユダヤ教 Rabbinic Judaism　39-43, 66, 78, 231, 237, 241-242, 244-245, 248, 250, 288.
『ラルフ年代記』　74.
『リア王』　215.
リード Coyners Read　219.
リスボン（リスボア）Lisbõa　141-143, 184, 257, 286.
リチャード１世 Richard the Lionheart　60, 69-70, 73, 74, 284.
リチャード，コンウォール伯 Earl of Cornwall　97-98.
リチャードソン H. G. Richardson　99.
リドリー Nicholas Ridley　186.
律法 → トーラー（律法）
『律法各論』　17, 18.
リマ Lima　149, 156-158.
リンカン Lincoln　62, 64, 93-98.
リンピエサ・デ・サングレ（純血）limpieza de sangre　128, 130, 152, 250.
ルイス Simon Luis　231.
ルーアン Rouen　55, 80, 143.
ルカ Loukas　11.
ルター Martin Luther　249.
ルター派 Luthertum　136-137, 186, 275.
レオポルド Leopold　60.
レキシントン，ジョン John de Lexington　96.
レキシントン，リチャード Richard　96.
レコンキスタ Reconquista　110, 143..
レスター伯爵 Earl of Leicester　188.
ローマ Roma　7, 11, 18, 19, 20-24, 28, 45, 46-49, 281.
ローマ・カトリック教会 ecclesia catholica　53-54, 246, 261.
『ローマ史』　23.
ローマックス Derek W. Romax　119.
『ローマ帝国衰亡史』　36.
ローリー Walter Raleigh/Ralegh　195-196.
ロドリゲス・デ・マトス，フランシスコ Francisco Rodríguez de Matos　154.
ロペス，ガスパール Gaspar Lopez　184.
ロペス，ルイス Luis　184-185.
ロペス，ロデリゴ Roderigo　188-193, 200-203, 208-221.
ロンドン London　36, 53, 58, 69, 97, 102, 105, 109, 174, 184, 185, 237, 271, 272-274.

ワ　行

ワイアット Thomas Wyatt　186.
ワード William Waad　211-212, 214-215.

注

略　語

CHC 1　*The Cambridge History of Christianity*, vol. 1, ed. Margaret Mitchell and Frances Young, Cambridge, 2006.

CHC 2　vol. 2, ed. Augustine Casiday and Frederick Norris, Cambridge, 2007.

CHJ 1　*The Cambridge History of Judaism*, vol. 1, ed. W. D. Davies and Louis Finkelstein, Cambridge, 1984.

CHJ 2　vol. 2, ed. W. D. Davies and Louis Finkelstein, Cambridge, 1989.

CHJ 3　vol. 3, ed. William Horbury, W. D. Davies, and John Sturdy, Cambridge, 1999.

CHJ 4　vol. 4, ed. Steven T. Katz, Cambridge, 2006.

CPJ　*Corpus Papyrorum Judaicarum*, 3 vols. ed. Victor Tcherikover and A. Fuks, Cambridge, Mass., 1957, 1960, 1963. 3 rd vol. with M. Stern and D. M. Lewis.

CSPD　*Calendar of State Papers, Domestic Series.*

CSPS　*Calendar of Letters and State Papers relating to English Affairs, preserved in or originally belonging to the Archives of Simancas*, 4vols., ed. M. A. S. Hume, London, 1894, 1896 and 1898.

EJ　*Encyclopaedia Judaica*, ed. Fred Skolnik, Detroit, 2007.

ODNB　*The Oxford Dictionary of National Biography*, ed. H. C. G. Matthew and Brian Harrison, Oxford, 2004.

TJHSE　*Transactions: The Jewish Historical Society of England*, 1895-2009, London.

「第一マカベア書」「第二マカベア書」*The Apocrypha and Pseudepigrapha of the Old Testament in English*, ed. R. H. Charles, Oxford, 1963.

「ユダヤ古代誌」 Flavius Josephus, *Antiquitates Iudaicae, Josephus* Ⅳ-Ⅸ, London and Cambridge, Mass., 1934ff.（秦剛平訳『ユダヤ古代誌』ちくま学芸文庫, 2000.）

第１章　カエサルの友ユダヤ人

1. *CPJ*, vol. 2, pp. 36-55.　蛭沼寿雄，秀村欣二ほか『原典新約時代史』（山本書店，1978）に邦訳あり．
2. Paul Achtemeier, ed., *The HarperCollins Bible Dictionary*, pp. 97-9. Ronald Sack,

Images of Nebuchadnezzar: The Emergence of a Legend, Selinsgrove, 1991, p. 105.

3. Elias J. Bickerman, "The Babylonian captivity," *CHJ 1*, pp. 344-5.
4. *EJ*, vol. 14, pp. 617-8.
5. Abraham and David Wasserstein, *The Legend of the Septuagint, From Classical Antiquity to Today*, New York, 2006, pp. 6-26.
6. James Barr, "Hebrew, Aramaic and Greek in the Hellenistic Age," *CHJ 2*, p. 112.
7. Philo, *De Legatione ad Gaium, Philo* X, with an English translation by F. H. Colson, London and Cambridge, Mass., 1972, pp. 282-3.（秦剛平訳『フラックスへの反論・ガイウスへの使節』学術出版社，2000.）
8. *Philonis Alexandrini In Flaccum*, ed. Herbert Box, New York, 1979, p. 43.
9. Harald Hegermann, "The Diaspora in the Hellenistic age," *CHJ 2*, p.149.
10. Flavius Josephus, *Bellum Iudaicum, Josephus* II-III, ed. H. Thackeray, London and Cambridge, Mass., 1928.
11. L. H. Feldman, "Josephus," *CHJ 3*, p. 903.
12. C. Mondésert, "Philo of Alexandria," *CHJ 3*, pp. 878-9.
13. Philo, *De Vita Mosis*, *Philo* VI, ed. F. H. Colson, London and Cambridge, Mass., 1935, 1: 278.
14. W. D. Davies and E. P. Sanders, "Paul: from the Jewish point of view," *CHJ 3*, pp. 692-3.
15. Tacitus, *The Annals*, with an English translation by John Jackson, London and Cambridge, Mass., 1969, 15: 28. 3.
16. Mondésert, "Philo of Alexandria," p. 878.
17. Philo, *De Specialibus Legibus*, *Philo* VIII, ed. F. H. Colson, London and Cambridge, Mass., 1939.
18. Menahem Stern, ed., *Greek and Latin Authors on Jews and Judaism*, Jerusalem, 1976, vol. 1, p. 43.
19. William Horbury and D. Noy, *Jewish Inscriptions of Graeco-Roman Egypt*, Cambridge, 1992, no. 22.
20. Hegermann, "Diaspora in Hellenistic Age," *CHJ 2*, p. 152.
21. J. B. Frey, *Corpus Inscriptionim Judaicarum*, vol. 2, Rome, 1952, no. 920. M. Williams, ed., *The Jews among the Greeks and Romans: A Diasporan Sourcebook*, Baltimore, 1998, p. 97.
22. John Barclay, *Jews in the Mediterranean Diaspora: From Alexander to Trajan, 323BCE-117CE*, Edinburgh, 1996, pp. 421ff.
23. Ibid., p. 419.
24. 田川健三『イエスという男』三一書房，1980, pp. 113-5.

25. Barclay, *Jews in Mediterranean Diaspora*, p. 293.
26. *Dio's Roman History*, with an English translation by Earnest Cary, London and Cambridge, 1970, 57. 18. 5a.
27. P. Fredriksen and O. Irshai, "Christian anti-Judaism: Polemics and Policies," *CHJ 4*, p. 998.
28. E. Mary Smallwood, "The Diaspora in the Roman period before CE 70," *CHJ 3*, p. 176.
29. J. C. Paget, "Jewish Christianity," *CHJ 3*, p. 700.
30. Barclay, *Jews in Mediterranean Diaspora*, p. 306.
31. D. Delia, *Alexandrian Citizenship during the Roman Principate*, Atlanta, 1991, pp. 28-30, pp. 55-6.
32. D. Schwartz, *Agrippa I: The Last King of Judea*, Tübingen, 1990, p. 93.
33. Mondésert, "Philo of Alexandria," p. 878.
34. Herbert Musurillo, ed., *Acts of the Pagan Martyrs: Acta Alexandrinorum*, Oxford, 1954, pp. 18-9, pp. 24-5.
35. John Collins, *Jewish Cult and Hellenistic Culture: Essays on Jewish Encounter with Hellenism and Roman Rule*, Leiden, 2005, p. 86.
36. P. M. Fraser, *Ptolemaic Alexandria*, Oxford, 1972, vol. 1, pp. 71-3, p. 81.
37. Barclay, *Jews in Mediterranean Diaspora*, pp. 65-6.
38. Delia, *Alexandrian Citizenship*, p. 29.
39. Ibid., pp. 87-8.
40. Victor Tcherikover, *Hellenistic Civilization and the Jews*, tr. S. Applebaum, Philadelphia, 1961, p. 28.
41. Josephus, *Contra Apionem*, *Josephus* I, London and Cambridge, Mass., 1926, 2: 65. アピオンの言う「アレクサンドリア人」はアレクサンドリアの市民団の一員という意味であるが，この言葉は広義にはアレクサンドリアの住民を意味することもある（E. M. Smallwood, *The Jews under Roman Rule: From Pompey to Diocletian*, Leiden, 1976, p. 228.）
42. Amnon Linder, "The Legal Status of the Jews in the Roman Empire," *CHJ 4*, pp. 129-31.
43. Smallwood, "Diaspora in Roman period," p. 185. *CPJ*, vol. 2, pp. 51-2.
44. Barclay, *Jews in Mediterranean Diaspora*, p. 66. ユダヤ人全体のアレクサンドリア市民権を求めたとする説は，E. Mary Smallwood, *Jews under Roman Rule*, pp. 235-46. Hegermann, "Diaspora in Hellenistic Age," p. 122, p. 16.
45. Collins, *Jewish Cult and Hellenistic Culture*, p. 190.
46. Tcherikover, *Hellenistic Civilization and Jews*, pp. 311-2.

47. *CPJ*, vol. 2, pp. 29-33.
48. Edward Gibbon, *The History of the Decline and Fall of the Roman Empire*, London and New York, 1978, vol. 1, p. 4.
49. *CPJ*, vol. 2, pp. 41-3.
50. Steven Katz, “The Rabbinic response to Christianity,” *CHJ 4*, pp. 259-95.
51. Ibid., p. 291.
52. *Babylonian Talmud, Berachot*, 28b-29a.
53. Katz, “Rabbinic response to Christianity,” p. 283.
54. Paget, “Jewish Christianity,” *CHJ 3*, pp. 772-4.
55. Reuven Kimelman, “Rabbinic prayer in late antiquity,” *CHJ 4*, pp. 573 ff.
56. Michele R. Salzman, “Christianity and paganism: Italy,” *CHC 2*, p. 213.
57. Richard Kalmin, *Jewish Babylonia between Persia and Roman Palestine*, Oxford, 2006, p. 31.
58. Clyde Pharr, ed., *The Thedosian Code and Novels and the Sirmondian Constitutions*, Princeton, 1952, p. 467, p. 471, p. 64, p. 70. シナゴーグの建設禁止については，Amnon Linder, ed., *The Jews in Roman Imperial Legislation*, Detroit and Jerusalem, 1987, p. 268.
59. Fredriksen and Irshai, “Christian anti-Judaism,” p. 1001.
60. J. H. W. G. Liebeschuetz, *The Decline and Fall of the Roman City*, Oxford, 2001, pp. 145-68.
61. Fredriksen and Irshai, “Christian anti-Judaism,” p. 1001.
62. Linder, “Legal Status of Jews in Roman Empire,” p. 155. Pharr, *Theodosian Code*, pp. 467-8.
63. Leonard Rutgers, *The Jews in Late Ancient Rome: Evidence of Cultural Interaction in the Roman Diaspora*, Leiden, 1995, p. 140.
64. Ibid., p. 162.
65. Ibid., p. 140, p. 162.
66. J. M. C. Toynbee, *Death and Burial in the Roman World*, London, 1971, p. 238.
67. Rutgers, *Jews in Late Ancient Rome*, pp. 78-9.
68. Fredriksen and Irshai, “Christian anti-Judaism,” p. 997.
69. Ibid., p. 998.

第２章　カエサルの奴隷，神の敵，儀式殺人者

1. Jeremy Cohen, *Living Letters of the Law : Ideas of the Jew in Medieval Christianity*, Berkeley, 1999, p. 80.

2. Philippe Walter, *Mythologie chrétienne: Mythes et rites du Moyen Age*, Paris, 1992.
3. H. G. Richardson, *The English Jewry under Angevin Kings*, London, 1960, p. 1. n.
4. G. I. Langmuir, "The Jews and Archives of Angevin England—Reflections on Medieval Anti-semitism," *Traditio*, 19(1963), p. 202.
5. Richardson, *English Jewry under Angevin Kings*, p. 6.
6. Frederick Pollock and Frederic Maitland, *The History of English Law before the Time of Edward I*, London, 1898, vol. 1, p. 468.
7. Vivian Lipman, "Jews and castles in medieval England," *TJHSE* 28(1984), pp. 1-2.
8. Cecil Roth, *A History of the Jews in England*, Second Edition. Oxford, 1949, p. 6.
9. Langmuir, "Jews and Archives of Angevin England," p. 205.
10. Ibid., p. 213.
11. Richardson, *English Jewry under Angevin Kings*, p. 26.
12. William of Newburgh, *Historia Rerum Anglicarum*, ed. H. C. Hamilton, London, 1866, p. 19.
13. Gervase of Canterbury, *The Historical Works of Gervase of Canterbury*, ed. W. Stubbs, London, 1879, vol. 1. p. 422.
14. Joe Hillaby, "A magnate among the marchers: Hamo of Hereford, his family and clients, 1218-1253," *TJHSE* 31(1988-90), p. 25. これと若干異なる数字を示しているのは Francis Hill, *Medieval Lincoln*, Cambridge, 1965, p. 216, n. 2.
15. Robin Mundill, *England's Jewish Solution: Experiment and Expulsion, 1262-1290*, Cambridge, 1998, p. 227.
16. M. D. Anderson, *A Saint at Stake: The Strange Death of William of Norwich 1144*, London, 1964, p. 53.
17. Mundill, *England's Jewish Solution*, pp. 33-4.
18. Langmuir, "Jews and Archives of Angevin England," p. 225.
19. Mundill, *England's Jewish Solution*, p. 262.
20. Norman Tanner, ed., *Decrees of the Ecumenical Councils*, London, 1990, vol. 1, p. 265.
21. *Matthaei Parisiensis Monachi Sancti Albani Chronica Majora*, ed. H. R. Luard, London, 1872-83. vol. 5, p. 405.
22. Robert Chazan, ed. *Church, State, and Jew in the Middle Ages*, New York, 1980, p. 103.
23. Mundill, *England's Jewish Solution*, p. 114. *E J*, vol. 12, p. 248.
24. Mundill, *England's Jewish Solution*, pp. 36-8.
25. Edmund King, *Peterborough Abbey 1086-1310: A Study in the Land Market*, Cambridge, 1973, p. 168.
26. J. R. Maddicott, *Simon de Montfort*, Cambridge, 1994, p. 268.

27. Ibid., pp. 315-6.
28. Hill, *Medieval Lincoln*, p. 223.
29. J. Jacobs ed. *The Jews of Angevin England: Documents and Records*, London, 1890, p. 101.
30. Ibid., pp. 105-6.
31. Ibid., p. 123.
32. R. B. Dobson, *The Jews of Medieval York and the Massacre of March 1190*, York, 1974, p. 35.
33. Ibid., p. 37.
34. Ibid., p. 27. n. 83.
35. Jacobs, *Jews of Angevin England*, p. 112. V. D. Lipman, *The Jews of Medieval Norwich*, London, 1967, p. 58.
36. Dobson, *Jews of Medieval York*, p. 18.
37. Jean Flori, *Richard the Lionheart: King and Knight*, tr. Jean Brill, Edinburgh, 2006, pp. 82-3.
38. Cohen, *Living Letters of Law*, p. 37.
39. *Sancti Aurelii Augusutini Episcopi De Civitate Dei, Libri 22*, ed. B. Dombart and Alfonso Kalb, Stuttgart, 1981, vol. 2, pp. 328-9.
40. Cohen, *Living Letters of Law*, p. 79.
41. Ibid., p. 94.
42. Ibid., p. 76.
43. Solomon Grayzel, *The Church and the Jews in the XIIIth Century: A Study of their Relations during the Years 1198-1254*, Philadelphia, 1966, p. 275, p. 241.
44. Benjamin Kedar, "Canon Law and The Burning of the Talmud," *Bulletin of Medieval Canon Law*, 9(1979), pp. 80-1.
45. James Parkes, *A History of the Jewish People*, Harmondsworth, 1964, pp. 72-3.
46. Jacobs, *Jews of Angevin England*, x-xi.
47. Joshua Trachtenberg, *The Devil and the Jews: The Medieval Conception of the Jew and its Relation to Modern Antisemitism*, New Haven, 1943, p. 161.
48. Heinrich Graetz, *History of the Jews*, Philadelphia, 1939, vol. 3, p. 513.
49. Simonsohn, *Apostolic See and Jews, History*, pp. 180-1. Edward A. Synan, *The Popes and the Jews in the Middle Ages*, New York and London, 1965, p. 112.
50. Langmuir, "Jews and Archives of Angevin England," p. 238.
51. Simonsohn, *Apostolic See and Jews*, vol.1, nr. 179.
52. Solomon Grayzel, *The Church and the Jews in the XIIIth Century, Vol. 2, 1254-1314*, ed. Kenneth Stow, New York, 1989, p. 116.

53. Simonsohn, *Apostolic See and Jews: History*, p. 243.
54. Langmuir, "Jews and Archives of Angevin England," pp. 235-6.
55. Augustus Jessop and M. R. James eds., *The Life and Miracles of St William of Norwich by Thomas of Monmouth*, Cambridge, 1896, p. 24.
56. Flavius Josephus, *Contra Apionem, Josephus* I, London and Cambridge, Mass., 1926. 2: 79-96.
57. Emilio Gabba, "Growth of anti-Judaism," *CHJ 2*, p. 645.
58. Menahem Stern ed., *Greek and Latin Authors on Jews and Judaism*, Jerusalem, 1976, vol. 1, p. 531.
59. Gavin Langmuir, "Thomas of Monmouth, Detector of Ritual Murder," *Speculum*, 59(1984), p. 827.
60. Elliott Horowitz, *Reckless Rites: Purim and the Legacy of Jewish Violence*, Princeton and London, 2008, p. 215.
61. Jessop and James, *Life and Miracles of St William*, pp. 21-2.
62. Ibid., p. 39.
63. Ibid., p. 42.
64. Ibid., pp. 43-5.
65. Ibid., pp. 175-6.
66. Ibid., pp. 68-70.
67. Anderson, *Saint at Stake*, p. 121.
68. R. A. Marcus, *The End of Ancient Christianity*, Cambridge, 1990, p. 24. Claudia Rapp, "Saints and holy men," *CHC 2*, p. 550.
69. Anderson, *Saint at Stake*, p. 130.
70. Jessop and James, *Life and Miracles of St William*, pp. 185-6, p. 221.
71. Trachtenberg, *Devil and Jews*, p. 128.
72. Joe Hillaby, "The ritual-child-murder accusation: its dissemination and Harold of Gloucester," *TJHSE* 34(1994-96), pp. 85-6.
73. Ibid., pp. 81-2.
74. Zefira Rokeah, "The State, the Church, and the Jews in Medieval England," *Almog 1988*, p. 111.
75. Langmuir, "Jews and Archives of Angevin England," p. 241.
76. Geoffrey Chaucer, *The Canterbury Tales*, "The Prioress's Tale".
77. Carleton Brown, "The Prioress's Tale," *Sources and Analogues of Chaucer's Canterbury Tales*, ed. W. F. Bryan and Germaine Dempster, New York, 1958, pp. 447-85.
78. Paris, *Chronica Majora*, vol. 5.
79. Jacobs, "Little St. Hugh of Lincoln," *TJHSE* 1(1893-94), pp. 117-22.

80. Hillaby, "Ritual-child-murder accusation," p. 91.
81. Gavin Langmuir, "The Knight's Tale of Young Hugh of Lincoln," *Speculum*, 47(1972), pp. 469-74.
82. Paris, *Chronica Majora*, vol. 5, pp. 516-8.
83. Hill, *Medieval Lincoln*, p. 226.
84. Mundill, *England's Jewish Solution*, p. 1.
85. R. B. Dobson, "The Decline and Expulsion of the Medieval Jews of York," *TJHSE* 26(1979), p. 51. n. 78.
86. Roth, *History of Jews in England*, p. 86.
87. *The Statutes of the Realm*, London, 1963, vol. 1, pp. 220-1.
88. Richardson, *English Jewry under Angevin Kings*, pp. 213-33.
89. Mundill, *England's Jewish Solution*, p. 258.
90. Robert Stacey, "Thirteenth Century Anglo-Jewry and the Problem of Expulsion," *Expulsion and Resettlement*, ed. Y. Kaplan and D. Katz, Jerusalem, 1992, pp. 21-2.
91. Michael Prestwich, *Edward I*, New Haven and London, 1997, p. 343.
92. Mundill, *England's Jewish Solution*, p. 280.
93. Chazan ed., *Church, State, and Jew in the Middle Ages*, p. 315.
94. Prestwich, *Edward I*, p. 68.
95. H. P. Stokes, "The Relationship between the Jews and the Royal Family of England," *TJHSE*, 8(1915-1917), p. 163.
96. Salo Baron, *A Social and Religious History of the Jews: Late Middle Ages and Era of European Expansion, 1200-1650*, Second Edition, New York and London, vol. 5, p. 131.
97. Mundill, *England's Jewish Solution*, pp. 118-9.
98. Grayzel, *Church and Jews in XIIIth Century*, vol. 2, p. 157.
99. Adler, *Jews of Medieval England*, p. 300, pp. 348-50.
100. Ibid., p. 301.
101. Ibid., pp. 287-8, p. 306.
102. Robert Stacey, "The Conversion of Jews to Christianity in Thirteenth-Century England," *Speculum*, 67 (1992), p. 273.
103. Prestwich, *Edward I*, p. 346.

第３章　神の敵，植民主義の尖兵

1. 林屋永吉訳『コロンブス航海誌』岩波文庫, 1977, pp. 38-9.
2. L. Rutgers and S. Bradbury, "The Diaspora, c. 235-638," *CHJ 4*, p. 508.

3. Jane Gerber, *The Jews of Spain: A History of the Sephardic Experience*, New York, c.1992, p. 12.
4. Rutgers and Bradbury, "The Diaspora," p. 514. Chris Lowney, *A Vanished World: Muslims, Christians, and Jews in Medieval Spain*, Oxford, 2006, p. 29.
5. Gerber, *Jews of Spain*, p. 13.
6. Derek Lomax, *The Reconquest of Spain*, London and New York, 1978, p. 13.
7. B. Netanyahu, *The Marranos of Spain from the Late 14th to the Early 16th Century*, Third edition, Ithaca and London, 1999, pp. 14-5.
8. Joshua Prawer, *The History of the Jews in the Latin Kingdom of Jerusalem*, Oxford, 1988, pp. 141-9, pp. 60-2, p. 54.
9. María Rosa Menocal, *The Ornament of the World: How Muslims, Jews, and Christians created a Culture of Tolerance in Medieval Spain*, Boston, 2002, p. 132.
10. Henry Kamen, *The Spanish Inquisition: A Historical Revision*, New Haven and London, p. 2. Lomax, *Reconquest of Spain*, pp. 73-6.
11. Lomax, *Reconquest of Spain*, p. 102.
12. E. Kedourie, ed., *Spain and the Jews: The Sephardic Experience, 1492 and After*, London, 1972, p. 140.
13. Jonathan Ray, *The Sephardic Frontier: The Reconquista and the Jewish Community in Medieval Iberia*, Ithaca and London, 2006, pp. 39-41
14. Salo Baron, *A Social and Religious History of the Jews: Late Middle Ages and Era of European Expansion 1200-1650*, Second Edition, New York and London, 1973, vol. 11, p. 99.
15. Dwayne E. Carpenter, *Alfonso X and the Jews: An Edition of and Commentary on Siete Partidas 7. 24* "*De los judíos*," London, 1986, pp. 27-37.
16. Lomax, *Reconquest of Spain*, p. 176.
17. Kedourie, *Spain and Jews*, p. 33.
18. Kamen, *Spanish Inquisition*, p. 6.
19. Ibid., p. 6, p. 5.
20. Howard Sachar, *Farewell España: The World of the Sephardim Remembered*, New York, 1994, p. 43.
21. Yitzhak Baer, *A History of the Jews in Christian Spain*, tr. L. Schoffman, Philadelphia, 1992, vol. 1, pp. 311-2.
22. Baer, *History of Jews in Christian Spain*, vol. 1, p. 368.
23. Ibid., p. 367.
24. Baer, *History of Jews in Christian Spain*, vol. 2, p. 110.
25. Ibid., p. 132.

26. Lomax, *Reconquest of Spain*, p. 171.
27. Sachar, *Farewell España*, p. 50.
28. Helen Rawlings, *The Spanish Inquisition*, Oxford, 2006, p. 48.
29. Cecil Roth, *History of Marranos*, p. 272.
30. J. N. Hillgarth, *The Spanish Kingdoms, 1250-1516*, Oxford, 1978, vol. 2, p. 423.
31. Heim Beinart, *Conversos on Trial: The Inquisition of Ciudad Real*, Jerusalem, 1981, p. 56.
32. Netanyahu, *Marranos of Spain*, p. 61, pp. 70-2.
33. Ibid., p. 178.
34. Kamen, *Spanish Inquisition*, p. 37.
35. Mark Mayerson, *A Jewish Renaissance in Fifteenth-Century Spain*, Princeton, 2004, p. 203.
36. Beinart, *Conversos on Trial*, p. 1.
37. Kamen, *Spanish Inquisition*, p. 42.
38. Rawlings, *Spanish Inquisition*, p. 51.
39. Kamen, *Spanish Inquisition*, p. 234.
40. Michael Alpert, *Crypto-Judaism and the Spanish Inquisition*, New York, 2001, p. 12.
41. Shlomo Simonsohn, *The Apostolic See and the Jews: History*, Toronto, 1991, p. 377.
42. Hillgarth, *Spanish Kingdoms*, vol. 2, pp. 422-4. Rawlings, *Spanish Inquisition*, p. 27, pp. 3-4.
43. Henry Kamen, "The Mediterranean and the Expulsion of Spanish Jews in 1492," *Past and Present*, 119(1988), pp. 45-6, p. 44.
44. Henry Charles Lea, *A History of the Inquisition of Spain*, 1922, London and New York, vol. 1, pp. 587-90.
45. Alpert, *Crypto-Judaism and Spanish Inquisition*, pp. 23-4.
46. Andrés Bernárdez, *Memorias del reinado de los Reyes Católicos*, Madrid, 1962, pp. 102-3. A. D. Ortiz, *Los judeoconversos en la España moderna*, Madrid, 1992, p. 43.
47. Netanyahu, *Marranos of Spain*, pp. 207-8.
48. 筆者とほぼ同じ見解を示すものは，Mark Meyerson, *A Jewish Renaissance*. p. 9. n. 21.
49. J. Contreras and G. Henningsen, "Forty-Four Thousand Cases of the Spanish Inquisition(1540-1700): Analysis of a Historical Data Bank," *The Inquisition in Early Modern Europe: Studies in Sources and Methods*, ed. Gustav Heningsen and John Tedeschi, Dekalb, 1986, p. 114.
50. Kamen, *Spanish Inquisition*, pp. 91-2.
51. David Gitlitz, *Secrecy and Deceit: The Religion of the Crypto-Jews*, Philadelphia, 1996,

p. 428.

52. Haim Beinart, *The Expulsion of the Jews from Spain*, Oxford, 2002, pp. 49-52.
53. Ibid., pp. 330-1.
54. Ibid., pp. 207-8.
55. B. Netanyahu, *Don Isaac Abravanel, Statesman and Philosopher*, Philadelphia, 1953, p. 48.
56. Ibid., pp. 205-26.
57. Beinart, *Expulsion of Jews from Spain*, pp. 284-90.
58. Kamen, "Mediterranean and Expulsion of Spanish Jews," p. 44.
59. Edgar Samuel, *At the End of the Earth: Essays on the History of the Jews in England and Portugal*, London, 2004, p. 90.
60. Alpert, *Crypto-Judaism and Spanish Inquisition*, p. 32.
61. Netanyahu, *Marranos of Spain*, pp. 243-8.
62. Gitlitz, *Secrecy and Deceit*, p. 54.
63. Sachar, *Farewell España*, p. 333
64. Felipe Fernández-Armesto, *Columbus*, London and New York, 1991, p. 34.
65. 『コロンブス航海誌』pp. 38-9.
66. ラス・カサス，染田秀藤訳『インディアスの破壊についての簡潔な報告』岩波文庫 , 1976, p. 38.
67. 『コロンブス航海誌』p. 77.
68. 『大航海時代叢書 I ――コロンブス，アメリゴ，ガマ，バルボア，マゼラン，航海の記録』岩波書店 , 1965, p. 101.
69. Meyer Kayserling, *Christopher Columbus and the Participation of the Jews in Spanish and Portuguese Discoveries*, Fourth Edition, 1968, New York, p. 90.
70. Richard Greenleaf, *The Mexican Inquisition of the Sixteenth Century*, Albuquerque, 1969, pp. 33-9. 仲間の隠れユダヤ教徒モラレスについては，次も有用 Seymour B. Liebman, *The Jews in New Spain: Faith, Flame, and the Inquisition*, Coral Gables, 1970, pp. 113ff.
71. Jonathan Israel, *European Jewry in the Age of Mercantilism*, Oxford, 1985, p. 59.
72. Harry E. Cross, "Commerce and Orthodoxy: A Spanish Response to Portuguese Commercial Penetration in the Viceroyalty of Peru, 1580-1640," *The Americas*, 35 (1978) pp. 152-3.
73. Phillip Powell, *Soldiers, Indians, and Silver: The Northward Advance of New Spain*, Berkeley, 1952, pp. 172-3. カルバハルについては，次も参照した Richard Greenleaf, *The Mexican Inquisition of the Sixteenth Century*, Albuquerque, 1969, pp. 169-71.

74. Stanley Hordes, *To the End of the Earth: A History of the Crypto-Jews of New Mexico*, New York, 2005, p. 75.
75. Martin Cohen, *The Martyr: The Story of a Secret Jew and the Mexican Inquisition in the Sixteenth Century*, Philadelphia, 2001, pp. 82-3.
76. Ibid., p. 102.
77. Ibid., p. 184.
78. Ibid., p. 249.
79. Hordes, *To End of Earth*, p. 77.
80. Bernal Diaz, *The True History of the Conquest of Mexico*, tr. M. Keatinge, London, 1800, vol. 2, p. 550.
81. Hordes, *To End of Earth*, pp. 45-6.
82. Liebman, *New World Jewry*, p. 37.
83. Cross, "Commerce and Orthodoxy," p. 151.
84. Ibid., pp. 159-60.
85. Sacher, *Farewell España*, p. 345.
86. Cross, "Commerce and Orthodoxy," pp. 163-5.
87. G. Symcox, ed., *Italian Reports on America, 1493-1522: Letters, Dispatches, and Papal Bulls*, Turnhout, 2001, pp. 34-7.
88. Ibid., p. 42.
89. 『大航海時代叢書 I ——航海の記録』 p. 526.
90. E. M. Blair and J. A. Robertson, eds., *The Philippine Islands, 1493-1898*, Manila, 1973, vol. l, p. 122, p. 226.
91. Kayserling, *Christopher Columbus and Participation of Jews*, pp. 113-4. S. Subrahmanyan, *The Career and Legend of Vasco da Gama*, Cambridge, 1997, pp. 152 ff.
92. 『大航海時代叢書 I ——航海の記録』 pp. 410-9.
93. Subrahmanyan, *Career and Legend of Vasco da Gama*, pp. 153-4.
94. Edgar Samuel, *At the End of the Earth: Essays on the history of the Jews in England and Portugal*, London, 2004, pp. 87-91.
95. William S. Maltby, *The Rise and Fall of the Spanish Empire*, Houndmills, 2009, p. 186.
96. B. W. Diffie and G. D. Winius, *Foundations of the Portuguese Empire, 1415-1580*, 1977, *Foundations of Portuguese Empire*, p. 189.
97. Lyle McAlister, *Spain and Portugal in the New World*, Minneapolis, 1984, p. 266.
98. Arnold Wiznitzer, *Jews in Colonial Brazil*, New York, 1960, Appendix.
99. McAlister, *Spain and Portugal in New World*, p. 280.
100. Seymour B. Liebman, *New World Jewry, 1493-1825: Requiem for the Forgotten*, New

York, 1982, pp. 136-7.

101. McAlister, *Spain and Portugal in New World*, p. 340.

102. Stuart Schwartz, *Sovereignty and Society in Colonial Brazil: The High Court of Bahia and its Judges, 1609-1751*, Berkeley, 1973, p. 110.

第４章　神の敵か女王の友か

1. James McDermott, *England and the Spanish Armada: The Necessary Quarrel*, New Haven and London, 2005, p. 43.
2. Ibid., p. 47. M. Maclure, *The St Paul's Cross Sermons, 1534-1642*, Toronto, 1958, p. 70, p. 217.
3. Walter B. Devereux, *Lives and Letters of the Devereux, Earls of Essex, in the Reigns of Elizabeth, James I, and Charles I, 1540-1646*, London, 1853, vol. 1. p. 497.
4. Robert Burton, *The Anatomy of Melancholy*, ed. T. Faulkner, N. Kiessling, and R. Blair, Oxford, 1989, vol. 1, p. 205. David Katz, *Philo-Semitism and the Readmission of the Jews to England, 1603-1655*, Oxford, 1982, p. 17. Christopher Marlowe, *The Famous Tragedy of the Rich Jew of Malta*, London, 1633, III, iii.
5. Toby Lelyveld, *Shylock on the Stage*, London, 1961. p. 7. James Shapiro, *Shakespeare and the Jews*, New York, 1996, p. 240. n. 96.
6. *The Statutes of the Realm*, London, 1963, vol. 4, pp. 542-3.
7. David Thomas, ed., *Shakespeare in the Public Record*, London, 1985, pp. 2-3.
8. Anthony Holden, *William Shakespeare: His Life and Work*, London, 1999, pp. 213-4.
9. William Shakespeare, *The Merchant of Venice*, ed. John Brown, London, 1961, pp. 25-6. n. 72.
10. Jonathan Israel, *European Jewry in the Age of Mercantilism, 1550-1750*, Oxford, 1985, pp. 72-3.
11. Ibid., pp. 48-9.
12. Benjamin Ravid, *Studies on the Jews of Venice, 1382-1797*, Aldershot, 2003, IV, p. 261.
13. Lucien Wolf, "Jews in Tudor England," *Essays in Jewish History*, ed. Cecil Roth, 1934, p. 74.
14. PRO, *Calendar of Letters, Despatches, and State Papers, relating to the Negotiations between England and Spain, preserved in the Archives of Simancas and Elsewhere, 1485-1509*, London, 1862, vol. 1, pp. 164-5.
15. Israel Abrahams, "Joachim Gaunse: A Mining Incident in the Reign of Queen Elizabeth," *TJHSE* 4(1903), pp. 99-100. Cecil Roth, *A History of the Jews in*

England, Second Edition, Oxford, 1949, pp. 140ff.

16. James Shapiro, *Shakespeare and the Jews*, New York, 1996, pp. 141-2.

17. Michael Adler, "History of the Domus Conversorum, from 1290 to 1891," *TJHSE* 4(1903), p. 39.

18. Wolf, "Jews in Tudor England," p. 75.

19. Edgar Samuel, *At the End of the Earth: Essays on the history of the Jews in England and Portugal*, London, 2004, p. 130. See also Lucien Wolf, "Jews in Elizabethan England," *TJSHE* 11 (1928), pp. 12-4.

20. Wolf, "Jews in Tudor England," p. 81. Edgar Samuel, *At the End of the Earth*, p. 130. なお，ウルフは「ルイス」を「アルベス」と誤読している．

21. Israel, *European Jewry in Age of Mercantilism*, p. 26.

22. John Nichols, ed., *The Chronicle of Queen Jane, and of Two Years of Queen Mary, and especially of the Rebellion of Sir Thomas Wyat*, London, 1850, pp. 68-70.

23. *CSPS 1589-1603*, p. 219. Wolf, "Jews in Elizabethan England," p. 7.

24. *ODNB*, vol. 41, pp. 274-5.

25. Gabriel Harvey, *Lopez the Jew (the Prototype of Shylock), executed in 1594: An Opinion by Gabriel Harvey*, ed. Frank Marcham, Harrow Weald, 1927.

26. David Katz, *The Jews in the History of England, 1485-1850*, Oxford and New York, pp. 49-106.

27. Martin A. S. Hume, *Treason and Plot: Struggles for Catholic Supremacy in the Last Years of Queen Elizabeth*, London, 1901, pp. 162-4.

28. *CSPS 1587-1603*, pp. 572-5.

29. Katz, *Jews in History of England*, p. 75.

30. Stuart Schwartz, *Sovereignty and Society in Colonial Brazil*, 1973, Los Angeles, p. 44.

31. Charles Meyers, "Debt in Elizabethan England: the Adventures of Dr Hector Nunez, physician and merchant," *TJHSE*, 34 (1994-96), p. 129.

32. McDermott, *England and the Spanish Armada*, pp. 64-5.

33. A. N. Ryan and D. B. Quinn, *England's Sea Empire, 1550-1642*, London, 1983, p. 86.

34. McDermott, *England and Spanish Armada*, p.146.

35. *CSPS 1587-1603*, p. 358.

36. スペイン，イタリア，ポーランド諸国は，1582 年 10 月 4 日にユリウス暦を廃止してグレゴリウス暦を採用し，翌日を 1582 年 10 月 15 日とした（フランスは同年 12 月 9 日に採用して翌日を 12 月 20 日とした）．イングランドは 1752 年までユリウス暦を使い続け，3 月 25 日を新年の始まりとする．例えば，チャールズ一世の処刑は議会記録では 1648 年 1 月 30 日で

あるが，現代の表記は1月1日を新年の始まりと見なしてこれを1649年1月30日とするのが普通である．これをグレゴリウス暦になおせば，10日をプラスして1649年2月9日になる．

37. McDermott, *England and Spanish Armada*, p. 274. なお，無敵艦隊が失った艦船は60隻から70隻とされてきたが，せいぜい35隻であるという近年の調査に従う．José Luis Casado Soto, "Atlantic Shipping in Sixteenth-Century Spain and the 1588 Armada," *England, Spain and the Gran Armada, 1585-1604*, ed. M. J. Rodriguez-Salgado and Simon Adams, Edinburgh, 1991, pp. 120-2.
38. *CSPS 1587-1603*, p. 358.
39. R. B. Wernham ed., *The Expedition of Sir John Norris and Sir Francis Drake to Spain and Portugal, 1589*, Aldershot, 1988, pp. 10-1.
40. Ibid., xvii.
41. Ibid., xlviii.
42. R. B. Wernham, *After the Armada: Elizabethan England and the Struggle for Western Europe, 1588-1595*, Oxford, 1984, p. 93.
43. Ibid., pp. 96-7. 枢密院からの告発に対して，ドレイクたちは「風があまりに東風」で逆風だったからとの弁明をしているが，これは白々しい嘘である．Wernaham, *Expedition of Norris and Drake*, pp. 291-2.
44. *CSPD 1581-90*, p. 545. Green, p. 71.
45. *CSPS 1587-1603*, p. 571, p. 594.
46. *CSPD 1591-1594*, pp. 93-4.
47. *CSPS 1587-1603*, p. 417.
48. Ibid., pp. 570-1.
49. Ibid., p. 574.
50. Ibid., pp. 574-5.
51. Hume, *Treason and Plot*, p. 131.
52. *CSPS 1587-1603*, pp. 576-7.
53. Cecil Roth, *Anglo-Jewish Letters (1158-1917)*, London, 1938. p. 31, p. 36.
54. Dominic Green, *The Double Life of Doctor Lopez: Spies, Shakespeare and the Plot to Poison Elizabeth I*, London, 2003, pp. 191-3.
55. エセックスはポルトガル遠征に際して「二万二，三〇〇〇ポンドの借金があり，金持ちになりたいので，乗るかそるか出陣する」という書簡を残している（1589年4月）．Wernham, ed. *Expedition of Norris and Drake to Spain and Portugal*, p. 133.
56. *The Statutes of the Realm*, vol. 4, pp. 526-8.
57. *CSPD 1591-1594*, p. 445.

58. Harleian MSS, 871, ff.13v-14r.
59. John Gwyer, "The Case of Dr. Lopez," *TJHSE*, 16(1952), p. 177.
60. Ibid., p. 177.
61. Green, *Double Life of Doctor Lopez*, p. 174, p. 218. Gustav Ungerer, *A Spaniard in Elizabethan England: The Correspondence of Antonio Perez's Exile*, London, 1967, vol. 1, p. 324.
62. Green, *Treason and Plot*, p. 138.
63. *CSPD 1591-1594*, pp. 390-1.
64. Gwyer, "Case of Dr. Lopez," p. 179.
65. *CSPD 1591-1594*, p. 428.
66. Green, *Double Life of Doctor Lopez*, pp. 238-9.
67. *CSPD 1591-1594*, p. 439. ただし，編者のアン・グリーンは2月22日とする.
68. Coyners Read, *Lord Burghley and Queen Elizabeth*, London, 1960, p. 586.
69. Thomas Birch, *Memoirs of the Reign of Queen Elizabeth, From the Year 1581 till her Death*. London, 1754, p. 150.
70. Ibid., p. 150.
71. Ibid., p. 152.
72. Ibid., p. 152.
73. Green, *Double Life of Doctor Lopez*, p. 358. n. 182:3.
74. Ibid., p. 259.
75. *ODNB*, vol. 56, p. 628.
76. Wolf, "Jews in Elizabethan England," p. 86. ドン・ソロモンからの請願は *CSPD 1591-1594*, p. 482.
77. Ibid., p. 434.
78. Ibid., p. 447.
79. Ibid., p. 447, p. 461.
80. Katz, *Jews in History of England*, p. 92.
81. *CSPD 1591-1594*, p. 423.
82. *ODNB*, vol. 28, pp. 318-22.
83. *CSPD 1591-1594*, p. 430.
84. R. A. Foakes and R. T. Rickert, eds., *Henslowe's Diary*, Cambridge, 1961, pp. 19-23.
85. Francis Child, ed., *The English and Scottish Popular Ballads*, New York, 1965 [1882-1898], vol. 3, pp. 233-54, vol. 5, p. 241.
86. *CSPD 1591-1594*, p. 444.
87. Ibid., pp. 445-7. Green, *Double Life of Doctor Lopez*, p. 288.
88. Godfrey Goodman, *The Court of King James the First*, London, 1839, vol. 1, p.154.

89. G. B. Harrison, ed., *The Letters of Queen Elizabeth*, London, 1935, p. 231.
90. *A Trve Report of Svndry Horrible Conspiracies of late time detected to haue (by Barbarous murders) taken away the life of Queenes most excellent Maiestie*, London, 1594, p. 5.
91. Read, *Lord Burghley and Queen Elizabeth*, p. 499.
92. Goodman, *Court of King James*, vol. 1, p. 155.
93. William Camden, *The History of the Most Renowned and Victorious Princess Elizabeth, Late Queen of England*, Fourth Edition, London, 1688, p. 484.
94. Edgar Samuel "Dr Rodrigo Lopes' last speech from the scaffold at Tyburn," *TJHSE*, 30(1987-1988), pp. 51-3.
95. *ODNB*, vol. 34, p. 431.

第５章　リベラリズムと植民主義の友

1. Andrew Marvell, "The Character of Holland," *The Poems and Letters of Andrew Marvell*, ed. H. M. Margoliouth, Oxford, 1952, vol. 1, p. 97.
2. D. M. Swetschinski, *Reluctant Cosmopolitans: The Portuguese Jews of Seventeenth-Century Amsterdam*, London, 2000, p. 8.
3. Johan Huizinga, *Dutch Civilization in the Seventeenth Century*, London, 1968, p. 53. ただし，キリスト教徒の学者がタルムード研究に打ち込むと，キリスト教信仰から離れてゆくと，エラスムスが考えていたことは指摘しておくに足る．
4. D. M. Swetschinski, "From the Middle Ages to the Golden Age," *The History of the Jews in the Netherlands*, ed. J. C. H. Blom, R. G. Fuks-Mansfield, and I. Schöffer, Oxford, 2002, p. 76.
5. Joseph Lecker, *Toleration and the Reformation*, tr. T. L. Westow, New York and London, 1960, vol. l, p. 293.
6. Ibid., p. 294.
7. Swetscinski, *Reluctant Cosmopolitans*, pp. 13-4.
8. Ibid., p. 52.
9. Martin Cohen, *The Martyr: The Story of a Secret Jew and the Mexican Inquisition in the Sixteenth Century*, Philadelphia, 2001, p. 108.
10. Lucien Wolf, "Jews in Tudor England," *Essays in Jewish History*, ed. C. Roth, 1934, p. 87.
11. David Gitlitz, *Secrecy and Deceit: The Religion of the Crypto-Jews*, Philadelphia, 1996, p. 100.
12. Yosef Kaplan, *From Christianity to Judaism: The Story of Isaac Orobio de Castro*, tr.

Raphael Lowe, Oxford, 1989, p. 7.

13. Cecil Roth, *A History of Marranos*, Philadelphia, 1932, p. 174.
14. Ibid., p. 170.
15. Yirmiyahu Yovel, *Spinoza and Other Heretics: The Marrano of Reason*, Princeton, 1989, p. 20.
16. Swetschinski, *Reluctant Cosmopolitans*, p. 280.
17. Ibid., p. 312.
18. Jonathan Israel, "The Republic of the United Netherlands until about 1750: Demography and Economic Activity," *History of Jews in Netherlands*, p. 100.
19. Huizinga, *Dutch Civilization*, p. 51.
20. Swetschinski, *Reluctant Cosmopolitans*, pp. 188-9.
21. Yosef Kaplan, "Jews in the Republic until about 1750: Religious, Cultural, and Social Life," *History of Jews in Netherlands*, p. 132.
22. Yovel, *Spinoza and Other Heretics*, pp. 9-10.
23. Richard Popkin, *The Third Force in Seventeenth-Century Thought*, Leiden, 1992, p. 164.
24. J. L. Teicher, "Why was Spinoza banned?" *Menorah Journal*, 145(1957), pp. 41-60. Ibid, p. 277. B. Netanhayu, *The Marranos of Spain*, Ithaca and London, 1999, p. 96.
25. Yovel, *Spinoza and Other Heretics*, pp. 12-3.
26. Popkin, *Third Force in Seventeenth-Century Thought*, pp. 163-4.
27. Swetschinski, *Reluctant Cosmopolitans*, p. 260.
28. Ibid., p. 277.
29. Uriel da Costa, *Examination of Pharisaic Traditions*, tr. H. P. Salomon and I. S. D. Sasson, Leiden, 1993, p. 556.
30. Jonathan Israel, *European Jewry in the Age of Mercantilism*, Oxford, 198, p. 43., Christopher Ebert, *Between Empires: Brazilian Sugar in the Early Atlantic Economy 1550-1630*, Leiden, 2008, p. 72.
31. Costa, *Examination*, pp. 7-8.
32. Kaplan, *From Christianity to Judaism*, p. 81.
33. Costa, *Examination*, p. 557.
34. *Babylonian Talmud, Tractate Shabbath*, 133a-133b. Costa, *Examination*, pp. 293-4.
35. Costa, *Examination*, p. 15.
36. Ibid., p. 558.
37. Ibid., p.18.
38. Ibid., p. 17.
39. Ibid., p. 560.

40. Ibid., p. 562, p. 564.
41. Ibid., p. 271.
42. Yosef Kaplan, "Karaites in Early Eighteenth-Century Amsterdam," *Sceptics, Millenarians and Jews*, ed. David Katz and Jonathan Israel, Leiden, 1990, p. 205.
43. Costa, *Examination*, p. 557.
44. Yovel, *Spinoza and Other Heretics*, p. 49.
45. Swetschinski, *Reluctant Cosmopolitans*, p. 315.
46. Ibid., p. 315.
47. Costa, *Examination*, p. 557.
48. Ibid., p. 339.
49. Ibid., p. 558, p. 562, p. 312.
50. Ibid., p. 558.
51. Ibid., 564.
52. Richard Popkin, "Epicureanism and Scepticism in the Early 17th Century," *Philomathes*, ed. R. Palmer and R. Hamerton-Kelly, The Hague, 1971, p. 353.
53. Costa, *Examination*, p. 41.
54. Yovel, *Spinoza and Other Heretics*, p. 59.
55. Kaplan, *From Christianity to Judaism*, p. 87, pp. 90-1.
56. Yovel, *Spinoza and Other Heretics*, p. 63.
57. Swetschinski, *Reluctant Cosmopolitans*, p. 266. Israel Révah, *Spinoza et le Dr Juan de Prado*, Paris, 1959, pp. 57-60.
58. Yovel, *Spinoza and Other Heretics*, p. 72.
59. Kaplan, "Karaites in Early Eighteenth-Century Amsterdam," pp. 231-4.
60. Ibid., p. 234.
61. Kaplan, "Jews in Republic until about 1750," p. 160.
62. Lyle MacAlister, *Spain and Portugal in the New World*, Minneapolis, 1984, p. 43.
63. Jonathan Israel, *European Jewry in the Age of Mercantilism, 1550-1750*, Oxford, 1985, p. 108.
64. Israel, "Republic of United Netherlands until about 1750," p. 86.
65. Ibid., p. 86.
66. E. Kato, "Unification and Adaptation: The Early Shogunate and Dutch Trade Policies," *Companies and Trade*, ed. L. Blussé and F. S. Gaastra, Leiden, 1981, pp. 207-30.
67. Van Cleaf Bachman, *Peltries or Plantations: The Economic Policies of the Dutch West Company in New Netherland, 1623-1639*, Baltimore, 1969, pp. 26-7.
68. Ibid., pp. 44-5.

69. Liebman, *New World Jewry, 1493-1825: Requiem for the Forgotten*, New York, 1982, p. 141.
70. Bachman, *Peltries or Plantations*, pp. 48-50.
71. Ibid., p. 50. Ebert, *Between Empires*, p. 12.
72. Arnold Wiznitzer, *Jews in Colonial Brazil*, Morningside Heights, New York, 1960, p. 54.
73. Liebman, *New World Jewry*, p. 141. Wiznitzer, *Jews in Colonial Brazil*, pp. 52-3.
74. Wiznitzer, *Jews in Colonial Brazil*, p. 58.
75. Ibid., p. 57.
76. Ibid., p. 130.
77. Ibid., pp. 72-3.
78. Ibid., pp. 72-3. Liebman, *New World Jewry*, p. 142.
79. Jonathan Israel, *Dutch Supremacy in World Trade, 1585-1740*, Oxford, 1989, p. 164.
80. Ibid., p. 165.
81. Wiznitzer, *Jews in Colonial Brazil*, p. 75.
82. Ibid., p. 81.
83. Ibid., pp. 84-6.
84. J. R. Jones, *The Anglo-Dutch Wars of the Seventeenth Century*, London and New York, 1996, p. 111.
85. Israel, *Dutch Supremacy*, p. 210.
86. Francisco Bethencourt, "Political Configurations and Local Powers," *Portuguese Oceanic Expansion, 1400-1800*, ed. F. Bethencourt and Diogo R. Curto, Cambridge, 2007, p. 228.
87. Liebman, *New World Jewry*, p. 180.
88. Wiznitzer, *Jews in Colonial Brazil*, p. 130. See also Israel, "Republic of United Netherlands until about 1750," p. 90.
89. Charles Daly, *The Settlement of the Jews in North America*, New York, 1893, pp. 6-8.
90. *Documents relating to the Colonial History of the State of New York*, 1969 [1883], Albany, vol. 14, p. 315.
91. Liebman, *New World Jewry*, pp. 187-8.
92. S. A. G. Taylor, *The Western Design: An Account of Cromwell's Expedition to the Caribbean*, London, 1969, pp. 58-9.
93. Israel, *European Jewry in Age of Mercantilism*, pp. 87-8.
94. Ibid., p. 94, p. 103.
95. Ibid., p. 109.
96. Israel, "Republic of United Netherlands until about 1750," p. 107.

97. Popkin, *Third Force in Seventeenth Century Thought*, p. 163.
98. Swetschinski, *Reluctant Cosmopolitans*, pp. 137–8.